WHAT IS
A TEXT?
AN INTRODUCTION
TO TEXTUAL
SCHOLARSHIP

テクストとは何か

編集文献学入門

明星聖子＋納富信留 編

慶應義塾大学出版会

序
編集文献学とは何か
明星聖子

　編集文献学という言葉は、大方のみなさんにとっては聞き慣れない言葉でしょう。それは、いったいどんな学問なのか。「編集文献学入門」というタイトルをもった本書の導入として、まずはその説明から始めたいと思います。

　編集文献学は、元々はドイツ語の Editionsphilologie（エディツィオンス・フィロロギー）を直訳したものです。Edition が編集、Philologie が文献学です。そして、その言葉は、同時に英語の textual scholarship の訳語でもあります[*1]。

　ドイツ語の Editionsphilologie、また英語の textual scholarship、どちらも比較的最近、20世紀後半になって使われるようになりました。つまり、編集文献学とは、欧米、とくにドイツ語圏と英語圏で近年盛んになった新しい学問分野全体を指しています[*2]。

正統性と信頼性

　編集と言えば、みなさんが思い浮かべるのは、新聞や雑誌や書籍、またはテレビ番組の編集、あるいは個人で行う画像や録音データの編集でしょう。ここで言う編集も基本的な作業（切り貼りや加工）は同じです。が、大きく異なる部分があります。それは一言で言って、目的の違いです。こちらの編集は、学術研究で使用するための作業であり、もう少し言えば、人文学の研究で使用するテクストを作成することを指しています。

編集物のこの使用目的の違いは、編集という行為の質、言いかえればその理念に大きな違いをもたらします。
　具体的に考えたほうがわかりやすいでしょう。たとえば、ある作家のある作品を研究しようとしているとします。では、その対象として選んだテクストが、じつはその作家以外の人の手で改変されていたとわかったら、どうでしょう。あるいは、その作家ではない別の人物によって実際には書かれたのだとしたら——。
　そんなテクストは偽物だ——そう思われたかもしれません。たしかにそうでしょう。学術研究は本物のテクスト、正しいテクストに基づいて行われなければならない。では、その正しいテクストとはいったい何か。
　一気に時代を遡ることをお許しください。たとえば、プラトン。2400年も前に生きていたプラトンをめぐる研究は、現在でも盛んに行われています。プラトン研究者が研究するテクストは、もちろんプラトンが書いた本物のテクストです——と言い切りたいところですがそうはいきません。なぜなら2400年も前に彼が書いた直筆のテクストは、むろん遺っていないからです。にもかかわらず、私たちはプラトンのテクストを読んでいる。
　ここでの解説をできるかぎり簡潔に終わらせるために、キーになる言葉を先にお伝えします。すなわち「信頼」です。そのテクストの正しさ、正統性への信頼です。この信頼がなかったら、私たちはとうてい古代や中世の古い時代のテクストの研究などできない。このことはすぐにご納得いただけるでしょう。
　次の大事な点に気づいてもらう必要があります。本当のオリジナルは失われている。そのオリジナルにできるかぎり近いものとして、歴史的にどこかの時点で、正しいテクストは〈作られる〉という点です。テクストに正統性をもたらすためのこの営みは、人文学の発祥の時期から行われてきました。アレクサンドリア学派の学者たちもすでに、パピルスロールにの残されたホメロスらの写本テクストから、正しいテクストの復元作業に従事していたと言われています[*3]。
　この正しいテクストの復元作業は、日本では長年「テクスト批判」あ

るいは「本文批判」と呼ばれてきました。ドイツ語の Textkritik（テクスト・クリティーク）の訳です。テクスト批判は、いまも言ったとおりテクストの正統性を保証するための作業、言いかえればテクスト研究を真実探求の学問として成立させるための基本の作業です。注意すべきは、その作業に携われるのはその研究を専門とする者だけであり、逆に言えば、研究者がそれを担っているからこそ、そこで作られた、すなわち編集されたテクストの正しさに人びとは信頼を寄せることができるのだということです。ようするに、通常ではない特別な理念をもった編集とは、この研究者が編集者となる編集を指します。

編集と校訂

　日本語ではこのような編集は、じつは編集とは呼ばれてきませんでした。「校訂」という言葉がふつう用いられます。この場合の「校」は「互いに比べる」こと、「訂」とは「正しく確定する」ことを意味しています。ようするに、複数の写本を相互に比較検討して、正しいテクストを定めていくということです。

　本書でも、「校訂」という言葉は頻繁に登場します。その「校訂」は、もし逆に英語やドイツ語に訳すとすれば edition でしょう。Editionsphilologie の edition を編集と訳しているのだから、本来なら一冊の本の中においては統一をはかって edition はすべて編集と訳すべきところかもしれません。しかし、その統一は諦めています。なぜなら、ある分野で慣習的に「校訂」と表現してきたことがらに、新しい編集という言葉をあてることで、微妙な新しい意味を生じさせて文意を混乱させてしまうことをおそれたからです。

　では、逆になぜ校訂という言葉で統一しなかったのか。

　Editionsphilologie は、校訂の理論と実践を検討する学問ととらえてしまうこともできます。とすれば Editionsphilologie は、むしろ校訂文献学あるいは校訂学と訳したほうが意味するところが明確になると言えるかもしれません。が、もしそう訳してしまうと、今度は逆に肝心なところ

序　編集文献学とは何か

で誤解を生じさせてしまう可能性があるのです。

　いまいった誤解の可能性、それがじつは編集文献学の「新しい」部分に大きく関わります。先にテクストの正統性の根拠として、「オリジナル」という言葉を使いました。が、その「オリジナル」とはいったい何なのでしょう。

　作家の手の下で成立したテクスト？　だとすれば、古代や中世はともかく、近代とくに19世紀以後の場合でいえば手書きの原稿がオリジナルなのか？　いや、現代の作家は、印刷して出版したものを作品と見なしているのだから、作品としてのオリジナルは印刷テクストではないか？　とすれば、しかし、どの？　印刷された作品にしても、新聞や雑誌の初出もあれば、本となった初版もあります。またさらにその改訂版もあります。

　気づくべきは、古代、中世の写本テクストの時代と近代の印刷テクストの時代とでは正しさをめぐる条件が大きく異なるという点です。簡単に言ってしまえば、かたやオリジナルは失われている。いっぽう、かたやオリジナルはいくつもある。

　オリジナルがいくつもあるということは、正しさの根拠自体がいくつもあるということになります。いくつもの基準がありうるなかで、いったい何に基づいて正しいテクストを作ればいいのか。この問題は、比較的最近になるまで学者たちによって真剣に議論されたことはありませんでした。テクスト批判をめぐる過去の議論は、主に古代や中世のテクストを対象にするものでした。

　ところが、19世紀になって「国民文学」の概念がうまれ、近代の詩や小説のテクストに新たな社会的機能が加えられるようになります。写本時代のものだけではなく近代初期から同時代のテクストも学術研究の対象となるに従い、それらのテクストの正統性も求められるようになりました。言うまでもなくドイツではまずはゲーテの、イギリスではシェイクスピアのテクストの正統性が検討されるようになります。

　グーテンベルクが開発した活版印刷の技術が普及して以降のテクストの正統性をめぐる考察は、おそろしく複雑です。先述のように、印刷さ

れ公表されたものを作品だと見なすとしても、それには初版もあれば改訂版もあります。改訂版のほうが、作者の最終的な意図が盛り込まれているのだからそちらが正しいと考えることもできれば、最初の芸術的直感にまかせて書かれたもののほうが作者の本来の意図を反映していると見なすこともできます。いやはたして、その改変は本当に作者本人の意図に基づくものか、いや最初の公表にしても作者の意図どおりだったのかといったこともときには検討されます。

また作者生前には未公表の、作者の手では未完成のままの作品というのもあるでしょう。それらについては当然手書きの原稿がオリジナルと見なされ、それに基づくテクスト作りがなされるでしょう。しかし、原稿といっても多くの場合何バージョンもあるでしょうし、語句レベルにおいても書きかけ、未確定の箇所もいくつもあるはずでしょう。さらには詩や小説ではなく手紙や日記といった本来公表が意図されていない（はずの）テクストをどうするかということもあります。

そもそも、作者の意図とは何でしょうか。いや、その前に作者とは何でしょうか、作品とは何でしょう。これらの概念が非常に難しい問題をはらんでいることは、すでにミシェル・フーコーが指摘しているとおりです[*4]。

ようするに、どれもこれも正しいと見なすこともできれば、間違いと見なすこともできるのです。いずれにせよ、1つ言えるのは、研究者からすれば、どれも全部読みたいテクストだということです。たとえ海賊版だろうが、ボツ原稿だろうが、研究者からすれば秘密を明かす大事な鍵となりうる。研究の資料という点でいえば、どれも――正統性の問題は抜きにすれば――価値のあるテクストです。

とすれば、全部出してしまえばいいではないか。こう考える向きが出てくるのも無理がないと言えるでしょう。とにかくできるだけたくさん集めて、優劣をつけないで並べてしまおう。議論がそこまで進んだとき、それに則って行われる edition を、校訂と訳すのを躊躇する理由はおわかりいただけるでしょう。

序　編集文献学とは何か

現代社会の文献学とテクスト読解

　編集文献学において当初扱われていたのは、もっぱら近現代のテクストでした。テクスト批判という古い作業が、新しいものを対象とし始めたとき新しい理論が必要になった。端的に言ってしまえば、そういうことです。

　1つの正しいテクストを確定してしまうこと自体が間違いではないか。その方向に組み立てられていった近代テクストをめぐる理論は、次第に古代や中世のテクストを扱う現場にも影響を与えました。考えてみれば、正しいテクストの確定というのは、ある意味危うい行為です。どんなに厳密に検討を重ねようが、どれが正しくてどれが間違いだという判断は主観的な〈読み〉に頼るしかないのですから。危険を避けることがむしろ正しいとなれば、当然流れは安全と見なせるほうへと向かっていくでしょう。

　edition（編集）から documentation（ドキュメント）へ。20世紀後半の編集文献学における議論の方向性は、このようなフレーズでまとめて語られることがよくあります。編集ではなくドキュメントにおいては、その正しさの基準は資料をいかに忠実に、ありのままに出すかです。

　この基準の転換は、時代の大きな波の向きと完全に合致しました（いや、波がそちらに向かっていたから、理論もそちらに流れたかもしれないのですが）。ご存じのようにここ数十年で、大量のテクストをほぼゼロコストで〈出版〉するデジタルメディアが十分に普及しました。また最近では、テキストデータのみならず高精細の画像データまでもが、瞬時のうちに世界中に流通します。もはやどんな種類の資料であっても、様々な解釈を含んだ編集物ではなく、解釈を極力排した忠実な複製物として入手できる時代がきたということです。

＊

　本書のタイトルの「テクストとは何か」という問いは、テクストとい

う概念を定義し吟味するためにというより、むしろ、テクストのありよう、いうなれば形而下のテクストの形や姿を根本的に考察し直したいという思いから発せられています。

　学術研究が基づくテクストとはどうあるべきなのか。真実探求の営みのために、人文学の研究者が〈読む〉べきテクストとは何なのか。

　おそらく、すでに人文学研究に携わっている読者のなかには、次のような疑問を思い浮かべた方もいらっしゃるでしょう。ようするに、それは文献学ではないか、と。

　ドイツ語の Philologie、英語の philology の訳語として、日本では従来より文献学という言葉が使われています。そして、日本語の文献学という言葉は、多くの人々にとっては校訂をめぐる学問として理解されています。

　冒頭で、編集文献学という言葉は、「新しい」学問分野を指しているといいました。しかし、より正確には新しいではなく、非常に古いものが新たに蘇ったと表現するべきでした。たしかに、編集文献学は、古くから文献学という言葉で了解されてきた人文学の一分野に相当します。

　日本語の文献学が現在事情通にしか知られていないのと同様、欧米でも Philologie や philology は時代遅れの使われない言葉となっています。かつてはヨーロッパの各地の大学に文献学部あるいは文献学科がありましたが、いまではほぼそのような呼称の学部学科は消えてしまいました。

　エドワード・サイードは、遺著のなかで文献学を「もっともノリが悪くセクシーさに乏しく古臭い分野」と称しました。また、21世紀の人文学の議論で「一番浮上してきそうにないもの」、さらにはそれは、みなさんには「ただかび臭く好古趣味的でなんの魅力もないように思われるだろう」とも記しています[*5]。むろん、それらの発言は反語であって、これらのフレーズが散りばめられている章のタイトルは「文献学への回帰」。廃れかけている文献学のまさに魅力と現代における重要性を、サイードはその文章で強調しています。

　どう重要なのか。なぜ回帰が望まれたのか。事実、文献学は、なぜ、このように編集文献学と新たに装いを変えて、復活してきたのか。

その理由は、本書のこれから続く各章が、さまざまな具体例を示しながら、より説得的に解き明かしていくでしょう。

　最後にもう一点だけ付け加えておきます。
　テクストとは何か。いや、〈正しい〉テクストとは何か。その正しさを支える信頼は、どう形成され保持されるべきか。
　編集文献学のこうした中心課題は、現代社会の広く一般に通じる問題として敷衍して捉えることができます。人々の生活にもはや欠かせないインターネット上には、膨大な数の文章が情報として溢れています。またＥメールやＳＮＳといった現代のコミュニケーション手段は、すべて書き言葉のテクストで成り立っています。現代に生きる私たちは、知識を獲得するために、また友人や知人を理解するために、日々かつてないほどの分量のテクストを読んでいるのです。
　ところが、コンピュータやスマートフォンの画面上に浮かぶ文字列は、書き手の身体性をまったく伝えないがために、信頼性という点で大きな問題を孕んでいます。いわゆるなりすましのメールやメッセージ、また虚偽情報を掲載しているWebサイトなど、新聞や雑誌の紙面を毎日賑わせているトピックを思い出していただければ、状況の深刻さはおわかりでしょう。
　この問題に関しては、これまでもっぱら情報学や社会学が議論を積み重ねてきましたが、それはまさしく人文学の、それももっとも古い伝統的な領域である文献学の問題といえます。
　本物のテクストを、偽のテクストと見分けていく。どれが、正しく、どれが間違えているテクストかを判断していく。
　編集文献学というテクストの信頼性を担保するための営みは、この判断の前提となるテクストの正確な読解、妥当性の高い洞察に至る有効な方法を培ってきています。現代社会における正しい知識の学びや情報の取得、また人間同士の誠実な関わり合いを実現するには、その方法を身につけ実践していくことはきわめて意義あることだと考えます。
　テクストを読み、理解する。テクストをより深く、正しく解釈する。

その難しさとおもしろさ、そして、その大切さを、ぜひ本書で学んでもらえればと願っています。

[参考文献]

＊現在の編集文献学の主要3学会（註1参照）が、それぞれ定期刊行している学術雑誌として以下の3点があります。最新の学術動向については、これらのジャーナルを参照してください。

Textual Cultures: Texts, Contexts, Interpretation, Bloomington: Indiana University Press, 2006-

editio: Internationales Jahrbuch für Editionswsissenschaft, Tübingen: Niemeyer, 1987-2009, Berlin/New York: de Gruyter, 2010-

Variants: The Journal of the European Society for Textual Scholarship, Amsterdam: Rodopi, 2001-

＊編集文献学の動向を初めて詳しく紹介した和文の書籍として、以下の2冊の拙訳書を挙げておきます。とくに、後者『人文学と電子編集』の「学術版編集者のためのガイドライン」のなかの「文献解題──テキスト編集理論に関する主要著作」においては、編集文献学の重要文献が短い解説を添えて列挙されています。いずれも欧文の文献ですが、本格的に学びたい方はぜひ参照してください。

ピーター・シリングスバーグ『グーテンベルクからグーグルへ──文学テキストのデジタル化と編集文献学』（明星聖子、大久保譲、神崎正英訳、慶應義塾大学出版会、2009年）。

ルー・バーナード、キャサリン・オブライエン・オキーフ、ジョン・アンスワース編『人文学と電子編集──デジタル・アーカイヴの理論と実践』（明星聖子、神崎正英監訳、慶應義塾大学出版会、2011年）。

＊本書では欧米の研究を紹介していますが、日本においても文献学的な研究は、とくに古典文学の分野で積み重ねられてきました。その事情を伝えるものとして、現在でも入手しやすい以下の3冊を紹介しておきます。

池田亀鑑『古典学入門』（岩波書店、1991年）。

橋本不美男『原典をめざして──古典文学のための書誌』（笠間書院、2008年）。

片桐洋一『平安文学の本文は動く──写本の書誌学序説』（和泉書院、2015年）。

［註］

* 1　編集文献学という訳語とドイツ語の原語の Editionsphilologie、また英語の textual scholarship との対応関係については、参考文献として挙げた『グーテンベルクからグーグルへ』の訳者によるあとがきで解説しています。
* 2　アングロ・アメリカンの研究者が中心となって「編集文献学協会」(The Society for Textual Scholarship) が設立されたのは、1979 年。またドイツで「ドイツ編集文献学研究会」(Arbeitsgemeinschaft für germanistische Edition) が結成されたのは、1985 年。さらに、英独仏伊に加えてオランダ、ベルギーやスペイン、ポルトガルといったヨーロッパ諸国の研究者によって、「ヨーロッパ編集文献学協会」(The European Society for Textual Scholarship) が創設されたのは、2001 年。いずれもここ数十年以内のことです。それぞれの学会の定期刊行物が、参考文献として挙げた3点に順に該当します（「編集文献学協会」のジャーナルは、かつては *Text: An Interdisciplinary Annual of Textual Studies* でしたが、2006 年より *Textual Cultures* に引き継がれています）。
* 3　プラトンのテクストについては、本書の第1章で詳述しています。「アレクサンドリア学派」に関しては、その註2を参照してください。
* 4　ミシェル・フーコー『作者とは何か？』（清水徹訳、哲学書房、1990 年）参照。とくにそのなかでフーコーが発している「ニーチェの作品の出版を企てるとき、どこで停まるべきなのか？」、もしすべてを出版しなければならないとすれば、「この〈すべて〉とはどういう意味か？」という問いは、まさに編集文献学の課題に直結していると言えます。
* 5　エドワード・W・サイード『人文学と批評の使命──デモクラシーのために』（村山敏勝、三宅敦子訳、岩波書店、2006 年）参照。

目　次

序　編集文献学とは何か　　　　　　　　　　　明星聖子　　iii

I　古典とは何か
第1章　西洋古典テクストの伝承と校訂
　　　　――プラトン『ポリテイア（国家）』　　納富信留　　3
第2章　著作集編集と「古典」の成立
　　　　――ゲーテ『若きウェルテルの悩み』　　矢羽々崇　　25

II　聖典とは何か
第3章　聖なるテクストを編集する
　　　　――新約聖書　　　　　　　　　　　　伊藤博明　　49

III　作品とは何か
第4章　ヨーロッパ中世の俗語文学
　　　　――チョーサー『カンタベリー物語』　松田隆美　　81
第5章　可能態としてのテクスト
　　　　――ムージル『特性のない男』　　　　北島玲子　　105

IV　上演とは何か
第6章　演劇テクストの作者は誰？
　　　　――シェイクスピア『ハムレット』　　井出　新　　131
第7章　歌劇の「正しい」姿？
　　　　――ワーグナー《タンホイザー》　　　松原良輔　　157

V　作者とは何か

第8章　モダニズムのテクスト
　　　　　──フォークナー『響きと怒り』　　中谷　崇　　181

第9章　遺稿編集の問題
　　　　　──ニーチェ『権力への意志』　　トーマス・ペーカー　　203
　　　　　　　　　　　　　　　　　　　　（矢羽々崇訳）

終　章　テクストとは何か
　　　　　──カフカの遺稿　　明星聖子　　221

結　テクストを読み解く技法　　納富信留　　245

人名索引　　254

I
古典とは何か

第 1 章
西洋古典テクストの伝承と校訂
―― プラトン『ポリテイア（国家）』

納富信留

1　プラトンを読むとは？

　古代ギリシアのプラトン（Platōn：前 427 〜 347 年）は、西洋でもっとも重要な哲学者であり、人文・社会科学に限らず自然科学も含めた人類の古典（classics）です。

　プラトンの作品、たとえば主著とされる『国家』（原題『ポリテイア』）を読みましょう。大部の著作ですが、ソクラテスが仲間と対話する形式なので、1 週間程度で楽しく読み上げられます。では、これで「プラトンの著作を読んだ」ことになるでしょうか。いや、2400 年前にプラトンが書いた著作は、古典ギリシア語だったはずです。そう、あなたが読んだ日本語訳では、プラトンの著作からまだ大きな距離がありそうです。

　好奇心とやる気のあるあなたは、そこで、古典ギリシア語を勉強してプラトン自身の著作を「原文」で読んでみようと思うかもしれません。初等文法から学んで、2 〜 3 年でプラトンのギリシア語に挑戦することができます。そこであなたは、ギリシア語原文のテクストを手に入れようとします[*1]。翻訳との関係はどうでしょうか。藤沢令夫訳、岩波文庫の「凡例」にはこう書かれています。

　　「翻訳の底本としてバーネットの校本（J. Burnet, *Platonis Opera* vol. IV, Oxford Classical Texts）を用い、これと異なる原文の読みを採用して

訳した箇所は、そのつど注記した。」

　この本はジョン・バーネットが校訂した「オクスフォード古典叢書」(OCT版、1905年)からの翻訳であることがわかります。しかし、ここで「異なる原文の読み」と言われているのは何のことでしょうか。また、バーネットより後に、別の校訂本も出ています。それは何でしょう？
　そこで、ふと気づくことでしょう。プラトンが書いた本は残っていない。私たちが手にしているのは、後世の学者が編集して伝えてきた本、つまり「校訂」された本なのだと。ここから長い古典文献学の旅が始まります。

2　「プラトン著作」の成立と写本伝承

　プラトンが活躍した古代ギリシアは、公的、私的な場面で人々の前で語る「語りの文化」でした。アルファベットが普及し、文学作品も文字で書き残されるようになりますが、この時代のアルファベットは大文字を切れ目なく並べたもので、アクセントも句読点もない、とても読みにくいものです。書き物は、あくまで保存して人前で読み上げるための忘備的、補助的な手段だったようです。
　プラトンが師事したソクラテスは、人々と顔を合わせて対話する哲学の営みに従事し、生涯、思想や考察を書き物にして残すことはありませんでした。当時の知識人にとって著作を著すことはそれほど重要ではなかったのです。ですが、ソクラテスが刑死した後で、プラトンや他の弟子たちが彼を主人公にした「対話篇」を多数著述しました。
　プラトンがどのように著作活動を行ったのか、それがどう流布したのか、はっきりしたことはわかりません。おそらく、ロウを引いた石版に硬筆で下書きした原稿をパピルス紙に書き写させ（原本）、その巻物を弟子や仲間たちが写していくことで、最初は1つだった著書がより多くの人々の手元に渡ったのでしょう。
　プラトンは大小とりまぜて30あまりの対話篇を執筆し、同時代から

後世まで広く読み継がれました。古代に伝承されたそれらの作品を、後1世紀のローマ時代にトラシュロスという学者が編集します。3つの悲劇とサテュロス劇を合わせた4部作構成に倣（なら）って、プラトンの著作を9つの「4部作集」（計36作品）に並べて整理しました。トラシュロスの編集は、プラトン対話篇を「プラトン著作集」（Corpus Platonicum）にまとめ、写本伝承のうえで決定的な役割を果たしました。OCT版をはじめとする多くのプラトン著作集、日本語訳全集も、トラシュロス編の構成、つまり、対話篇順を踏襲しています。

　手書きで写された「写本」（manuscript）は、どのように後世に伝えられたのでしょう。古代ギリシアでは、流布したパピルス製の書物を知人らから借り書写して自分用にすることがよくあったようです。また、専門の出版業者もいて、元の原稿を読み上げそれを複数の筆記者が写すというやり方で、一度に多数のパピルス本を作ったと言われています。ですが、両手で巻き取りながら読み進めるパピルス巻子本は、よく読まれるほど破損が生じ、文字が擦れました。汚損や戦争や災害による破損も多かったでしょう。何十年かで新たに書き写されなければ物理的に解読不能になってしまいます。書写が何代もくり返されることで、書物はようやく後世に伝わってきたのです。

　つまり、読むためにつねに新たな労力をかけられた著作や著者だけが生き残ることになります。プラトンは古代の著者には稀な例として、著作がすべて現代まで残っています。しかし、古代の多くの著者の作品は、やがて写されなくなって散逸や消滅してしまい、後世に伝わりませんでした。プラトンはギリシア語圏ではどの時代にも人気があり、読者の需要があったようです。さらに、学園アカデメイアやアレクサンドリア図書館などで、学者たちが注意深く写本を守ってきた、つまり、書き写してきたことが、今日まで無事に伝承された主な理由だと思われます[*2]。

　目の前に1つの手書きのテクストを置いて、それをそのまま写しとる作業をやってみてください。注意深く写しているつもりでも、見間違いや勘違いといった単純な誤写で、元と異なる文字列を書いてしまうことがどれほど多いか、自分でも驚くことでしょう。プロの書写生でもミス

第1章　西洋古典テクストの伝承と校訂——プラトン『ポリテイア（国家）』

は避けられません。また、見ているお手本がそもそもそうして写された本なので、そこですでに間違っている箇所、あるいは、とても読みにくい箇所もあったでしょう。また、読んでいく間にインクが擦れたり、シミと呼ばれる虫に紙を食べられて文字列の一部に穴が空いたりと、物理的に破損して読めない箇所もありました。また、後に修正や説明などで書き込みを加えた箇所は、元の文字とどう一緒に記載するかで混乱も生じます。それをお手本にして新しい写本を作ることは、プラトンが書いた原本から多くの細かい点でズレてしまった、新しい1つのテクストを生み出すことになるのです。

　そうして、厳密に言えば、写本の数だけプラトンのテクストが存在したことになります。しかも、写しに用いた写本が失われていくうちに、プラトン自身のテクストよりずっと後の世の写本だけが残ることになります。現存する一番古い写本はオクスフォード・ボドリアン図書館所蔵のB写本と、パリ国立図書館所蔵のA写本ですが、どちらも後9世紀末の成立です[*3]。つまり、プラトンが書いた時点から優に1300年が過ぎて写された本なのです（図1, 2）。

　その間に、プラトンの書物はさまざまな運命の翻弄を受けたはずですが、ここでは2つの重要な転換を見ましょう。まず、写本を作る素材ですが、比較的安価で質が高くなかったパピルス紙は、紀元後には羊皮紙に取って代わられます。また、パピルスの書物は通常「巻子本」という巻物の形態でしたが、羊皮紙は「冊子本」という、現代に受け継がれる装丁で書物にされました。巻子本では読みたい箇所まで巻き取らなければならない不便さがあります。紀元後にはキリスト教「聖書」のさまざまな箇所を自由に参照するという便宜から、冊子本が普及したとも言われています。さらに、羊皮紙には1頁に、パピルスよりも多くの情報が書き込める利点もありました。しかし、羊の胴体の革をなめして作る「羊皮紙」（パーチメント）——仔牛の皮（ウェッラム）も時折使われました——は貴重で高価だったので、聖職者や貴族など特定の人しか使えませんでした。古代から中世への書物の形態変化は、読書においても社会においても、とても大きな意味をもっていたに違いありません。

I　古典とは何か

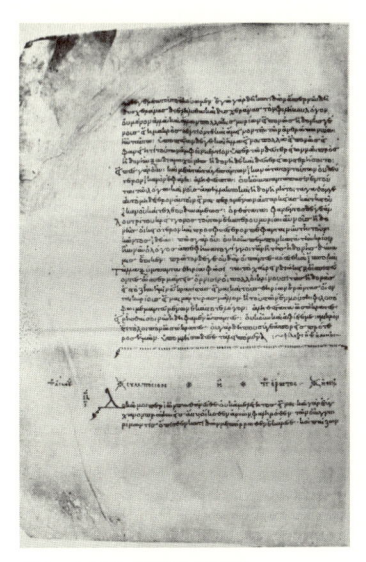

図1　B写本『饗宴』冒頭部　　　　　図2　A写本『ポリテイア』冒頭部

　この素材と形態両面の変化は、書物の伝承にも大きな影響を与えます。パピルス紙で写されてきた広範囲な古代の文書のうち、限られた「重要な」——その時代にそう判断された——書き物だけが羊皮紙に写されたからです。プラトンの著作は後4世紀頃には羊皮紙に写されていましたが、中世にはギリシア語文化圏のビザンティン帝国で多く書き写されました（ラテン語を使っていた中世の西ヨーロッパでプラトンはほとんど訳されておらず、読まれませんでした）。
　もう1つの転換は、小文字体の導入です。ギリシア語のアルファベットは最初すべて大文字の書体で書かれていて、読みにくいものでした。写しやすさや、より多くの文字が書き込めるといった理由で、紀元後に小文字体が普及し、もと大文字体で書かれた文書から徐々に写し変えられました。その過程でまた多くのミスも生じたことでしょう。
　そうして、古代から中世に書写された写本は、ビザンティン各地の修道院や有力者のもとに保管されていました。ビザンティンでは、大学で

第1章　西洋古典テクストの伝承と校訂——プラトン『ポリテイア（国家）』

はなく修道院が学問と教育に中心的な役割を担っていたからです。それらの写本のいくつかは、ビザンティン帝国が衰えてオスマン・トルコに滅ぼされる1453年以前に、イタリアに持ち込まれました。そうして輸入された中世写本は、その後、ヨーロッパ各地の大学や図書館に所蔵されたのです。

伝承されたプラトン著作集の写本は、各地に大小とりまぜて計200本ほど残っています。「大小」と言ったのは、1つの写本に含まれる対話篇の数や範囲がまちまちだからです（「プラトン著作集」はその全体が膨大なため、全対話篇を収めた単一の中世写本は存在しません）。中世写本は、字体や形式などの特徴から、時代や場所や文化背景を特定することもできます。写本は1冊1冊が異なっており、そういった研究は「古文書学」（paleography）、「写本学」（codicology）と呼ばれています。

3　印刷された普及版

プラトンが最初に書いた（と想定される）「1冊の本」からパピルス写本へ、そして羊皮紙写本へという長い伝承過程は、膨大な労力や時間を費やす文化事業でした。それらの伝承が量的にも質的にも大きな転換をとげるのが、活版印刷術の発明と普及でした。グーテンベルクが開発した活版印刷機がイタリアにもたらされると、ギリシア語で書かれて伝わってきた古典作品も印刷されます。15世紀末には、ヴェネチアの人文主義印刷業者アルドー・マヌーチオが、アリストテレスやアリストファネスのギリシア語版を印刷しました。それらは、ギリシア語写本の字体に似せて印刻されたとても美しい印刷です。プラトンの著作集はおもに、1484年にマルシリオ・フィチーノが完成したラテン語訳で読まれていましたが、ギリシア語のテクストが印刷されるのは、1513年にアルドーが出した全2巻のプラトン全集が初めてでした。最初の近代校訂本（editio princeps）です（図3）。

活版印刷はそれまでの手書きで貴重な写本とは異なり、古典の文献を大量部数の出版でヨーロッパ中に普及することを可能にしました。それ

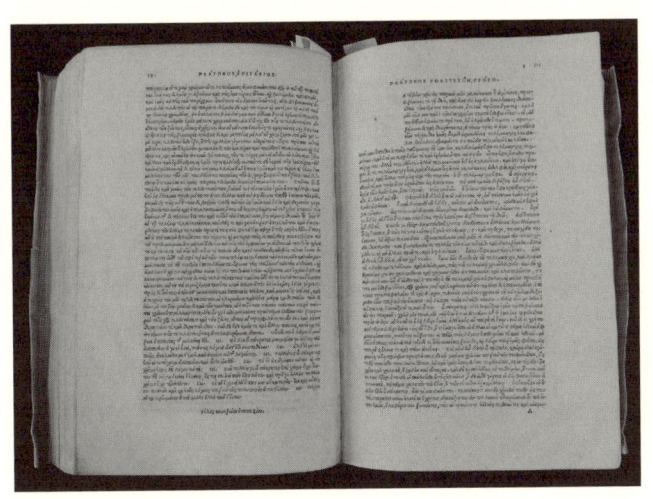

図3　アルドー版「プラトン全集」の『ポリテイア』冒頭部

に応じて、印刷されたテクストの影響力は、単独の写本をはるかに越えるものでした。

　印刷本を作成するやり方も、写本を書写する作業とは異なっています。中世写本は、だいたい1つの元本——「親写本」と呼びます——を写して別の写本——「子写本」——が作成されるもので、その場合、親写本の誤りや欠落もそのまま子写本に受け継がれることが通例でした。それに対して、印刷本を作成する校訂者は、複数の写本を比較し、それらからより正しいと考えられる読み方を選択して1つのテクストにします。プラトンのように比較的良好な状態で伝わったテクストでも、2つ以上の写本を並べていると、各行にと言ってよいほど多くの箇所で異なった「読み」が見られます。それらの「異読」（伝承ヴァリアント）を比較して、プラトンの原本に一番近いと推定されるテクストを確定するのが「校訂」（edition）という作業でした（もっとも、プラトンが最初に1冊だけ原本を残したという想定は、可能ではありますが素朴に過ぎるように感じられるかもしれません）。

　しかし、16世紀になされた初期の校訂作業には大きな限界がありま

第1章　西洋古典テクストの伝承と校訂——プラトン『ポリテイア（国家）』

図4 ステファヌス版「プラトン全集」の『ポリテイア』冒頭部

した。その作業が依拠する写本の制約です。たとえば、イタリアのヴェネチアで校訂がなされた場合、その地で手に入る写本は限られており、利用がどの程度なされたかは明らかではありません。たまたま校訂に利用できた写本が信頼度の高い古い写本であったらよかったのですが、それほど重要ではない二次的な写本だったら、そこから成立した校訂本文が不十分であることは容易に想像されます。しかし、一旦印刷され普及したテクストはその後、写本群を離れて絶大な権威と影響をもちます。プラトンの場合、1578年にパリの印刷業者アンリ・エティエンヌが出版したステファヌス版が広く流布し、その後200年にわたる「受容版」(editio receptus) となります。ステファヌス版は各ページにギリシア語テクストとラテン語訳が並列された使いやすい編集で、そのテクストは19世紀初めまでそのまま使われたのです[*4]（図4）。

4　ベッカーによる写本校合

　中世に書き写された多数の写本を元にして、プラトンが書いた「原本」を復元させたいというのは、校訂者ならだれでもが抱く目標でした。しかし、近代初期に編集されたアルド版やステファヌス版は、参照できる少数の写本を使って、編集者の独自の判断も交えて作られた新しいギリシア語テクストでした。この時代には、ビザンティンからイタリア

にもたらされた多数の写本も含めて、ヨーロッパやアジアにどれほどの写本が残っており、また、それらのうちどれがより古くて信頼に値するか、また、それら写本同士の関係はどうかといった考察ができる基盤は成り立っていませんでした。これら写本の扱いに関する不十分さへの自覚が、やがて「普及版」（editio vulgata）への徹底した反省、つまりテクスト批判（textual criticism）を行う批判的文献学の成立を促します*5。

　まず、中世写本の状況について、簡単に見ておきましょう。中世に書写されたギリシア語の本は近代に次々と再発見され、そのうちのいくつかは重要性が認識されていました。ペトラルカらルネサンスの人文主義者、古典学者や書物愛好家は、こぞって「未知の写本」を探しまわりました*6。しかし、それらは王侯貴族や修道院などの所蔵であり、出版や研究のために容易に利用はできませんでした。中世から伝わった写本は、いうまでもなく文化的な価値が高いため、有力者が収集し所蔵する財産でもありました。彼らの関心は必ずしも学術的なものばかりではなかったのです。

　新しい重要写本の発見は、19世紀初頭でもまだ十分に可能でした。B写本は、プラトン著作集前半部を収めるもっとも重要で学術的価値の高い写本ですが、1801年にエーゲ海東部のパトモス島の修道院で、クラークという旅行者がたまたま床で朽ちかけているのを拾い上げて持ち帰ったものです。しかし、それは895年にヨハンネスという写字生が、アレタスという学者に依頼されて制作したもっとも信頼できる写本であることが判明し、センセーションを巻き起こすと同時に、その後の校訂版の基盤となっています。

　そういった中世写本は、ヨーロッパ中の図書館や修道院に散在して保管されていましたが、それらの写本をカメラもコピーもない時代に複数の間で比較して検討する作業、つまり「校合（こうごう）」（collation）は、とてつもなく困難な仕事でした。また、プラトンのように数多くの写本が存在する場合、その大部分はより古い写本を参照して作られた「子」や「孫」の写本であって、それらすべてを詳細に検討することは時間や労力の点で余計なことでした。それらの親写本を特定して「家族（ファミリー）」

第1章　西洋古典テクストの伝承と校訂——プラトン『ポリテイア（国家）』

や系譜がわかれば、同一家族の写本をすべて調べる必要はなく、大元にあたる親写本だけ徹底的に検討すればよいわけです。この校合と系統化という2つの課題が実際に解決されるのは、19世紀にドイツで完成した批判的な古典文献学によってです。

まず、古典学者イマヌエル・ベッカー（Immanuel Bekker：1785〜1871年）は、1810〜21年まで、ヨーロッパの主要国——フランス、イタリア、イギリス、ドイツ——で数多くの写本を見て歩きました。その作業から、読みの異同を注意深く注記したプラトン全集を編集し、1816〜18年に公刊します。『ポリテイア』については計12の写本を調査してそこからテクストを校訂しています。ベッカーは写本に記号を付してその異読情報を別巻にまとめましたが、後に各著作テクストの下に「批判資料」（criticus apparatus）を付けるのが習慣となります。一般の読者には馴染みのないこの装置（アパラトゥス）ですが、本文として印刷された校訂文の読みの採用根拠、および、それに対する別の可能性を客観的に記す画期的な手法でした。

ベッカーが何年もかけてヨーロッパ中で見て歩いたプラトンの写本は、しかし、21世紀の私たちに判明している現存写本のごく一部に過ぎませんでした。彼は、当時発見されたばかりのB写本を見ておらず、いくつかの他の重要写本も知らなかったのです。それゆえ、ベッカー版自体は現在では不十分な校訂とされ、その1世紀後にバーネットのOCT版によって乗り越えられたとされます。しかし、プラトンの全著作にわたり、自分の目でこれだけ多くの写本を実地で見て歩いた人は、ベッカー以後、現在に至るまで1人もいません。ベッカーはベルリン・フンボルト大学の教授でありながら講義はほとんど行わず、ヨーロッパ中で写本の校合をして回っていました。途方もない熱意とエネルギーを感じます[*7]。

5　ラハマン法による写本系統整備

ベッカーはできるかぎり多くの写本を実地に見て歩き、それらの異同

を記録する校合によって、プラトンの原本に近いテクストを復元する学問的アプローチを取りました。しかし、彼が見た写本は重要度や信頼度においてさまざまで、それらを照らし合わせるだけでは、本当に学問的な検討にはなりません。そういった方法論的な問題点を突き詰めて、より客観的に写本間の関係、つまり「系統」、そして正しい読みを確定しようとしたのが、カール・ラハマン（Karl Lachmann：1793〜1851年）でした。ラハマンはルクレティウスや『新約聖書』の校訂に従事し、プラトンは扱いませんでしたが、彼が導入したとされる写本間の関係確定の手法は「ラハマン法」（Lachmann's method）と呼ばれて、その後の古典文献学に大きな影響を与えました。

　19世紀前半までの古典文献学は、古典の言語に精通した専門家の勘が重視され、各校訂者が自身の判断に基づいてどの読みが正しいかを決めていました。それに対してラハマンは、写本相互の比較により読みの強弱を決める機械的な方法があるはずだと考え、その形式的な法則を提案します。いわば「数」の原理です。しかしこの場合、数が多いからといって同じ系統の写本、しかも重要度の低い写本がたくさん証拠にあげられてもよい判断基準になりません。そこで、ラハマンは「写本の系統（ステンマ）」によって諸写本をファミリー（写本族）に整理する方法を提案します。近代にまで伝承される中世写本群は、古代に著者が書いた本——プラトンであれば前4世紀の原本——から直接に写された訳ではなく、おそらく紀元後数世紀の頃に作られた1冊が起点となって、それが何通りかに写されてさらに樹木の枝のように広がったのだと想定します。その最初の1冊を「原型（アルキテュポス）」と呼び、古典文献学の目標をその復元に絞ったのです。

　写本伝承の系統を確定することで、テクスト校訂が画期的に明瞭になります。プラトン『ポリテイア』はこの手法がもっとも有効に適用されたケースです。『ポリテイア』を写している中世写本は計54本ありますが、それらの間には親子や孫のような関係があり、どのファミリーに属するかが確定できれば、その写本の重要性が明らかになります。もっとも重要なパリのA写本は、9世紀末に書かれたものと推定されています。

A写本に発した多数の写本が、1つのファミリーをなします。次に重要だと認識されているのが、ヴェネチアにあるD写本で、12世紀に制作された別の系統の親写本です*8。つまり、Dファミリーに属する諸写本は、元はすべてD写本を写したものですが、それはA写本の系列とは交わらないのです。ファミリーの区別と分類には、誤記の共有状況を丁寧に調べることが必要でした。写字生の書き誤りは無意味か有害だと思われるかもしれません。しかし、同じ箇所でどのような間違いが生じているかを丹念に調べると、写本間の関係がはっきりします。
　『ポリテイア』の伝承調査において重要だったのは、ウィーンにあるF写本が、AやDと並ぶ独立の系統をなすかどうかでした*9。オランダの文献学者ヘラルド・ボーターはF写本が独立のファミリーをなすことを確定し、この問題に決着をつけます。ボーターはOCT新版を校訂したスリングスの同僚で、その校訂作業の基礎として、『ポリテイア』の54写本をすべて調査して、AとDとFという3つのファミリーに分類されることを示しました。この基礎作業によって、OCT新版は、基本的にADFという3種類の写本情報だけを表示するという、きわめて簡素な異読情報の提示に成功しました。
　プラトンは比較的多数の写本が伝わっており、ラハマン法がきわめて有効に機能した好例です。しかし、写本の数が少ない場合や伝承がそれほど単純でない場合も多く、ラハマン法自体には限界や問題点も多く指摘されています。ラハマン法は、原型に近いごく少数の主要写本を特定することで、他の多くの派生写本を考慮しなくてよいという省エネ傾向を生みます。しかし、19世紀後半には少数の写本のみを使って校訂版を量産する安易な動きも現れ、現在では反省されています。
　方法論の問題点としては、写本伝承の多くは実はそれほど単純ではなく、「混交」(contamination)という現象もしばしば起っていることが指摘されています。写本の伝承は単純に垂直的に親・子・孫とつながっているだけではなく、他の系統の写本を同時に参照することでその読みを取り入れる現象もしばしば起ったからです。1つの写本を作成する時、複数の写本を手元において、それらを融合させることはけっして珍しく

ないはずです。その際、参照した写本がそれぞれ違うファミリーに由来する場合には、単純な樹形図は描けません。それが「水平方向の情報伝達」と呼ばれる現象です。

また、古代や中世の書写生や校訂者によってすでに混交や新規の読みが導入されていた場合、ラハマンが開発した機械的な選択法は適用できません。また、写本伝承が乱れている場合には、どんな写本でも正しい読みを保存している可能性をアプリオリに排除できないことになり、テクストを構成する確実な規準を備えることはより困難になります。より古い写本を特定すれば、それより新しい写本は検討する価値がないとする原則も、つねに正しいとは限りません。書写生による誤記は、必ずしも単純で機械的なミスであるとは限らず、むしろ多様な心理的な原因を考慮する必要があります。

ラハマンの方法は、西洋古典のテクストを復元させる学問的な技法として、多くの古代著作に用いられました。他方で、その方法には多くの理想的状況が前提されていることに気づきます。原著者が1つの著作だけを残したこと、それが古代の「原型」と呼ばれる1つの写本から枝分かれして写されてきたこと、その写字が機械的な作業であったこと、などです。ラハマン法は、現在でも一定の有効性は持つものの、イタリアのパスクアーリやティンパナーロらによって、批判的に再検討されています。そこでは、一定の有効性と同時に、限界も自覚されているのです。

6　19世紀から20世紀への発展

「プラトン著作集」は、ベッカー版の前後から多数出版され、19世紀のドイツでテクスト校訂はおおいに進歩しました[*10]。他方で、この時期の古典文献学者は、写本で伝承された読みを疑ってそれに変更を加えることがしばしばありました。それらの「推測」（conjecture）にはプラトンの元テクストを復元するために重要な鋭いアイデアも含まれていますが、概して中世以来の伝承を変えるラディカルで奇抜な提案でした。そうして信頼できないテクストをなんとか文献学的に改めたいという学

問的な方向は、逆に過剰な手直しにつながったのです。

　この批判的な目は「プラトン著作集」自体にも向けられます。19世紀には古代から伝承されてきたプラトン作とされる対話篇のうち、確実にプラトンが書いたと証明される作品以外は「偽作」ではないか、と疑いの目も向けられました。そのなかに弟子や仲間が書いた作品が紛れ込んでいる、そういう疑問が高まり、厳密な基準を採用して多くの対話篇をプラトン作から外したこともあります。その後、多くの対話篇や書簡は真作の扱いに戻されましたが、一旦かけられた疑い、過剰な批判的検討が、「偽作問題」として現在まで影響を残しています。

　概してドイツの校訂者たちは過剰にテクストに手を加える傾向がありましたが、経験主義的なイギリスやスコットランドの古典文献学者たちは、比較的写本に忠実な保守的で堅実な方針をとります。その代表者ジョン・バーネットは、19世紀に蓄積された写本検討の情報を生かしながら、単独で「プラトン著作集」すべてを校訂し、1900～07年に全5巻で刊行する快挙を成し遂げました。このバーネットのOCT版は、鋭く熟練したプラトン言語の理解にもとづく堅実なテクストで、現在までの研究の基盤となってきました。他方で、バーネットが採用したテクストのなかには19世紀の「推測」もまだある程度残っていましたが、21世紀初頭に完成したスリングスの新OCT版ではそれらの推測がさらに退けられ、主要写本に回帰する傾向が顕著です。

　1900年代初頭に成立したバーネットのOCT版は、全体としてはいまだに越えられていませんが、20世紀末から新しい校訂版が出版され始めています。最近では、写本を再検討する役割とテクストを作る役割とを分業して複数で作業する場合が多いようです。21世紀に完成しつつある新校訂版は、19世紀から目指されてきた批判的校訂の完成であり、その一歩先を示すものです。

　『ポリテイア』について、バーネット版で不十分だったのは「写本系統」の確定でした。20世紀初頭に作られたバーネットとジェイムズ・アダムの2つの『ポリテイア』校訂版は、F写本が独立の伝承価値を持つかどうかで完全に異なる立場にたち、その相違が個々の箇所のテクス

トの読みにも影響を与えていました。ボーターの写本検討作業はFファミリーの独立性と価値を最終的に示したわけです。このようにして、20世紀初めから21世紀にかけて、もう1つの大きな転換が起り、そこでより信頼できるプラトン対話篇のテクストが作られたのです。

新しい校訂作業では、写本の包括的な調査に加えて、もう1つ重要な改善点があります。パピルス、間接証言、そして他言語への翻訳の考慮です。

羊皮紙以前にパピルスに書き写された著作の一部は、エジプトの砂漠などから切れ端（断片）として発見されています。プラトン著作では、前3世紀から後3世紀頃のパピルス断片が大小50ほど発見されています。私たちが現在まで伝承された写本が古くても9世紀末にしか遡れないことを考えると、紀元前後にパピルスに書かれたテクストは、ごく一部分であっても貴重です。一般に普及していた手書きの流布本のため誤字も多く見られ、時代が古いからといってより信頼できるわけではありませんが、古代に流布したプラトンがどのようであったかを知るため、あるいは、古代に失われてしまった別の読みを見るために、パピルスは貴重な資料です[*11]。それらを解読する「パピルス学」（papyrology）も、写本伝承とならんで文献学の一部となっています。

また、古代後期のさまざまな著作——たとえば、新プラトン主義者の注釈書——でプラトンが引用されたり、パラフレイズして紹介されたりしている部分も、「間接証言」として批判資料で参照されます。テクスト復元に参考になりますが、それにもまして、プラトンが古代にどう読まれたかを知るうえで重要です。スリングスの校訂版は、プラトンの元のテクストを現代に復活させるという試みだけでなく、それがどのように受け継がれてきたかという「受容史」を視野に入れた研究となっているのです。

最後に、フィチーノのラテン語訳をはじめとして、さまざまな他言語で紹介されたプラトンを、その言語から元のギリシア語へと遡って推測することも、時に重要です。彼らは、私たちが見ていない別の写本や情報を使っていた可能性も高いからです。『ポリテイア』はコプト語（紀

第1章 西洋古典テクストの伝承と校訂——プラトン『ポリテイア（国家）』

元後にエジプトで使われた言語）、アラビア語、ペルシア語、ヘブライ語に翻訳されており、その一部が残っています。12世紀のアラビア哲学者アヴェロエス（イブン＝ルシュド）には『ポリテイア』を論じた注釈書があります。それらの情報を考慮することで、プラトンの原文に多角的に迫ることが期待されます。

　しかし、バーネットやアダムのテクストを1世紀後のスリングスの新テクストと並べてみても、おそらくあまり変わっていない、という印象を受けるかもしれません。実際、おもに接続詞（ギリシア語の「小辞」）の違いといった仔細な点が、各ページに1〜2ヶ所程度異なっている、その程度の違いなので、翻訳に直に反映しないことも多いのです。しかし、古典文献学の進歩は、そのような目立たない改善にあります。また、バーネットは校訂にあたって自分で諸写本を校合はせず、他の古典文献学者の報告に頼っていたため、誤った情報を用いたり、不正確な異読情報を記載したりしています。それに対して、テクスト確定のために必要な異読情報が批判資料に精確に記載されているスリングスの新OCT版は、テクストそのもの以上に価値のある文献学的な校訂版なのです。

　スリングスの仕事は、疑いなく、プラトンの最善のテクストを学問的根拠に基づいて校訂するという19世紀ドイツ以来の古典文献学の課題を完成する記念碑的なものですが、他方で、そこにほぼ完全な校訂情報を込めることで、読者にそのテクストを使う責任を投げかけるものです。

　スリングスが示す「校訂者」（editor）の役割は、あらゆる情報や知識を考慮しながらプラトンが書いたと判断されるテクストを印字することです。「本文」と呼ばれる主要部には、そうして復元されたテクストが印刷され、写本に書かれているが本来そうではなかったと判断された文字列は、基本的にテクスト本文から外されて批判資料として欄外に小さな活字で情報として記載されるだけです。校訂者が「削除すべき」と確信した文字列は、そうして欄外でだけ確認されるのが通例です。しかし、校訂者は時折、疑わしい字句を欄外に落とすことなく、本文に印字したうえで四角括弧で囲んで表示することがあります。これは、削除を一方的に断定して読者にその判断に従わせるのではなく、自分の校訂見解を

I　古典とは何か

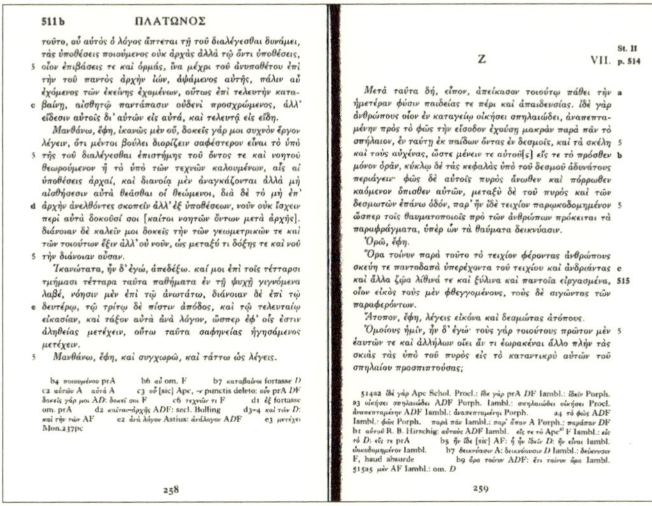

511b ΠΛΑΤΩΝΟΣ

τοῦτο, οὗ αὐτὸς ὁ λόγος ἅπτεται τῇ τοῦ διαλέγεσθαι δυνάμει, τὰς ὑποθέσεις ποιούμενος οὐκ ἀρχὰς ἀλλὰ τῷ ὄντι ὑποθέσεις, οἷον ἐπιβάσεις τε καὶ ὁρμάς, ἵνα μέχρι τοῦ ἀνυποθέτου ἐπὶ τὴν τοῦ παντὸς ἀρχὴν ἰών, ἁψάμενος αὐτῆς, πάλιν αὖ ἐχόμενος τῶν ἐκείνης ἐχομένων, οὕτως ἐπὶ τελευτὴν κατα-
c βαίνῃ, αἰσθητῷ παντάπασιν οὐδενὶ προσχρώμενος, ἀλλ' εἴδεσιν αὐτοῖς δι' αὐτῶν εἰς αὐτά, καὶ τελευτᾷ εἰς εἴδη.

Μανθάνω, ἔφη, ἱκανῶς μὲν οὔ, δοκεῖς γάρ μοι συχνὸν ἔργον λέγειν, ὅτι μέντοι βούλει διορίζειν σαφέστερον εἶναι τὸ ὑπὸ τῆς τοῦ διαλέγεσθαι ἐπιστήμης τοῦ ὄντος τε καὶ νοητοῦ θεωρούμενον ἢ τὸ ὑπὸ τῶν τεχνῶν καλουμένων, αἷς αἱ ὑποθέσεις ἀρχαί, καὶ διανοίᾳ μὲν ἀναγκάζονται ἀλλὰ μὴ αἰσθήσεσιν αὐτὰ θεᾶσθαι οἱ θεώμενοι, διὰ δὲ τὸ μὴ ἐπ'
d ἀρχὴν ἀνελθόντες σκοπεῖν ἀλλ' ἐξ ὑποθέσεων, νοῦν οὐκ ἴσχειν περὶ αὐτὰ δοκοῦσί σοι [καίτοι νοητῶν ὄντων μετὰ ἀρχῆς]. διάνοιαν δὲ καλεῖν μοι δοκεῖς τὴν τῶν γεωμετρικῶν τε καὶ τῶν τοιούτων ἕξιν ἀλλ' οὐ νοῦν, ὡς μεταξύ τι δόξης τε καὶ νοῦ τὴν διάνοιαν οὖσαν.

Ἱκανώτατα, ἦν δ' ἐγώ, ἀπεδέξω. καί μοι ἐπὶ τοῖς τέτταρσι τμήμασι τέτταρα ταῦτα παθήματα ἐν τῇ ψυχῇ γιγνόμενα λαβέ, νόησιν μὲν ἐπὶ τῷ ἀνωτάτω, διάνοιαν δὲ ἐπὶ τῷ
e δευτέρῳ, τῷ τρίτῳ δὲ πίστιν ἀπόδος, καὶ τῷ τελευταίῳ εἰκασίαν, καὶ τάξον αὐτὰ ἀνὰ λόγον, ὥσπερ ἐφ' οἷς ἔστιν ἀληθείας μετέχειν, οὕτω ταῦτα σαφηνείας ἡγησάμενος μετέχειν.

Μανθάνω, ἔφη, καὶ συγχωρῶ, καὶ τάττω ὡς λέγεις.

b4 ποιουμένου prA b6 αὖ om. F b7 καταβαίνοι fortasse D c2 αὐτῶν A αὐτά A c3 οὖ [sic] Apc, -ν punctis deleto: οὖν prA DF δοκεῖς γάρ μοι AD: δοκεῖ σοι F c6 τεχνῶν τι F d1 ἐξ fortasse om. prA d2 καίτοι–ἀρχῆς ADF: secl. Bolling d3–4 καὶ τῶν D: καὶ τὴν τῶν AF e2 ἀνὰ λόγον Astius: ἀνάλογον ADF e3 μετέχει Mon.237pc

258

Ζ VII. St. II p. 514

Μετὰ ταῦτα δή, εἶπον, ἀπείκασον τοιούτῳ πάθει τὴν a
ἡμετέραν φύσιν παιδείας τε πέρι καὶ ἀπαιδευσίας. ἰδὲ γὰρ ἀνθρώπους οἷον ἐν καταγείῳ οἰκήσει σπηλαιώδει, ἀναπεπταμένην πρὸς τὸ φῶς τὴν εἴσοδον ἐχούσῃ μακρὰν παρὰ πᾶν τὸ σπήλαιον, ἐν ταύτῃ ἐκ παίδων ὄντας ἐν δεσμοῖς, καὶ τὰ σκέλη καὶ τοὺς αὐχένας, ὥστε μένειν τε αὐτοῦ[ς] εἴς τε τὸ πρόσθεν b
μόνον ὁρᾶν, κύκλῳ δὲ τὰς κεφαλὰς ὑπὸ τοῦ δεσμοῦ ἀδυνάτους περιάγειν· φῶς δὲ αὐτοῖς πυρὸς ἄνωθεν καὶ πόρρωθεν καόμενον ὄπισθεν αὐτῶν, μεταξὺ δὲ τοῦ πυρὸς καὶ τῶν δεσμωτῶν ἐπάνω ὁδόν, παρ' ἣν ἰδὲ τειχίον παρῳκοδομημένον ὥσπερ τοῖς θαυματοποιοῖς πρὸ τῶν ἀνθρώπων πρόκειται τὰ παραφράγματα, ὑπὲρ ὧν τὰ θαύματα δεικνύασιν.

Ὁρῶ, ἔφη.

Ὅρα τοίνυν παρὰ τοῦτο τὸ τειχίον φέροντας ἀνθρώπους σκεύη τε παντοδαπὰ ὑπερέχοντα τοῦ τειχίου καὶ ἀνδριάντας c
καὶ ἄλλα ζῷα λίθινά τε καὶ ξύλινα καὶ παντοῖα εἰργασμένα, 515
οἷον εἰκὸς τοὺς μὲν φθεγγομένους, τοὺς δὲ σιγῶντας τῶν παραφερόντων.

Ἄτοπον, ἔφη, λέγεις εἰκόνα καὶ δεσμώτας ἀτόπους.

Ὁμοίους ἡμῖν, ἦν δ' ἐγώ· τοὺς γὰρ τοιούτους πρῶτον μὲν ἑαυτῶν τε καὶ ἀλλήλων οἴει ἄν τι ἑωρακέναι ἄλλο πλὴν τὰς σκιὰς τὰς ὑπὸ τοῦ πυρὸς εἰς τὸ καταντικρὺ αὐτῶν τοῦ σπηλαίου προσπιπτούσας;

514a2 ἰδὲ γὰρ Apc Schol. Procl.: ἴδε γὰρ prA DF Iambl.: ἰδεῖν Porph. a3 οἰκήσει σπηλαιώδει ADF Porph. Iambl.: σπηλαιώδει οἰκήσει Procl. ἀναπεπταμένην ADF Iambl.: ἀναπεπταμένῃ Porph. a4 τὸ φῶς ADF Iambl.: φῶς Porph. παρὰ πᾶν Iambl.: παρ' ἅπαν A Porph.: παράπαν DF b1 αὐτοῦ R. B. Hirschig: αὐτοὺς ADF Iambl. εἴς τε τὸ Apc F Iambl.: εἰς τὸ D: εἴς τι prA b5 ἣν ἰδὲ [sic] AF: ἢ ἣν ἰδεῖν D: ἣν εἶναι Iambl. ᾠκοδομημένον Iambl. b7 δεικνύασιν A: δεικνύουσιν D Iambl.: δείκνυσιν F, haud absurde b9 ὅρα τοίνυν ADF: ἔτι τοίνυν ὅρα Iambl. 515a5 μὲν AF Iambl.: om. D

259

図5　オクスフォード古典叢書プラトン『ポリテイア』スリングス編集版
下部欄の記号群が「批判資料」(criticus apparatus) です。

本文上で明示したうえで、それを読者各自で判断させるための工夫です(図5)。

校訂版を出版してすぐ逝去したスリングスに代わって、かつての同僚ボーターは、この新しい校訂版をどう読むかをめぐり、「選択は読み手の責任である」と論じています[*12]。つまり、校訂版に印刷されたテクストは、1つの合理的な判断に過ぎず、それを使う読者は批判資料なども十分にふまえながら、各自がどの読みが正しいのかを主体的に考えながらテクストを読まなければならないという警告です。スリングス版は概して保守的ですが、時折示される改訂提案の箇所は、プラトンの読者1人1人がじっくりと考えて判断すべき文献学からの問題提起なのです。

スリングスによる新OCT版は、近代の古典文献学、とりわけ19世紀のドイツで始まった学問的な文献学の方法の1つの完成を意味しています。他方で、それは古典文献学が目指した地点を越えるテクストを提示してしまっています。古典文献学は、古代の原著をできるかぎり厳密

に復元して、決定した最善のテクストを提示するという目標をもってきました。しかし、スリングスの提示したテクストは、もはや唯一の決定的な文言、つまりそれを権威としてそのまま読むべきものではなく、異読や間接証言など関連情報を網羅的に示すなかで、読者自身がテクストについて判断すべき原資料集でもあるのです。この作業は、したがって、古典文献学という枠組みを打ち破る新しいテクストの出現を告げているように思います。私たちは、より難度の高いテクストに直面しています。テクストはただ与えられて、ただ忠実に読むのではなく、各読者がテクストを編集し校訂する者となって、主体的に読むことを求められるチャレンジングなものとなったのです。

7 西洋古典のテクストを読む

　私たちが読んでいるプラトンの著作は、プラトン自身が前4世紀前半に執筆してから、途方もなく長い年月を丁寧に書き写され、編集され印刷されて私たちに伝わってきました。そこでは、学者や書写生たちの絶え間ない努力や検討が加えられ、私たちはかなり信頼性の高い、つまり、プラトンが書いたテクストに近いと信じられる復元案を手にしています。私たちが今日プラトンの著作を読むことができるのは、すべてこれら長い世代にわたる人々の努力のお蔭なのです。

　ですが、現代まで伝わってきたテクストを読みこなすためには、古典文献学の方法と西洋古典の伝承史についての知識とスキルが必要です。日本語や他の言語への翻訳は、それらの校訂版に依拠して、さらに内容を精査しながらそれぞれの言語に訳した成果だからです。

　これまで説明してきたのは「西洋古典」と呼ばれる古代ギリシア・ローマの著作に共通する「古典文献学」の方法です。それは、プラトンや『新約聖書』など、古代から中世写本をつうじて近現代に伝承されてきた文献に用いられるものです。しかし、古典文献学には方法の限界も反省されています。ここでいくつかの問題点を考えてみましょう。

　ラハマンは「原型」と呼ぶ元写本を写本系統の原点に存在することを

想定しました。ですが、そのような決定版が歴史上1つだけ存在したという想定は正しいのでしょうか。プラトンのように古い著作の場合は、紀元後にはすでに多数の伝承系統があったはずです。ラハマンはルクレティウスなどローマ時代の著作をモデルにそういった方法を考案しましたが、ホメロスやプラトンなどギリシアの著作には、すでにそれ以前にアレクサンドリアでの文献編集など、長い伝承の歴史がありました。プラトンの諸写本が少数のファミリー——『ポリテイア』の場合はADFの3系統——に整理されることは文献学の大きな成果ですが、それは決して1つの原型的な写本から単純に派生して伝わったものではないのです。

また、最初の「原本」にしても、プラトンが決定版を1つだけ残したという保証はありません。著者はしばしば自分で改訂し、第2版や第3版を出すことがあります。プラトンがそれぞれの対話篇を執筆した時、どのように広まったかわかりませんが、当初知り合いの間で流布したものを、プラトン自身が書き直すことがあったかもしれません。実際、プラトンの『ポリテイア』には古代にいくつかの改訂版があったとの推測があります。プラトンが1つの決定版だけ残したと考え、その原本を復元しようという単純で機械的な目標は、ややナイーヴな幻想ということになるでしょう。この論点は、中世の俗語文学を扱う第4章で見ていきます。

プラトンに限らず、第2章で紹介する『新約聖書』など、古代の著作は「古典」という権威（auctoritas）として神聖視されてきました。「神のごとき哲学者プラトン」が書いた哲学書は、1つの絶対的な真理を宿した決定版テクストであったはずです。こんな推定は、伝統における権威への崇拝と結びついています。古典文献学とは、そのような前提の上に成立した、いわば理想郷を求める方法なのです。したがって、その方法をそのままでは適用できない可能性も批判的に検討する必要がありますが、他方で、そのような理想的状況の想定で成り立った古典文献学の理念と方法が、その後文献学のモデルとなった歴史的意義も重要です。

私たちは「プラトン著作集」という人類の遺産を、古典文献学の精華というべき最新の校訂版と良質な翻訳で読むことができます。紀元前の

第1章 西洋古典テクストの伝承と校訂——プラトン『ポリテイア（国家）』

著作家で、その作品がすべて漏れなく今日まで伝わっている人はごく少数です。全36作品を含むプラトン著作集はそのなかでも突出した存在です。裏を返せば、プラトン以外の西洋古典の著者は、これほど幸運ではないことも理解しなければなりません。

　古代の多くの著者や著作については、次のような困難が存在します。ある人が書いた複数の著作のうち一部しか残ってない場合には、その全体像の復元は困難です。また、ある著作に残された写本がきわめて少ない場合――1つか2つしか中世写本が存在しないこともあります――復元に大きな困難を伴います。物理的に破損した箇所は復元不能となり、無論、写本系統も立てられないからです。

　そもそも著作がそのままで伝承されなかった著者については、同時代や後世の書写たちによる引用や言及から復元する作業が必要となります（いわゆる「断片」や「証言」です）。それらの扱いについては別の機会に論じなければなりませんが、今回は、プラトンという西洋古典のもっとも幸運なケースで、どのような伝承があったかを理解していただけたと思います。

　また、「西洋古典」と一口に言っても内容はさまざまです。ホメロス叙事詩のように、口承で伝えられた歌が後に文字テクストに写され、古代から校訂されてきた文学作品もあります。ギリシア悲劇や喜劇は上演台本だったはずで、そのテクスト化や伝承には不明な点があります。ヘロドトスやトゥキュディデスの歴史書、ヒッポクラテスやアルキメデスの科学文献には、また別種の伝承事情があります。プラトンの弟子アリストテレスについては、著作ではなく「講義録」がローマで編集されて伝えられました。また、ローマ時代にラテン語で書かれた文献は、時代が下がっていることから、異なった視点が必要です。西洋古典では、時代やジャンルや著者や作品に応じて、異なった文献学的考察が必要となるのです。

　私たちは西洋古典のテクストを、それが伝わってきた歴史や方法や資料までふくめて読んでいかなければなりません。古典文献学はルネサンスから近代に成立し、いや、古代アレクサンドリア以来受けつがれ、今

でも、またこれからも発展を続けています。古典文献学をふまえてテクストに向かうこと、それが面倒で苦痛だと思うか、それこそが文化や読書の醍醐味であると思って心が浮き立つかは、みなさん次第です。いずれにせよ、私たちはそのような仕方でしか、プラトンを、そして西洋古典のテクストを読むことはできないのです。

[参考文献]

* 古代の書物の形態についてはいくつかの解説書がでていますが、次のものが便利です。
  ホルスト・ブランク『ギリシア・ローマ時代の書物』（戸叶勝也訳、新版、朝文社、2008 年）。
* 古典文献の伝承やテクスト校訂について概括的に、例を用いて論じた最良の入門書です。
  L. D. レイノルズ、N. G. ウィルソン『古典の継承者たち——ギリシア・ラテン語テクストの伝承にみる文化史』（西村賀子、吉武純夫訳、国文社、1996 年）。
* 近代の校訂作業、とりわけ「ラハマン法」について、次の研究書が優れています。
  Timpanaro, S., *The Genesis of Lachmann's Method*, trans. G. W. Most, Chicago: University of Chicago Press, 2005.
* プラトンの写本伝承については、次の研究を参考にしてください。
  田中美知太郎『プラトンⅠ 生涯と著作』（岩波書店、1979 年）、第Ⅲ部「著作」。
  納富信留「プラトンの近代校訂本——古典文献学への招待」『世界を読み解く一冊の本』（松田隆美、徳永聡子編、慶應義塾大学出版会、2014 年）。
* プラトン『ポリテイア』の代表的翻訳と研究です。
  プラトン『国家』（藤沢令夫訳、岩波書店「プラトン全集」第 11 巻、岩波文庫、全 2 巻）。
  納富信留『プラトン 理想国の現在』（慶應義塾大学出版会、2012 年）。
* 新 OCT 版の校訂は、次の研究文献と合わせて使います。
  Boter, G., *The Textual Tradition of Plato's Republic*, Leiden: Brill, 1989.
  Slings, S. R., *Critical Notes on Plato's Politeia*, ed. Boter, G. and J. van Ophuijsen, Leiden: Brill, 2005.

[註]

*1　原文テクストは何種類か出ていますが、「オクスフォード古典叢書」（Oxford Classical Texts、略してOCT）が定番です。プラトンの場合、*Respublica*（ラテン語での標題）は2版あります。1905年に出版されたIoannes Burnet校訂、*Platonis Opera*第4巻所収。そして、2003年に出たS. R. Slingsによる*Platonis Rempublicam*です。

*2　プラトンが前387年頃に創設した学園アカデメイアは後529年まで断続的に存続し、哲学と学問の中心地でした。また、プトレマイオス朝エジプトの下で反映したアレクサンドリアの図書館では膨大な蔵書を有し、ヘレニズム時代にはテクスト批判の文献学が始まったとされています。

*3　B写本（E.D. Clarke 39）、および、A写本（Parisinus graecus 1807）。中世写本には、それぞれ図書館や文書館ごとの難しい名称がついていますが、現代の研究者は整理のために、簡単にアルファベット記号で呼んでいます。

*4　ステファヌス版は普及版として、プラトンの著作箇所を参照する際のページ番号として、今でも利用されています。

*5　「批判」という言葉は、有名なイマヌエル・カントの『純粋理性批判』などで知られているドイツ独特の表現です。他人を批判したり、注意深く批判的に検討したりするという意味ではなく、自分の知識の範囲や限界を自覚しながら、その範囲内で客観的な方法を確立する学問的態度を意味しています。

*6　ルクレティウスの写本発見は、スティーヴン・グリーンブラット『一四一七年、その一冊がすべてを変えた』（河野純治訳、柏書房、2012年）がいきいきと描いています。

*7　ベッカーはプラトンだけでなく、アリストテレス、セクストス・エンペイリコス、ギリシア弁論家など、同様の徹底した写本校合によって重要な校訂版を次々に出版していきます。そのうち「アリストテレス全集」は現在でも使われる校訂版です。

*8　ヴェネチア、マルチアナ国立図書館所蔵の写本（Marcianus graecus 185）。

*9　ウィーン国立図書館所蔵の14世紀のF写本（Vindobonensis suppl. gr. 39）。

*10　アスト版（1819〜32年）、シュタルバウム版（1827〜42年）、バイターらのチューリッヒ版（1839〜42年）、そしてヘルマンのトイプナー版（1851〜53年）などがあります。

*11　『饗宴』には、その後半部を収めた大きなパピルスが発見されています（オクシュリンコス・パピルス843番、後3世紀頃）。

*12　Boter, G., Αἰτία ἑλομένου: But who makes the choices? Reading Plato's *Republic* in the New OCT, *Dialogues on Plato's* Politeia (Republic), ed. N., Notomi, and L. Brisson, Sankt Augustin: Academia Verlag, 2013.

第2章
著作集編集と「古典」の成立
——ゲーテ『若きウェルテルの悩み』

矢羽々崇

1　「古典」の成立と古典としての『若きウェルテルの悩み』

古典とは何か？

　ドイツの作家と言えば、まずもってヨハン・ヴォルフガング・ゲーテ（Johann Wolfgang Goethe：1749～1832年）を思い浮かべる人は多いのではないでしょうか。実際、私の担当している授業に、主に1年生が受講している「ドイツ語圏文学・思想概論」があります。第1回の授業でアンケートを取り、「ドイツの作家で知っている人は？」と聞くと、約半数がゲーテの名前を挙げます。ゲーテは、日本ではしばしば「文豪」なる形容をされることも多いように、実際ドイツでも、彼の盟友フリードリヒ・シラーとならんで、ドイツの古典的な作家と言われ、彼の書いた『若きウェルテルの悩み』（1774年初版。以下『ウェルテル』と略記）や『ファウスト』などは古典と呼ばれてきました。それはちょうど日本で、夏目漱石と森鷗外が古典的な作家とみなされ、あるいは『我が輩は猫である』や『こころ』が、あるいは『舞姫』や『山椒大夫』などが古典とみなされるのと同様だと言えるでしょうか。

　それにしても、古典や古典作家とは何なのでしょうか。本来の日本語での古典とは、中国の四書五経のような、古くて文化の伝承に重要な文献を指していました。さらに明治以降になって、日本の『源氏物語』や『平家物語』などが、西洋的な考え方によって古典とみなされるようになったのです。そして、そうした作品を生み出した書き手が古典作家と

なったのです。

　そもそも、「古典的」（classical［英］、klassisch［独］）とは、ラテン語のclassiciがもとで、「最高額の納税者」を指す言葉です。そこから派生して、「第一級の著作家たち」（scriptores classici）といった「トップクラスの」という形容詞的な使い方も生まれました。ヨーロッパにおいては、長いあいだ古代ギリシア・ローマの文化が最高の規範だという考え方が優勢だったため、古代ギリシア・ローマが古典とみなされました。ここで注意してほしいのは、芸術において個人の独創的な才能を評価し、型破りな新機軸を評価する姿勢は18世紀末以降のものであり、それ以前はむしろ模範となるものをいかに模倣するかに重点が置かれていたことです。ドイツに話を限定すると、ゲーテとシラーは、むしろ独創的な新しさを評価する立場、すなわち「疾風怒濤（シュトルム・ウント・ドラング）」（Strum und Drang）[*1] から出発しながら、逆に形式美を再発見するかたちで、古代ギリシア・ローマの文学などと向き合い、そこに模範を見いだして創作するようになりました。これは「擬古典主義」（Klassizismus）と呼ばれるものです。古代の優れた点は、当時の美術批評家のヨハン・ヨアヒム・ヴィンケルマンの言葉を借りれば、「高貴な素朴さと静かな偉大さ」という表現で総括されていました。とはいえ、ゲーテらが古代ギリシア・ローマの形式を模倣する作品を書いた時期はそんなに長くはなかったのですが。

　しかし、ゲーテやシラーがドイツ文学史のなかで「古典派」（Klassik）と呼ばれるとき、そこには彼らが擬古典主義的だったというだけではない意味づけがあります。古典というのは、古い典籍という意味での古さだけを指すわけではありません。ゲーテやシラーの作品が優れたものであり、読者（国民）にとっての規範となるような作品だという意識が明らかに見られます。逆に見れば、そうした規範を生み出したいという欲求があったなかで古典に祭り上げられたのだとも言えます。

古典の成立背景

　19世紀になって、対ナポレオン戦争などによる不安定な政治状況の

なかから、「ドイツとは何か」、「ドイツ的とは何か」という問いかけが生まれてきました。外部からの圧力で国家や文化が崩壊の危機に晒されるなかで、自分たちのアイデンティティが問題となったのです。そうした問いかけは、かたちを変えて、「自分たちのドイツ国民文学とは何か」という問いへと発展します。この問いに答えるかたちで、自分たちの文化を支える土台としてゲーテやシラーなどが、自分たちの古典＝規範として発見されたのでした。もう1つ大切なのは、彼ら自身ではなく、彼らを優れていると見た人々、つまり読者や研究者などをはじめとした（王侯貴族ではない）国民が、ゲーテやシラーを古典作家として崇拝し、彼らの作品を古典として扱うようになりました。彼ら古典作家が、ドイツ国民のアイデンティティや誇りを支える礎となったのです。ついでに言えば、同じような事態が幕末から明治維新期の日本にも起こり、そこで漱石や鷗外、あるいは紫式部や兼好法師らの作品が古典として発見されたのです。

　ここで面白いのは、特にゲーテで顕著なのですが、古典作家とされる作家たちに対しては、死後すぐどころか、生前のうちから一種の偶像崇拝が始まり、どんどん模範となるべき古典作家としての体裁が整えられていくことです。その端的な表れは、彼ら作家の著作集で、機会あるごとに編まれ、世に出されていきます。ゲーテの場合であれば、生前には彼自身が関与して作られた5つの著作集が出版されており、最初の著作集は、すでに30代で作られています。そして、最晩年には、『最終校訂完全版』（1827～30年）を出版させ、いわば自らが作品のかたちを遺言として最終的に定めて、1832年に世を去ったのでした。後で述べるように、ゲーテは自らの作品を古典とすることに意識的でしたし、事実、その後100年以上にわたって、自分の作品テクストと作家としてのイメージを定着させることに成功したのでした。

　没後には、著作集出版だけではなく、各地での銅像の建立や詩人祭の開催、あるいは文学史における評価などを通して、「国民の記念碑」たるゲーテが、シラーと並び称されるかたちで、ドイツの詩人に祭り上げられていきます。実は19世紀には、ゲーテはシラーに比べてそれほど

第2章　著作集編集と「古典」の成立——ゲーテ『若きウェルテルの悩み』

人気がありませんでした。どうやら市民階級とはいえ、上流の階級に属し、かつ女性関係も派手で、芸術家としては天才肌のゲーテは、普通の市民階級の出身でこつこつと努力することで成功をつかんだシラーほどは市民の共感を得られなかったようです。しかし、『ウェルテル』や『ファウスト』の作家として、歌曲としても知られる詩「魔王」や「野ばら」の詩人として、ゲーテはドイツ文化を代表する存在とみなされるのです。

ふたりのロッテ？

　ここで、古典作家たるゲーテの代表作の1つである『ウェルテル』の2つのテクストをご紹介します。ドイツ文学のなかではじめてドイツ語圏を越えての国際的な成功を収めたこの文学作品を古典とみなすことに異存がある人はいないでしょう。作品では、主人公ウェルテルは婚約者のいるロッテという女性（物語の途中で婚約者と結婚）に惚れてしまい、すったもんだの末に自殺してしまいます。ご紹介する場面は、ウェルテルが自殺をする前に最後に思い人のロッテを訪問した箇所です。ロッテの主人アルベルトは仕事で家から出かけていきます。ロッテにどういう印象を持つかを意識して読んでみてください。まずは1つめのテクストAです。なお、訳は筆者によるものです。

　　彼女は今やひとりで座り、兄弟のだれもいないので自分の思いに身を委ねて、さまざまな人間関係のことをあれこれ考えていた。彼女は夫と永遠に結ばれていることを感じ、夫の愛と誠実さをわかっており、夫にすっかり心を許していた。夫の落ち着きや信頼できるさまは、誠実な妻が人生の幸せを委ねるに相応しい存在であると天が定めたようにも思えた。……そうこうしているうちに6時半となり、ウェルテルが階段を上ってくる音が聞こえてきて、彼の足音、彼女の様子を尋ねる彼の声がわかった。

　続いてもう1つのテクストBです。

6時半に彼〔ウェルテル〕はアルベルトの家に行き、ロッテがひとりでいることを知った。彼女は彼の訪問にとても驚いた。……一晩家を空けることになるこの仕事をアルベルトが延期していたことを知っていたロッテは、アルベルトの演技めいた別れを見て取り、心から悲しんだ。彼女は孤独のうちに座っているうちに心は和らぎ、過ぎ去ったあれこれを思い、その価値を感じ、夫への愛を感じたが、この夫は、約束の幸福を与えてくれるかわりに彼女の人生を惨めなものにしようとし始めていた。

　皆さんは、どちらがゲーテのテクストだと思いますか？　そして、どちらのテクストのほうが好みでしょう？　好みの問題は置いておくとして（重要な問題なのですが）、実はどちらもゲーテの書いたテクストなのです。2つめのテクストBは1774年の初版です。最初のテクストAは、その十数年後、ゲーテが手を加えたかたちで1787年に出版された改訂版です。ここで改訂版Aを最初に出したのは、日本語で『ウェルテル』を読んだ方が「読まされる」いわば古典的な版であり、初版Bは日本語ではほとんど目にすることがないからです。
　かなり手が加えられたことがわかります。端的に言って、ふたりのロッテがいて、ふたりのアルベルトがいます。初版Bのロッテが嫌悪すら感じている様子の夫アルベルトが、改訂版Aの実に立派な夫に変化したことがわかると思います。初版Bのアルベルトは、演技めいた別れをして出かけていきます。いわばロッテとウェルテルの関係に不信感を抱いている様子が明白です。同時にロッテは夫を見下しはじめてもいます。夫への愛は全面的なものではありません。読者もアルベルトに対して不信の念を抱きます。ところが改訂版Aになると、ロッテはアルベルトを全面的に愛し、信じているのです。ここには引用しませんでしたが、もちろん、ロッテの心にウェルテルに対しての「よろめき」があるのも確かです。しかし、アルベルトへの全面的な信頼の記述は、アルベルトの存在を一義的に正しいものにしており、非があるとすれば、それはウェルテルの激情に求められると読者は読まされます。

第2章　著作集編集と「古典」の成立——ゲーテ『若きウェルテルの悩み』

このふたりのロッテがいる理由や歴史的経緯、そして日本語では実質的に改訂版Ａしか読めないのはなぜなのかを考えたいと思います。そのためにまず、次節でゲーテの著作集（の歴史）を概観します。そして自分の作品を管理し、いわば自らを古典に祭りあげようとしたゲーテを論じます。そして第３節で、『ウェルテル』に焦点を当てて、古典はどう作られるかというテクスト編集の問題を考えたいと思います。

2　ゲーテの著作集、「作者の意志」？

ゲーテ作品編集の特徴

　ゲーテの著作集（とりあえず「全集」という表現は避けておきます）は、彼の生前から出版されており、1832年の死の後から現在に到るまでに実にさまざまな著作集が出版されており、代表的なものだけでも十指を超えるほどあります。ある研究者（R・ヌット＝コフォート）が総括しているように、ゲーテ編集の歴史は、ドイツの近代的作家編集の歴史でもあります。ドイツ文学における作品編集の方法の変遷は、ゲーテ編集の歴史で代表的にたどることができるのです。その意味で、ここでゲーテの著作が編集されてきた歴史を簡単にご紹介することは意義があることだと思います。その前に、いくつかゲーテの作品編集の歴史に見られる特徴点を３つ指摘したいと思います。

　第一に、ゲーテ自身が生前に『最終校訂完全版』（*Vollständige Ausgabe letzter Hand*）（1827〜30年）、直訳風に言うと「（作家の）最後の手が入った完全な版」という作家自らのお墨付きの著作集を出したことで、これが長きにわたって権威となりました。同時にそれは枷にもなってしまったのです。ゲーテは自らの作品の出版に積極的に関与しようとしました。「関与しようとした」というまわりくどい言い方をしたのには訳があります。彼は出版社（当時はむしろ出版者）との交渉に積極的に口をはさみ、いい条件での出版を求めていきます。ゲーテは作家としての権利に非常に自覚的だったのです[*2]。ゲーテは出版者たちと、多くの場合仲介者を通して厳密に報酬や諸条件の交渉をしています。晩年には『最終

校訂完全版』も出し、自分の作品のオリジナリティや版権を自ら管理しようとする、まさに近代の芸術家でした。その意味でゲーテは自らの作品出版に積極的に関与したのでした。他方で、校正作業などの実際の本の制作に関しては、小説『親和力』（1806 年）などの数少ない例外を除くと、友人などに任せきりのことが多かったのです。特に 1786 〜 88 年にわたったイタリア旅行中に多くが出版された、ゲッシェン出版による『著作集』全 8 巻（1787 〜 90 年）の校正は、ドイツにいた友人に任せきりでした。また、晩年の『最終校訂完全版』ですら、全体の計画や配列などには積極的に関与しているものの、実はゲーテ自身はあまりテクスト自体を校正していないことがわかっています。後述する『ウェルテル』をめぐる混乱にしても、ゲーテにも責任の一端があるわけです。このゲーテの態度が、彼の著作集編集を難しくしている別の要素となっています。

　第二に、ゲーテには（厳密な意味での）「全集」はないことがあげられます。ゲーテは 82 歳まで生き、多くの文学作品を書き、相当数の自然科学の論文も執筆し、無数とも言える手紙をしたため、かつ受け取り、日記もつけ、エッカーマンなどとの対話も残しています。さらにヴァイマル公国の官僚や後には大臣としての仕事もあったので、これまた膨大な数の行政文書も作成しています。つまり、ゲーテによって書かれたものすべてを網羅した全集を作ろうと思えば、これらすべてを顧慮する必要があり、それは実はまだ実現していません。もちろん、全集という場合に、一般に思い浮かぶのは文学作品を集めたものでしょうから、これについては後述するように、一定の成果があがっているのは確かです。また、それぞれの分野（自然科学、手紙、日記、行政文書など）も、それぞれ優れた版が作られて、ゲーテをより深く知ることが可能になっています。ゲーテの著作があまりに膨大であることもあり、現在まで、作品の成立の諸段階やさまざまな版をできるかぎり完全に網羅し、語句についても詳細な注釈を施した、いわゆる「史的批判版」（historisch-kritische Ausgabe）[*3] は部分的にしか実現していません。そのかわり、「学習版」（Studienausgabe）という別の思想に基づく版が、研究者からも一

第 2 章　著作集編集と「古典」の成立——ゲーテ『若きウェルテルの悩み』

般読者からも認知されています。学習版は、まさに学習や研究を意識した版で、主に史的批判版をもとにしつつも、正書法は（たいてい）現代のものに書き換えられており、テクストの諸段階はそれほど詳しく再現しませんが、読むための注釈が充実している版のことです。史的批判版は膨大な労力と結びつかざるをえず、特にゲーテほどの著作物の量では簡単にまとめることなど不可能です。この問題は史的批判版の有効性の射程（限界）とも関連しています。

　第三に、特に近年になって実現しているのですが、文学者以外のゲーテの側面、つまり自然科学者や政治家としてのゲーテ[*4]、あるいはデッサン画家としてゲーテの作品にも、光が当てられるようになっています。

ゲーテ著作集の歴史概観
　こうした特徴点を踏まえて、彼の主な著作集のおおまかな歴史をご紹介します。紙幅の都合で、ごく代表的なものに限定します。

　A　『最終校訂完全版』
　ゲーテの著作集を考えるうえで出発点となるのは、これまでも名前の出てきた『最終校訂完全版』です。1827〜30年に、長年のパートナーだったヨハン・フリードリヒ・コッタの出版社から40巻で出版されました。彼の没後には、遺稿となった『ファウスト第2部』などが追加され、最終的には全部で60巻にまで膨らみます。
　『最終校訂完全版』は、出版したコッタ自らが記しているように、「国民的な記念碑」としての性格が明らかでした。19世紀は「記念碑の世紀」という呼び方があるほど、歴史を回顧し、偉人や偉業の価値を顕彰するのに熱心な時代でした。宗教改革者ルター（ヴィッテンベルク、1821年）や画家のデューラー（ニュルンベルク、1840年）、作曲家ベートーヴェン（ボン、1845年）などのほか、もちろんゲーテやシラー（ヴァイマルの2人の銅像、1857年）といった偉人の銅像や記念碑が建立されました。それまでは銅像などは王侯だけに許されていたのが、19世紀

I　古典とは何か

になって芸術家などにも許されるようになったのです。彼らのための記念祭が、場合によっては全国規模で開催されました。たとえば1855年のシラー没後50年は、ドイツの主だった都市すべてで記念祭が開催されています。また、南ドイツのウルム近郊のドナウ川を見下ろす丘には、「ヴァルハラ」(1842年)というドイツの偉人たちが一堂に会する記念堂が作られたり、中世末期に建設途中で放置されていたケルンの大聖堂も、中世からの図面にもとづいて完成(1880年)したりしたのです[*5]。クラシック(古典!)音楽についてみれば、過去の優れた作曲家たちの曲をレパートリーとして、コンサートホールで繰り返し演奏するという習慣も19世紀に本格的に始まります。18世紀までの作曲家は、バッハであれモーツァルトであれ、さまざまな機会に合わせて、ミサ曲やオペラなどの大曲は例外にしても、いわば曲を書き散らしていました。彼ら自身、そうした曲が教会や宮廷で消費されることを前提に、場合によっては同じ旋律を使い回したりしたわけです。19世紀になると、市民階級がそれまでの王侯貴族にかわって芸術のパトロン役を果たすようになります。そのなかで、文学における古典成立と同じメカニズムによって、過去の作曲家の名曲がレパートリーとして固定され、コンサートホールという場で市民が敬虔な面持ちで曲を聴くというスタイルが誕生しました。19世紀は、市民がドイツやドイツ的であることの意味を、歴史や文化のかたちとして確認しようとした時代でもあります。

　ゲーテに対しては、毀誉褒貶がさまざまにあったにしても、生前からその時代を超越するような卓越性が認められていました。シラーはゲーテのことを「数百年にいるかいないか」の存在だと認めていました。ゲーテ自身も、自らのそうした価値に自覚的でした。彼は最後の著作集を出版するにあたり、コッタという出版者がいたにもかかわらず、出版権を競売にかけて、値段をつり上げるということまでしているのです。40近い申し出がありましたが、最終的には、ゲーテはやはりコッタに出版権を与えます。この出版のために、ゲーテもエッカーマンなどの彼を取り巻いていたスタッフを中心としたいわば出版準備チームを作りますし、コッタもゲーテの求めに応じて、この著作集出版のためのチーム

を組織しています。その意味で、『最終校訂完全版』は、ゲーテの業績を「国民的な記念碑」に高める事業となることを当事者たちは意識していました。

　晩年のゲーテにとって『最終校訂完全版』編集の基本は、自分を代表させるにふさわしいかたちで作品を読者に提供することでした。つまり、『ウェルテル』を例に取れば、25歳のゲーテが書いた1774年初版の、時代に反抗するような荒削りで大胆な作品よりも、後の1787年の改訂版に見られるような、より中庸的で落ち着いた表現の作品が取られることになったのでした。要するに、晩年の円熟したゲーテの趣味が反映した著作集となったのです。とはいえ、方向性を編集チームには伝えていたものの、実はゲーテ自身は他の多くの生前の出版物と同様に、ほとんど校正作業をせずに人任せでした。そして1787年の改訂版をもとに、実際の校訂をゲーテに一任された古典文献学者カール・ヴィルヘルム・ゲットリングがかなり大胆に正書法を同時代のものに合わせ、句読点を当時の文法に従ってあらため、場合によっては文言の調整すらしたのです。その意味で、『ウェルテル』に関しては、確実にゲーテ自身の手が入った1787年の改訂版のほうが、格段に「作家の意志」を反映していることになります。

　B　ゲーテ文献学の最高峰？　ヴァイマル版

　次に、現在でもその包括性において他のすべての著作集を凌ぐのが、1887～1919年にかけて、60名以上の専門家が参加して編集されたヴァイマル版（別名ゾフィー版）です。全143冊（巻数では133）で出版されました。1885年にゲーテの孫ヴァルターが、ザクセン大公妃ゾフィーにゲーテの原稿類を遺贈したことがきっかけでした。この版には、学習版などでは収録しきれない日記や手紙類も多数収録されており（全体の分量の半分弱！）、一般読者が手に取ることはないとはいえ、今でも研究に使われています。ここでも、ゲーテを顕彰して記念碑を打ち立てるという思想が中心的でした。「ゲーテの文学的創作の全体を、彼の個性的な本質が現れるかたちで残されているものすべてとともに……純粋か

つ完全に」伝えることが目指されたのです。このため、行政文書は収録されていません。さて、創作全体の再現を目指すとはいえ、このヴァイマル版は、『最終校訂完全版』がゲーテの最後の意志」であり、「生涯の仕事の完結」だとみなしていたため、基本的には先に挙げた『最終校訂完全版』が底本となっていることがほとんどでした。その意味で、編集者の仕事は、『最終校訂完全版』にある作品での、その校正作業程度とならざるをえません。そのため、『ウェルテル』も、『最終校訂完全版』にほぼ完全に依拠しています。「作家の意志」を尊重するなら、1787年改訂版が相応しいはずなのですが。

　ヴァイマル版は、現代の視点からすれば問題がある版とはいえ、19世紀末のドイツの学問水準の高さを示す版であり（完結が第一次世界大戦の敗戦直後なのも象徴的です）、19世紀の学問で一大潮流であった「実証主義」（positivismus）*6 の大きな成果を示すものでもあります。この実証主義は、現在は時代遅れ扱いされることが多い学問の方向です。しかし、この実証主義の思想と実践がなければ、さまざまな作家の原稿や史料、記録が丁寧に保存され、記録されることはなかったでしょう。20世紀以降の文学研究にしても、史的批判版に代表されるテクスト編集も、この実証主義の成果を土台として成立することができたことも付言したいと思います。

　C　第2次大戦後　東西ドイツでのゲーテ著作集

　第2次世界大戦後、東西に分裂したドイツでは、それぞれ特徴的な版が出ました。西ドイツでは、エーリヒ・トルンツによる「ハンブルク版」という学習版全14巻（1948～60年、追加の索引巻1964年）が出されました。これは出版後、長きにわたって西ドイツ側の研究者がスタンダードとして底本に用いたものです。注釈は非常に充実していて、かくいう私も学生時代から長いあいだにわたってこの版にお世話になり、馴染みのある版です。ただし、テクストそのものは、実質的にヴァイマル版を基本としていて、ほとんど目新しさはありません。『ウェルテル』も基本的にはヴァイマル版がもとになっています。私がハンブルク版を

第2章　著作集編集と「古典」の成立——ゲーテ『若きウェルテルの悩み』

35

よく使っていたのは 1980〜90 年代はじめでした。その意味で、『最終校訂完全版』からヴァイマル版、そしてハンブルク版が通用していた 1990 年代まで、ほぼ 150 年にわたって、ゲーテの晩年の意志が尊重され続けたと言うことができます。実は、80 年代には新しい動きが本格化するのですが、それは後で述べます。

そして東ドイツでは、ゲーテの自然科学論文をまとめた「レオポルディーナ版」（1947 年〜）、『公務著作集』（1950〜87 年［未完］）、そして 1952〜66 年までゲーテの文学的著作を集めた「アカデミー版」が出版されます。これは、『最終校訂完全版』のテクスト編集では、ゲーテ本人の意志よりも編集チーム、特にゲットリングの意志のほうが強く働いているという研究成果にもとづき、原稿そのものにもとづく編集を主張したものです。その意図は画期的であり、ゲーテ研究における「地震」とまで呼ばれました。『ウェルテル』でも、初版と改訂版のもととなった手稿を見開きの左右で対照できるように印刷した画期的な版です。しかしこの著作集は完成せず、『ウェルテル』の巻（1954 年）と同様に、出版された部分もほとんどが注釈部を欠くために、最終的な評価が不可能な版でもあります。

この注釈の欠如は、おそらくは東ドイツの政治状況とも関連します。注釈は、著作集のなかで、賞味期限が切れるのがおそらくもっとも早い部分です。研究の進展にともなって、あるいは政治状況の変化にともなって、時代とのズレがはっきりと見えてしまう箇所だからです。その意味で、注釈をあえて省略してテクスト本文そのものを重視したのは、東ドイツの研究者たちによる 1 つのマニフェストだったとも言えるように思います。

D　最近の流れ

そして 1980 年代からは、それぞれ特徴的な学習版が出版されました。1 つは、「フランクフルト版」であり、これは伝統的なジャンルごとの区分によって作品をまとめています。『ウェルテル』であれば、散文に分類され、1774 年の初版と 1787 年の改訂版が左右のページに並行して

印刷されています。また、自然科学論文や公務著作も一定数が収録されていますし、書簡も別立てで編集されています。もう1つは「ミュンヘン版」と呼ばれる版で、こちらは純粋に時間の流れに沿って編集されています。したがって、『ウェルテル』の初版は「1757～75年」の部分の散文に入れられており、改訂版は「1775～86年」の散文に入っています。最近の研究では、このフランクフルト版かミュンヘン版が底本として使われるようになりました。とはいえ、正書法を現代化しているので、本来の綴りが持っている息づかいが失われているのは残念なところです。

また、最近ではフランクフルト版に見られるように、自然科学論文や行政文書類、また書簡集の編集なども盛んになっています。特に膨大な書簡の編集においては、それほど重要ではないゲーテ宛の手紙では内容の要約だけを記した「要約版」(Regestausgabe) というかたちも見られます。また、2008年に出たカール・ハインリヒ・フッケ編集による『ファウスト』は、個別作品の史的批判版の試みです。

3　青年ゲーテ？　晩年のゲーテ？
　　──『若きウェルテルの悩み』を例に

さて、ここで冒頭の問いかけに戻りたいのですが、その前にタイトルの話を少々させてください。日本語で一般に『若きウェルテルの悩み』と訳される小説のタイトル[*7]、実は幾種類かがあります。以下、編集文献学の専門家G・マルテンスの指摘をもとに記述します[*8]。1774年の初版では、„Die Leiden des jungen Werthers" と、人名には所有格（2格）を示すsがついていました。ゲーテが大幅に手を入れた1787年の改訂版では、„Leiden des jungen Werthers" となり、冒頭の定冠詞（複数）の die が抜け落ちています。これは、実はゲーテが改訂に使った海賊版のヒムブルク版でのタイトルでした。ゲーテはこれを見落としたとは考えにくく、むしろヒムブルク式のタイトルを認めたと考えるほうが自然です。他方、多くの研究書は、改訂版などから „Die Leiden des jungen Werther"

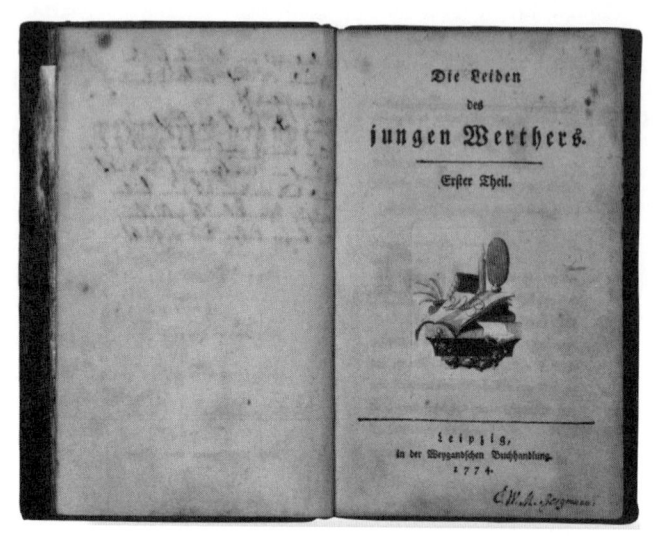

図1　Werther 初版（1774年）Attribution: "Wikipedia: Foto H.-P. Haack"

になったと記述していましたが、実はこれは勘違いです。『最終校訂完全版』でも定冠詞なし、所有格のsつきの „Leiden des jungen Werthers" でした。ところが、ヴァイマル版になると、„Die Leiden des jungen Werther" という、定冠詞つきで所有格のsがないタイトルが登場し、以後これが一般的になるのです。これはゲーテ死後の版ですから、ゲーテ自身はオーソライズしていないタイトルです。本来であれば、定冠詞がなく、Werthersと所有格のsがあるのが「ゲーテの意志」ということになるはずなのに、「ゲーテの意志」とは言えない定冠詞があり、所有格のsが欠落したかたちが広く知られています。タイトルからして、どれが『ウェルテル』なのかという問いが可能なのです。

　それはさておき、『ウェルテル』は1774年の初版は、24歳のゲーテが時代に棹さすような反抗精神を持って書いた作品でした。現在、当時の文学潮流は疾風怒濤と総括されます。18世紀に主流であった啓蒙主義の文学は、形式をきちんと守り、読者を喜ばせつつ教化することも目指した、いわばお行儀の良い文学でした。こうしたお行儀の良さに反抗

I　古典とは何か

して、シェイクスピアのように自由な形式で書き、読者を教え導くなどという姿勢に距離を取った疾風怒濤の若い作家の1人が、ゲーテでした。そもそも小説というジャンルそのものが、演劇や叙情詩、あるいは叙事詩といった古典的なジャンルとは異なった新しいジャンルであり、啓蒙主義者たちは文学として認めていなかったのです。

　当時のキリスト教モラルに反して、文字どおり恋に身を捧げて命を絶つ青年ウェルテルの話は、ドイツのみならず、ヨーロッパの読者を熱狂させ、彼と同じ色の衣装を着て自殺する青年たちを続出させ、多くの国で禁書となりました。同時にパロディ作品を生んだり、海賊版がぞくぞくと出版されたりと、センセーショナルな問題作になります。ナポレオンも繰り返し読んだことが知られています。予想外の反響にゲーテ自身も面食らいます。

　しかし1775年、ヴァイマルのカール・アウグスト公に招聘され、小さいながらも宮廷という公の場で働くようになったゲーテにとって、疾風怒濤の反逆精神は次第に疎ましいものとなります。疾風怒濤文学の同志レンツなどの反社会的なふるまいも、ゲーテがかつての自分に背を向けた要因となります。そのなかで、『ウェルテル』をめぐる狂騒を見続けたゲーテは、あまりに直截な表現などを和らげようとします。それは1780年代、出版から10年近くが経って出版当初の熱狂も落ち着き、ゲーテも30代になり、彼自身のかつての熱狂に距離を取るようになった時期でした。ゲッシェン出版から改訂版を出版することになり、彼は大胆に手を入れていきます。ただし、その改訂版を作成するにあたって彼が土台としたのは、自らが手を入れたヴァイガント出版から出した初版もしくは1775年の第2版ではありませんでした。もう手元に残っていなかったのです。ゲーテが使ったのは、なんとヒムブルクという出版者が出した、誤植の多い、かつヒムブルクが勝手に改訂した箇所をも含む海賊版でした。このために、先ほどタイトルについて見たように、テクストの問題は複雑とならざるをえません。ゲーテがそもそも意図した改訂は何だったのか、という問いに、ゲーテはどこまでヒムブルク版の誤植や改竄を認めていたのか、という問いがかかわってくるのです。

第2章　著作集編集と「古典」の成立——ゲーテ『若きウェルテルの悩み』

この問題はさておき、初版を書き換える際にゲーテが意図したのは、ある友人への手紙の中で述べているように、「アルベルトのことをあの情熱的な青年〔ウェルテル〕が見誤っても、読者がそうしないように描き出す」ことでした。「これが望ましい最善の効果を産むでしょう」とも記しています。手紙の編者という役割を活用することで、読者がウェルテルに安易に自己投影して同一化することを妨げようとしたわけです。実際、ウェルテルが自殺にまで至るシーンの描写は、ウェルテル本人の手紙がほとんど使えない以上、編者の言葉で語られます。この編者という役割をゲーテは最大限に活用し、コメントを変更し、何よりも言葉を増やして、読者とウェルテルの間に割り込んでいきます。
　たとえば、ウェルテルが最終的に死に向かう場面が始まる前の「編者から読者へ」という部分の第2段落は、1774年初版ではこう始まります。

　　ウェルテルの情熱は、アルベルトと彼の妻との間の平和を次第に壊していった。夫は妻を正直な男の穏やかな誠実さで愛したが、妻との親密なつきあいは、次第に仕事中心に変わっていった。確かに夫は新婚時代と今をかくも違ったものにした差を認めたくなかったが、それでもウェルテルがロッテにかかわっている様子には心のなかで嫌な思いをしていた。というのも、それは自分の夫としての権利の侵害であり、言葉にならない非難のように思えたに違いないからだ。そのせいで、仕事が重なり、進まず、見返りが少ないこともあって、悪意を含んだユーモアが増えたのだった。……そしてロッテもある種の憂鬱な心持ちとなってしまい、それをアルベルトは愛人への情熱だと思い込み、ウェルテルは彼女の夫の変わってしまったふるまいに対する深い不満だと思い込むのだった。……

　これに対して、1787年の改訂版ではほぼ同じ位置にある文章は次のようになっています。

　　私は彼の物語をよく知ることのできた人びとの口から正確な情報

を集めるように苦心した。話は単純で、これについてそれぞれの人が話すことは、いくつかの些細な例外を除いて一致していた。ただ、実際にその場で動いていた人びとの感じていたことについては、意見は違ったものとなったし、判断も分かれていた。

〔……一段落省略：編集の意図について……〕

不安と不満がウェルテルの魂に次第に深く根を張っていき、互いにがっちりと絡み合い、彼の存在すべてを次第に抱き込んでいった。彼の精神の調和は完全に破壊された。……アルベルトはといえば、人びとが言うところでは、この短い間に変わってしまうことなく、ウェルテルが最初の頃に知っており、価値を認めて尊敬したころと同じ彼だった。アルベルトはロッテを何にもまして愛しており、妻を誇りに思い、皆から彼女が一番素晴らしい存在だと認めてもらうことを願っていた。……

初版では、3人の感情の揺れが互いに増幅し合うさまが描かれ、皆が感情の渦に引き込まれていきます。ところが改訂版では、アルベルトは「変わっていない」のです。1人ウェルテルだけが、ゲーテが意図したように、感情の波に飲み込まれる存在にされています。同時に、編者の役割を全面に出して、読者がウェルテルにより距離を取って客観視できるような配慮を入れていることがわかります。

そのほか、ゲーテは初版にあった自伝的な要素を削ったり、手紙の配列を変更したり、内容にかかわる多くの変更を行っています。1つの典型的な例は、Kerl という名詞です。この言葉は、もともと卑俗な言葉で、「野郎」とか「ヤツ」というニュアンスで使われます。しかし、若いゲーテなど疾風怒濤期の作家たちは、「すばらしい男、歴史を作るような大人物」というニュアンスで用いています。そのため、初版の『ウェルテル』でも6回登場しています。しかし、改訂版では、まさに疾風怒濤の反抗精神や青臭さを取り除くために、見落とされたであろう1ヶ所を除いて、削られているのです。

とはいえ、物語の大筋には手を加えていないことも事実で、初版に

あったウェルテルの多くの手紙の文章はそのまま使われていることも指摘しておきます。また、初版での綴り（正書法）を、より一般的なかたちに合わせるようにしてもいます。

　ここでまとめてみたいと思います。ゲーテが書き、彼の意志が直接反映している初版と改訂版とでは、どちらが「本当の『ウェルテル』か」という問いは、事実上成り立ちません。伝統的なゲーテ研究は、ゲーテ自身が『最終校訂完全版』をオーソライズして出していることもあって、晩年のゲーテの判断を基準としてきました。しかし、初版の『ウェルテル』は、青年ゲーテの作品であり、未熟とみることもできるのでしょうが、疾風怒濤期の彼の感性や思想を反映している独自の作品でもあるわけです。荒さと力強さの若いゲーテか、成熟した晩年のゲーテか。この二者択一は、ゲーテ著作集編集の際の問題点となってきました。そして、伝統的には作家の意志を尊重するかたちで、晩年のゲーテの選択が尊重されました。しかし、今日のテクスト編集は、両方のテクストを尊重するようになっています。どちらも、ゲーテの『ウェルテル』なのであり、その多様性を知ることで、より作品を楽しめるわけです。その意味で、テクストの多様性がわかるかたちでのテクスト編集は、非常に重要なのです。

　なお、ドイツの文献学においては作品を編集する際に守るべき大切な原則があります。それは、編集する際には基本とする版や原稿を定めるとともに、編者の都合で勝手にさまざまな版を混ぜてテクストを作ってはならない、というものです。つまり、『ウェルテル』初版を土台として編集するとした場合には、改訂版での編集者のコメントが必要だからと、本文に勝手に混ぜ込んではいけないのです。その意味では、„Die Leiden des jungen Werther" という定冠詞つき、所有格の s 抜きのタイトルは、実はテクスト混淆の悪しき例だということになります。

　最後に、日本での翻訳について簡単に触れて終わりとします。第 2 節で述べたように、1787 年の改訂版が 19 世紀初頭の『最終校訂完全版』にほぼ受け継がれ、それがヴァイマル版につながっていきます。そして、「作家の最後の意志」を尊重する立場が優位を保ったことで、第 2 次世

界大戦後も長いあいだ『ウェルテル』の底本となったのは、ハンブルク版において代表的なようにヴァイマル版だったのです。そのために、日本での『ウェルテル』もドイツの傾向を受け継ぐかたちで、『最終校訂完全版』がもとになったヴァイマル版やハンブルク版などを底本にした翻訳がなされたのでした[*9]。唯一、神品芳夫訳（1979年）だけが、初版をもとにしての翻訳となっていて、出典も初版であることも明記されています[*10]。そして、『ウェルテル』の日本語訳は、1970年代までに出版されたものが、ほぼそのまま増刷されたり、版を変えたりして現在もそのまま流通しています。つまり、新しい研究成果を反映したフランクフルト版やミュンヘン版を使っての翻訳はなされていません。ですので、だれかがこれらの新しい版を使って、初版と改訂版を対照できる『ウェルテル』を翻訳してくれないかなあ、と私は他力本願で願っています。

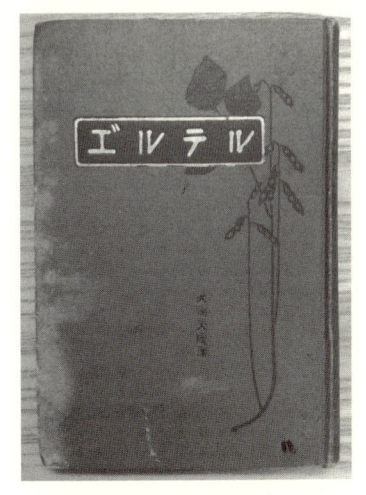

図2 『ウェルテル』久保天随による日本初の完訳。1904（明治37）年。

[参考文献]

* ドイツ語で書かれた編集文献学の入門書として初学者にお勧めできる本です。
  Plachta, B., *Editionswissenschaft*, Stuttgart: Reclam, 2001.
* 現代ドイツの編集文献学の出発点となった本。歴史をふり返る際の必読文献です。
  Martens, G. und H. Zeller, (Hrsg.), *Texte und Varianten. Probleme ihrer Edition und Interpretation*, München: Beck, 1971.
* それから20年、30年後の編集文献学の展開を確認するのに最適な文献です。
  Martens, G. und W. Woesler, (Hrsg.), *Edition als Wissenschaft. Festschrift für Hans Zeller* (Beihefte zu *editio*: Bd. 2), Tübingen: Niemeyer, 1991.

Nutt-Kofoth, R. und B. Plachta, u.a.,（Hrsg.）, *Text und Edition: Positionen und Perspekfiven*, Berlin: Erich Schmidt, 2000.
＊これまでの作家編集の歴史をそれぞれコンパクトかつ批判的にまとめた本。その中のゲーテ編集に関する論文です。
Nutt-Kofoth, R., Goethe-Editionen, *Editionen zu deutschsprachigen Autoren als Spiegel der Editionsgeschichte*, hrsg. R. Nutt-Kofoth und B. Plachta, Tübingen: Niemeyer, 2005.

[ドイツの主なゲーテ作品集（本文でふれたもの）]
ヴァイマル版（ゾフィー版）：*Goethes Werke, Weimarer Ausgabe (Sophienausgabe)*, Neuausgabe, 144 Bände, Weimar: Hermann Böhlaus Nachfolger, Vertrieb durch Verlag J. B. Metzler: Stuttgart, 1887-1919.
ベルリン版：Goethe, J. W., *Poetische Werke. Kunsttheoretische Schriften und Übersetzungen*, hrsg. von einem Bearbeiter-Kollektiv unter Leitung von S. Seidel u.a. 22 Bände, Berlin/Weimar: Aufbau, 1965-78.
ハンブルク版：Goethe, J. W. von, *Werke. Hamburger Ausgabe in 14 Bänden*, hrsg. von E. Trunz, Hamburg: Wegener, 1948-60.（後に Beck や dtv で再版）
ミュンヘン版：Goethe, J. W., *Sämtliche Werke nach Epochen seines Schaffens*, hrsg. von K. Richter u.a., Münchner Ausgabe. *21 in 33 Bänden*, München: Carl Hanser, 1985-99.
フランクフルト版：Goethe, J. W., *Sämtliche Werke. Frankfurter Ausgabe. 40 in 45 Bänden*, hrsg. von D. Borchmeyer u.a., Frankfurt a. M: Deutscher Klassiker Verlag, 1985-99.
『ウェルテル』の初版と改訂版を対照できる文庫版：Goethe J. W., *Die Leiden des jungen Werthers, Studienausgabe, Paralleldruck der Fassungen von 1774 und 1787*, hrsg. von M. Luserke, Stuttgart: Reclam, 1999.

[註]
＊1　1770年頃から1785年頃にかけてのドイツ文学で見られた文学傾向。18世紀の一般的な詩学が、神話などの知識や形式性を重視した理知的なものを求めたのに対して、シュトゥルム・ウント・ドラングの作家たちは、人間の内面にある感情や思想の自由（奔放）な表現を追求しました。
＊2　こうした経緯に関心がある方におすすめの本。ジークフリート・ウンゼルト『ゲーテと出版者たち──一つの書籍出版文化史』（西山力也他訳、法政大学出版局、2005年）。
＊3　「史的批判版」は、ドイツにおける著作集出版における重要な思想で

あり、実践です。古くは 19 世紀末のゲーテによるシラーの著作集に「史的批判版」の名が冠せられていますが、実質的には 20 世紀に始まりました。ドイツ語圏の編集文献学をリードする研究者の 1 人、ボード・プラハタは、参考文献で挙げた入門書のなかで「史的批判版」を次のように定義しています。

 テクストとは歴史的なドキュメントである。その成立とそこから生じる結果は、歴史的な過程として記述され、確定されなければならない。この成立の過程を、歴史的、伝記的、詩学的な諸要素の複雑な絡み具合において、できるだけ包括的にドキュメントし、解明することが、史的批判版の重要な目標の 1 つである。伝記的、詩学的な伝記的、詩学的な諸要素の複雑な絡み具合において、できるだけ包括的にドキュメントし、解明することが、史的批判版の重要な目標の 1 つである。

 つまり、「歴史的」(historisch) というのは、特に成立の過程を捉えようとする姿勢を指しています。これは近現代の作家で、原稿などから作品の成立過程をたどることができる場合には非常に有効なものです。次に「批判的」(kritisch) というのは、「テクスト批判」に関わるものです。成立期の原稿や完成稿だけでなく、さまざまな出版された版の、作品成立や編集のかかわる重要性を読み取り、確定していく作業を指しています。たとえばゲーテの次の世代に属する詩人、フリードリヒ・ヘルダーリンには、20 世紀だけで 4 つの史的批判版が作られました。ヘルダーリンはテクスト編集の実験場、あえて言えば戦場の様相を呈しています。

 史的批判版を編集するには、多くの手間がかかりますし、公的機関などの経済的な支援なしには成立しない学問プロジェクトです。重厚長大なものとならざるをえず、多くのプロジェクトが途中で頓挫したり、完成する場合でも半世紀もの時間がかかることも珍しくありません。その意味で、そこまで完全性にこだわる必要があるのかという疑問も出されてきました。

*4 自然科学者としてのゲーテについては、次の刺激的な文献をお勧めします。石原あえか『科学する詩人ゲーテ』(慶應義塾大学出版会、2010 年)。

*5 このテーマに関心のある方は、次の 2 書を参照してください。大原まゆみ『ドイツの国民記念碑 1813—1913 年——解放戦争からドイツ帝国の終焉まで』(東信堂、2005 年)。松本彰『記念碑に刻まれたドイツ　戦争・革命・統一』(東京大学出版会、2012 年)。

*6 19 世紀、フランスの哲学者オーギュスト・コント (1798〜1857 年) を出発点とする哲学や人文科学の一潮流。実際に証明可能なものに認識を限定する立場を取り、経験不可能な超越的なものを認めませんでした。文

学研究では、主にテクストや史料の批判的読解や編集として発展しました。同時に作家やその作品を、遺伝したもの、経験したこと、学習したことから自然科学的に理解しようとしました。

*7 „[Die] Leiden des jungen Werther[s]" 現在ではほぼ定訳として『若きウェルテルの悩み』と訳されていますが、Leiden は「悩み」以上の「苦悩」や「苦難」を意味し、さらにはキリストなどの「受難（の死）」をも意味しています。さらに「ウェルテル」という名は、「（新しい）価値（Wert）を生む者」とも取れる名であり、その意味でこの小説のタイトルには、「新しい価値を生みだそうと苦悩する若者の受難の物語」という含みがあるのです。

*8 Martens, G., Der wohlfeile Goethe. Überlegungen zur textphilologischen Grundlegung von Leseausgaben, *Edition als Wissenschaft. Festschrift für Hans Zeller*, hrsg. von G. Martens u.a., Tübingen: Niemeyer, 1991, S. 72-91. 参照（本章43頁の参考文献参照）。

*9 閲覧したおよそ15の翻訳をチェックしたなかで、底本を明記しているのは次の註で挙げる神品訳を除くと2つだけでした（佐藤晃一訳の三修社版『ドイツの文学1』1966年と柴田翔訳の集英社版『世界文学全集15』1979年）。この2つは、ともにハンブルク版を底本にしています。

*10 「若きヴェルターの悩み」『ゲーテ全集　第6巻　小説』（神品芳夫訳、潮出版社、1979年［新装版2003年］）。

II
聖典とは何か

第 3 章
聖なるテクストを編集する
―― 新約聖書
伊藤博明

1　新約聖書と旧約聖書

　「新約聖書」と呼ばれているテクストは、正確に言うならば、1 つの書物ではなく 27 の文書群に対する総称です。その構成は、現在もっとも利用されている邦訳聖書である『聖書　新共同訳』（共同訳実行委員会訳、日本聖書協会、初版 1987 年）によれば、最初に、イエスの語った言葉と彼の行状を時系列的に記した、マタイ、マルコ、ルカ、ヨハネの名前が冠された 4 つの福音書が配されています。次に使徒たちの働きを記した『使徒言行録』、そして、パウロによる 14 通の手紙（そのうち 7 通ほどが真作）と公同書簡と呼ばれる 7 通の手紙が続き、最後に『ヨハネの黙示録』が置かれています[*1]。つまり新約聖書は、形式的にも内容的にも異なるタイプの文書の集合体なのです。

　これら 27 の文書はすべて「コイネー」と呼ばれる、当時の地中海沿岸において用いられていたギリシア語で書かれており、50 年頃に執筆されたパウロの『テサロニケの信徒への手紙 1』から、2 世紀前半（あるいは中頃）に成立した『ペトロの手紙 2』までの間に、それぞれが独立して作成されました。4 世紀中葉になってようやく、当時の教会は、さまざまな文書群からこれら 27 を選びだし「新約聖書」として、自らの信仰の基盤とすることに決定しました。この「正典化」を行う過程で除かれた文書の一部は「新約聖書外典」（アポクリファ）と呼ばれており、古代のキリスト教を知るための重要な資料となっています[*2]。

ここで「新約聖書」という名称について簡単に説明しておきます。ユダヤ教徒だったイエスにおいて唯一の聖書とは、のちにキリスト教徒が「旧約聖書」と呼ぶことになった書物に他なりません。『ルカによる福音書』(24.44)には、「私についてモーセの律法と預言者の書と詩編について書いてある事柄は、必ずすべて実現する」というイエスの言葉が引かれていますが、この「律法と預言者の書と詩編」は旧約聖書を指しています。また、『マタイによる福音書』(5.17 等)には「律法と預言者」と、さらに『ヨハネによる福音書』(5.39 等)では「聖書」(ギリシア語で「グラフェー」、文字どおりに訳せば「書物」)と表現されています。

　「新約聖書」という名称は、ユダヤ教の聖書を「旧約聖書」と命名することによって初めて意味をもちます。ヘブライ語で記された旧約聖書の原典は大きく３つの部分に分けられます。①『創世記』から始まる〈律法〉はモーセ５書とも呼ばれ、前４世紀中に正典化されます。②〈預言書〉は、『ヨシュア記』等の〈前の預言書〉と『イザヤ書』等の〈後の預言書〉に分かれ、前３世紀中葉までに正典化されます。③『詩編』、『箴言』、『ヨブ記』等を含む〈諸書〉は、正典化の時期を確定することは難しいのですが、後１世紀末から２世紀初頭と考えられています。

　これらの文書群から構成されている旧約聖書の大部分は、長い年月にわたる伝承と編集を経てきたものであり、内容的にもきわめて多彩です。旧約聖書を繙いたことのない人でも、神ヤハウェによる万物と人間の創造、善悪の木の実を食して楽園から追放されたアダムとエバ、モーセがシナイ山上で神から受け取った十戒などのエピソードは知っているでしょう。ヘブライ思想の根本には神とイスラエル民族との契約、共同体の規範としての律法の付与が存在していますが、旧約聖書全体ではイスラエル民族の波瀾万丈の歴史が語られ、ヘブライ人の神への切実な想いが謳われ、預言者たちの苦悩が叫ばれています。さらに、『雅歌』(2.9)では「恋しい人はかもしかのよう、若い雄鹿のようです」と初々しい愛が告白され、『コヘレトの言葉』(1.2)では「なんという空しさ、なんという空しさ、すべては空しい」と深いニヒリズムが吐露されます。

　旧約聖書のテクストについて触れますと、現在底本として使用されて

いるヘブライ語聖書(ドイツ聖書協会刊行の『ビブリア・ヘブライカ・シュトットガルテンシア』)は、主としてザンクト・ペテルブルクの図書館に所蔵されているレニングラード写本(1008年)に依拠しています。この写本はマソラ本と呼ばれ、6世紀以降に、正確なヘブライ語聖書の伝承を目的として、テクストに母音を付し(通常ヘブライ語は子音しか書きません)、アクセント記号をつけ、分節の区切りなどを施したものです。この作業に携わったユダヤ人はマソラ学者と呼ばれています[*3]。

旧約聖書は、前3世紀以降アレクサンドリアで、ディアスポラ(イスラエル以外の地で住むユダヤ人)でヘブライ語を理解しない者たちのために、順次ギリシア語に訳されていきます。「七十人訳聖書」(セプトゥアギンタ)と呼ばれるギリシア語訳は、ヘブライ語聖書と同じく冒頭には、①律法書(モーセ5書)が置かれていますが、その後の文書の区分と配列は異なり、②歴史書12書、③文学書5書、④預言書17書と続いて、全体で39書に仕立てられています。この構成はラテン語訳の聖書、また近代語訳の聖書にも受け継がれることになります。また、七十人訳聖書は正典の39書に加えて、『マカバイ記』、『知恵の書』、『シラ書(集会の書)』、『トビト記』、『ユディト記』など、現在では「旧約聖書外典」と呼ばれる文書を含んでおり[*4]、また『ダニエル書』と『エステル記』にはヘブライ語聖書にはない大幅な追加が見られます。この一部を従来カトリック教会は正典としてきました[*5]。新約聖書において見られる旧約聖書からの引用は、主として七十人訳ギリシア語聖書に拠っています。

2 「聖典」としての新約聖書

新約聖書を1つのテクスト集として見た場合には、プラトンの諸著作やゲーテの『若きウェルテルの悩み』となんら変わるところはありません。しかし、その内容と機能に注目するならば、それが哲学書でも文学書でもなく、いわゆる宗教書であるという決定的な相違があります。新約聖書が有している異質性は、それがキリスト教を信仰する人々を導く

もっとも根本的な書物ということだけに由来するわけでありません。それはまた、絶対的な超越的存在——世界の万物を創造し、イエス・キリストを人間の世界に送り、再臨するキリストに最後の審判を司らせる存在——との直接的な関係を求める、あるいはそれを主張するという点において特異な書物なのです。

このことについては、新約聖書自体のなかにすでに証言が見いだされます。『テモテへの手紙2』では、聖書はイエス・キリストへの信仰を通して、救いに導く知恵を与えることができると説かれ、「聖書はすべて神の霊の導きの下に書かれ、人を教え、戒め、誤りを正し、義に導く訓練をするうえに有益です」(3.16)と述べられています。また、『ペトロの手紙2』では、聖書の預言を自分勝手に解釈すべきではない理由について、「預言は、けっして人間の意志に基づいて語られたのではなく、人々が聖霊に導かれて神からの言葉を語ったものだからです」(1.21)と述べられています。

ドイツの宗教改革者マルティン・ルターは、人間が神によって義しい者と認められる——「義とされる」——のは内面的な信仰のみによる、という信仰義認論を唱えました。そして、この信仰の根源である神の恩寵と啓示について聖書を通してのみ知ろうとする「聖書主義」に基づき、とりわけ聖書への帰依を重視して、自らドイツ語訳を試みました。

ルターの主著である『キリスト者の自由』(1520年)[*6]によれば、身体によって祈り、断食し、巡礼し、また善行を行ったとしても、魂に対しては何の益にもなりません。「魂は、天にあっても地上にあっても、聖なる福音、すなわち、キリストについて説かれた神の言葉の他には、自らを生かし、義とし、自由とし、そしてキリスト者とするものをもたない」(第5)のです。続いて彼は、『マタイによる福音書』(4.4)の「人はパンだけで生きるものではない。神の口から出る一つ一つの言葉で生きる」を引用しつつ、魂にとっては神の言葉だけが必要であることを確認したうえで、「神の約束は『新約』の言葉であり、それは『新約』に属している」(第9)と述べて、新約聖書の恩恵を強調しています。

ルターの盟友、フィリップ・メランヒトンは1530年に、その後のル

ター派の基本文書となる『アウグスブルク信仰告白』[*7]を起草しました。その第4条「義認について」においては、われわれは自らの力や功績や功業によって罪の赦しを得て、神の前で義とされるのではなく、それは、われわれのために犠牲となって罪を贖われたキリストのゆえに赦されるという信仰を通して可能になる、と書かれています。そして第5条「教会の任務について」によるならば、「この信仰を得るために、福音を教え、典礼を施すという任務が設けられた。その手段としての言葉と典礼によって聖霊は与えられ、それは神が望まれる場所と時に、福音を聞く者たちの中に信仰を呼び起こす」です。

　ルターの後を継ぐジャン・カルヴァンが是認し、ギヨーム・ファレルが起草した『ジュネーヴの信仰告白』(1536年)[*8]においては、聖書主義的な立場が強調されています。その第1条は「神の言葉」と題されており、そこでは「われわれの信仰と宗教の基準として、聖書のみに従う」ことが、そしてそのなかに「人間の見解によって、神の〈言葉〉なしに捏造されたものをいっさい混ぜない」ことが確言されています。また「われわれの霊的な支配として、われわれの主が命じたように、神の〈言葉〉によってわれわれに教示される以外のいかなる教えも受け入れず、それに加えたり、それから減じたりしない」ことが主張されています。

　同じプロテスタントの流れを汲む、英国国教会による『ウェストミンスター信仰告白』(1464年)[*9]では、聖書の「聖典」性がいっそう際だっています。第1章では冒頭に、「聖書、すなわち書かれた神の言葉」に含まれる書物(旧約39書、新約27書)の名称が記され、「これらはすべて、信仰と生活の規範となるように、神の霊感によって与えられたものである」と断言されています。すなわち、聖書が信じられ、また従われるべき根拠となるその権威は、人間や教会の証言に基づくものではなく、すべてが「その著者である神(真理それ自体)」に依拠しているのです。したがって、「聖書はそれが神の言葉であるがゆえに受け入れるべきである」と結論されます。このように、ウェストミンスター信仰告白』では、神が聖書の「著者」(author)に擬されて、聖書の「権威」(authority)は絶対化されています。

第3章　聖なるテクストを編集する――新約聖書

それでは、司祭のもとで行われるさまざまな儀式や伝統を重用していたカトリック教会にとって聖書のもつ役割はいかに把握されていたのでしょうか。広がる宗教改革の脅威に対抗して開催されたトレント公会議のなか、1546年4月8日の第4総会での「聖書正典に関する教令」[*10]においては、福音が、最初はイエス・キリストの口を通して、次いで使徒たちによって、「救いをもたらすあらゆる真理と道徳的規律の源泉」として万人に伝えられた、と述べられています。この真理と道徳的規律は、「記された書物〔すなわち聖書〕と記されていない諸伝承」に含まれていますが、公会議は、そのいずれの「作者（auctor）も唯一の神である」がゆえに、旧約と新約の全書、および信仰の道徳律に関する諸伝承を同様な敬虔さと尊敬をもって受け入れる、と付言されています。
　このトレント公会議の態度は、現在のカトリック教会においても基本的に踏襲されています。第2ヴァティカン公会議（1962〜65年）に基づく「神の啓示に関する教義憲章」（1965年11月18日公布）[*11]では、第2章「神の啓示の伝達」において、「救いをもたらすあらゆる真理と道徳的規律の源泉」としての福音の意義が再確認されています。そして第3章「聖書の神感とその解釈」においては、「聖書の中に文字によって含まれ、かつ際だっている神から啓示された事柄は、聖霊の息吹によって書かれた」と述べられ、さらに、旧約と新約のすべての書物は、「聖霊の霊感によって記され、神を著者として、そのようなものとして教会に伝えられた」と断言されています[*12]。
　たとえ、新約聖書を構成する27の文書が「聖霊の霊感」を受けて成立したとしても、それらを実際に書き記した（そして伝えた）のは人間に他なりませんし、彼らが執筆している時に、「聖霊の霊感」を受けているという自覚はおそらくなかったでしょう。キリスト教の成立が1つの歴史的な事件であったように、新約聖書を構成する諸文書の成立とそれらの正典化もまた、純粋に歴史的な所産でした。新約聖書といえども、他の諸文書と同様に、テクスト批判を受ける余地があり、すなわち編集文献学の対象となりえます。しかし、新約聖書のテクスト批判に関しては、「聖典」としての性格がこれまでそのような作業を時として困難な

ものとしてきたこと（そして現在もそうであること）も事実なのです。

3　中世とルネサンスにおける新約聖書

すでに述べましたように、教会が「新約聖書」として認める文書の選定、すなわち「正典化」の過程は紆余曲折をたどり、結局、4 世紀中頃まで時間を費やしました。原本が 3 世紀初頭の成立と推定されている『ムラトーリ正典目録』では、現行の 27 の文書のうち『ヘブライ人の手紙』、『ヤコブの手紙』、『ペトロの手紙 1』、『ペトロの手紙 2』、『ヨハネの手紙 3』を欠いています。新約外典の『ペトロの黙示録』と『ヘルマスの牧者』については正典と同様な評価は与えられていませんが、『ソロモンの知恵』については教会で読まれるべきものとされています。その後、教父アタナシオスの『第 39 復活祭書簡』（367 年）によって現行の文書が確定されました。

313 年にコンスタンティヌス帝が、リキニウス帝とともに「ミラノ勅令」を発布してキリスト教を公認し、391 年にはテオドシウス帝がキリスト教をローマ帝国の国教と定めました。その 2 年後、393 年に開催されたヒッポの会議において、また 397 年に開催されたカルタゴの会議において、これら 27 の文書が正典であると宣言されています。少なくとも新約聖書に関わるかぎり、これ以降、それを構成する文書の数と範囲については変わることなく、現在にまで受け継がれていきます。

さて、新約聖書の全体あるいは一部を含むギリシア語写本は約 5000 点残されています。それらはパピルス、大文字のギリシア語で記された大文字写本、小文字のギリシア語で記された小文字写本に分かれます。もっとも古い写本は、『ヨハネによる福音書』の数節だけを含んだ、マンチェスターのジョン・ライランズ図書館に所蔵されているパピルス（2 世紀前半）です。新約聖書の全体を含む古い写本としては、4 世紀のシナイ写本（大英博物館）（図 1）、4 世紀中頃のヴァティカン写本（ヴァティカン図書館）、5 世紀のアレクサンドリア写本（大英博物館）、エフライム写本（パリ国立図書館）、ベザ写本（ケンブリッジ大学図書館）な

第 3 章　聖なるテクストを編集する——新約聖書

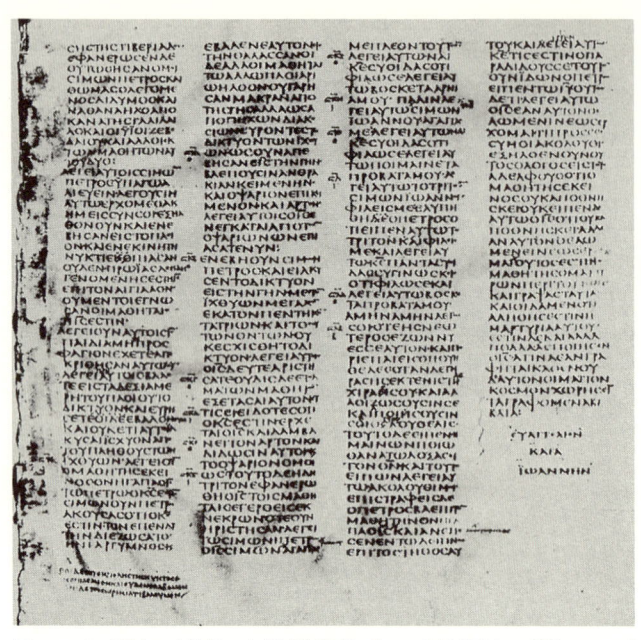

図1　シナイ写本、4世紀、大英博物館蔵、『ヨハネ福音書』の最後のページ（メッツガー『新約聖書の本文研究』より）。

どがあります。

　こうして、断片的なパピルスの記述を別にすれば、最古の写本であっても原テクストが作成・編集されてから200～300年ほど後のものなのです。大文字写本は、アレクサンドリア型、西方型、ビザンティン型（コイネー型）、カエサレア型（『マルコによる福音書』のみ）というような諸タイプに分類されており、各地方において、いわば標準的なテクストがあったことが推測されます。また、後代の写本では2つのタイプが混交された事例も見られます。小文字写本の中にも、強い「家族」関係のある写本群が存在することが明らかになっています。

　新約聖書は、きわめて早くからシリア語、コプト語、ラテン語、さらにはゴート語、グルジア語、エチオピア語、古スラブ語に翻訳されました。これらの翻訳は、テクスト批判のうえでも重要です。というのは、

II　聖典とは何か

56

それらが新約聖書の古いテクストを反映している可能性があるからです。また、テクスト批判において欠かせないのは、古代のキリスト教作家（教父）における新約聖書からの引用です。

　中世のカトリック教会においてもっとも重要なのはラテン語訳です。新約聖書はすべて、1～2世紀の地中海世界における共通語であったギリシア語で書かれました。他方、ローマ帝国の支配下において、急速にラテン語が普及していきます。一般に古ラテン語訳と呼ばれている翻訳は、3世紀には北アフリカとヨーロッパに流布していました。残されている32の不完全な写本は「アフラ」と「イタラ」と呼ばれる2つの主要なタイプに分かれますが、また、同じタイプの間にも多くの異同が存在しています。

　382年に、教皇ダマススはヒエロニムスに命じて、新しい、いわば公認版のラテン語訳（新約・旧約）の作成を企てました。新約聖書について言えば、ヒエロニムスは、すべてをギリシア語原典に基づいてラテン語訳を行ったわけではありません。彼は当時流布していたラテン語をもとにして、いくつかのギリシア語原典を参照しながら完成させました。4福音書以外は彼とは別の者が訳出したとも考えられています。ヒエロニムスが依拠したラテン語訳は残っていませんし、また、ギリシア語原典のタイプについても、さまざまな指摘がなされています。このヒエロニムス訳は、後代に「ウルガタ」（Vulgata）聖書、すなわち「俗衆の、大衆の」聖書と呼ばれるようになります。この名称は、「聖なる」ヘブライ語およびギリシア語原典に対するものとして名づけられたものです。

　ウルガタ版はゆっくりと中世のキリスト教社会に広まっていきましたが、教会がテクストを標準化しようと試みた形跡はなく、公認テクストを作成した事実も存在しません。8世紀にはヨーロッパ中に流布するようになり、スペイン型、アイルランド型、アングロサクソン型が形成されるともに、それらの型の混交も起こりました。こうした中でフランスにおいて、カール1世（シャルルマーニュ）のもとでアルクインが校訂を試みましたが、時代が進むとともに多様な版が出現することになります。13世紀にパリ大学神学部は、ある特定のテクストを選んで神学論

第3章　聖なるテクストを編集する——新約聖書

議の際には共通に用いるように決定しました。この通称パリ版は、幾多の訂正が提唱されながらも、16世紀までウルガタ聖書の基本テクストとして流通していきます。最古の印刷本である、グーテンベルクの42行聖書（1455年頃刊行）もこの版に拠っています。

　さて、14世紀後半から始まる「ルネサンス」という時代については、ギリシア・ローマの古典の再生という特徴がまず挙げられます。中世のスコラ的諸学（神学、法学、医学）に対して、修辞学、詩学、歴史学、道徳学などを専攻する人文主義者（ヒューマニスト）たちは、中世において忘れ去られていたギリシア語で書かれた文献へのアプローチを開始します。15世紀初頭のフィレンツェでは、ビザンティンからもたらされたプラトンの著作が翻訳され始めました。

　ギリシア語原典に基づいて研究するという姿勢は、新約聖書に対しても適用されるようになります。それを行った最初の人物がロレンツォ・ヴァッラ（Lorenzo Valla：1405／07〜57年）です。彼はローマ生まれの人文主義者で、パヴィア大学の修辞学教授、アラゴン王アルフォンソ5世の秘書、教皇庁の秘書官を歴任しました。ヴァッラは、のちに「文献学」と呼ばれることになるテクスト批判の手法を用いながら、『コンスタンティヌス帝の寄進状』が偽書であることを指摘しました[*13]。この文書は、キリスト教を公認したコンスタンティヌス帝が自らの世俗的権威を教皇の権威の下に置くことを宣言したもので、中世末期ではカトリック教会の優位性の根拠となっていました。彼はこの文書が皇帝の時代よりも後代に作成されたことを論証したのです（現在では8世紀に成立したと考えられています）。

　ヴァッラはまた、『新約聖書校註』（1453〜57年）を執筆して、新約聖書のギリシア語原典を参照しながら、既存のウルガタ聖書（上述したパリ版）を批判しています。

　ヴァッラが参看したギリシア語写本は同定されていませんし、そもそも彼は、新約聖書のギリシア語テクストを校訂しようとするつもりはありませんでした。彼の目的は、キリスト教会を席巻しているウルガタ聖書の問題点を指摘することによって、ウルガタ聖書の改訂を促すことで

した。他方、ヴァッラの校註の写本を発見してその意義を認めたのが、「人文主義の王」と呼ばれるデジリウス・エラスムス（Desiderius Erasmus：1469〜1536年）です。彼は1505年にパリで、ヴァッラの『新約聖書校註』を初めて刊行します。

4 「受容テクスト」の確立

　新約聖書のギリシア語テクストが初めて印刷されたのは、スペインの大学町アルカラにおいてでした。それは、枢機卿フランシスコ・ヒメネスの主導のもとに制作された、旧約・新約を含むヘブライ語、アラム語、ギリシア語、ラテン語による多国語（ポリグロット）聖書全6巻に含まれています。この聖書は、アルカラのラテン語名であるコンプルトゥムを冠して、通称「コンプルトゥム・ポリグロット」として知られています。その第5巻は新約聖書に充てられており、ギリシア語原典とウルガタ聖書が対応する形式となっています（図2）、奥付は1514年1月10日となっていますが、しかし、レオ10世の許可を得て実際に刊行されたのは1522年3月でした。ギリシア語テクストは、比較的新しく発見された写本に拠っていましたが、有名なヴァティカン写本は利用されていません。

　他方、最初のギリシア語テクストの刊行者という栄誉は、エラスムスに与えられています。彼は有名な出版者であるヨーハン・フローベンの要請により、1516年の春に自らのラテン語訳と校註を付して『校訂新約聖書』を刊行しました。彼は以前からウルガタ訳の改善、あるいは新しいラテン語訳を目的として、ギリシア語写本と古いラテン語写本について校合を行っていました。しかし、このギリシア語新約聖書の内容自体は、エラスムスの人文学者としての名声と比べると、けっして誇れるものではありません。

　テクスト批判という観点からもっとも問題だったのは、エラスムスが新約聖書全体を含む完全な写本を入手できずに、しかも良質ではない3つの小文字写本（12世紀）に主として頼ったことでした。彼は他の写

図2 「コンプルトゥム・ポリグロット聖書」、アルカラ、1514年［実際は1521年に刊行］、『ヨハネの手紙1』、「ヨハネ句」を含むページ。

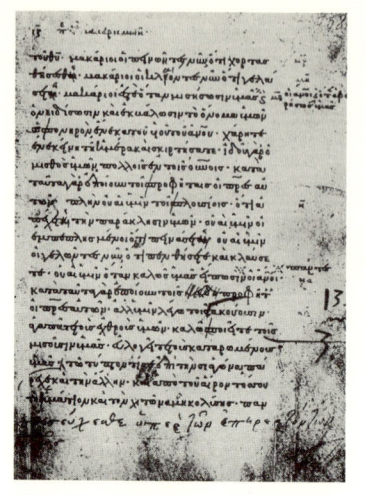

図3 ギリシア語写本、12世紀、バーゼル大学図書館蔵、『ルカによる福音書』、エラスムスによる書き込みあり（メツガー『新約聖書の本文研究』より）。

本と比較して、ある写本（ビザンティン型）のところどころに訂正を加えて（図3）、そのまま印刷屋に渡して刊行を早めようとしました。さらに問題なのは、『ヨハネの黙示録』については最後の部分（22.16〜21）を欠く写本しか手元になかったために、ウルガタ聖書から自らギリシア語訳したことです（他にもウルガタ聖書から挿入した箇所が存在します）。

　エラスムスの新約聖書出版の目的は、ギリシア語テクストの刊行ではなく、ロレンツォ・ヴァッラと同様に、むしろウルガタ聖書に代わる正確なラテン語訳を提出することでした。しかし、この点を勘案したとしても、テクスト批判という観点からはあまりに杜撰な仕事と言わざるをえません。ギリシア語テクストの質から言えば、コンプルトゥム・ポリグロット聖書の方が上なのですが、エラスムスの名声に与ってでしょうか、エラスムス版は多くの読者に迎えられ、その後のギリシア語版の標準となりました。マルティン・ルターもエラスムスの第2版（1519年）

II　聖典とは何か

に拠って自らのドイツ語訳を行っています。

　エラスムスの優れたラテン語訳はウルガタ聖書と異なる場合も多く、その点において批判を受けましたが、コンプルトゥム・ポリグロット聖書の編集に関わったディエス・ロペス・デ・ズニカは、テクスト上のある不備を指摘しました。それは、現在「ヨハネ句」（Comma Johanneum）と呼ばれている箇所をめぐるもので、『ヨハネの手紙1』（5.6〜8）に該当します。コンプルトゥム・ポリグロット聖書のギリシア語テクストに合致するように、共同訳を利用しながら当該の箇所を再現します。

　　[6]この方は、水と血を通って来られた方、イエス・キリストです。水だけではなく、水と血によって来られたのです。そして「霊」がこのことを証しする方です。「霊」は真理だからです。[7]証しするのは三者です。**天で証しするのは三者です。すなわち、父とことばと「霊」です。そしてこの三者は一致しています。また、**[8]**地上で証しするのは三者です。すなわち**「霊」と水と血です。この三者は一致しています。

　ヨハネ句は太字で示した「天で証しするのは……地上で証しするのは三者です。すなわち」までの箇所ですが、エラスムスは手元のギリシア語写本に含まれていなかったために、自らが作成したテクストから削除しました。現代のテクスト批判においては、ヨハネ句は後代の挿入であり、元来は『ヨハネの手紙1』に含まれていなかったことが確定されています。その理由ですが、ヨハネ句を含んでいるギリシア語写本は8つしか存在しておらず、しかも、それらの中の4つはテクストの欄外に書き込まれたものであり（もっとも古い写本は10世紀）、他の4つのテクストはいずれも16世紀以降に制作されたものだからです。

　他方、『ヨハネの手紙1』の一部として引用されたもっとも初期の例は、4世紀に成立したラテン語の論考『弁護の書』に見られます。ヨハネ句の出現は、明らかにこの時期に盛んに論じられていた「三位一体」の問題と関連しています。「三位一体」とは、父なる神と子なるキリス

トと聖霊が3つの位格でありながら、1つの本質をもつことであり、のちにキリスト教神学の根本的教義の1つとなります。

　ヨハネ句は、おそらく最初は、テクストの欄外に註として書かれていたのでしょう。5世紀に入りますと、北アフリカとイタリアのラテン教父による引用が現われ、7世紀以降は、古ラテン語訳とウルガタのテクスト自体の中にこの章句を含む写本が次第に増加していきます。そして印刷本の時代となると、グーテンベルクの42行聖書をはじめとして、数々のウルガタ聖書や、それをもとにした俗語訳にもヨハネ句が収められることになります。

　実は、コンプルトゥム・ポリグロット聖書に見いだされるヨハネ句も、ウルガタ聖書からのギリシア語訳に他ならなかったのです。他方、エラスムスに対する批判が高まったために、彼は批判者の1人エドワード・リーへの返答（1520年5月）のなかで、「もし1つの写本でも、私が〔ウルガタ版において〕読んだことを支持するものを私が入手していたならば、私はたしかに、私が所有している他の写本に欠けているものを補うためにそれを用いたでしょう」[*14] と述べています。そして実際、この時から1521年6月の間に、ヨハネ句を含むギリシア語写本がエラスムスにもたらされました。

　この写本はエラスムスが「ブリテンの写本」と呼んでいたもので、ダブリンのトリニティ・カレッジに所蔵されています。現在は、1520年頃にオクスフォードのフロイ（おそらくウィリアム・ロイ）という名前のフランシスコ会士によって制作されたと推測されています。結局エラスムスは、1522年刊行の第3版においてヨハネ句を挿入しました。リーは、エラスムスによるヨハネ句の除去は、アリウス派の再興の危険をもたらすことになると脅していたのですが、エラスムスは「誰も悪意から私を非難する機会をもたないように」、ヨハネ句を復活させたのでした。

　エラスムス以降の出版者は、彼の版を基本としつつも、場合によってはコンプルトゥム・ポリグロット聖書を参照しながら、ギリシア語聖書を刊行していきました。パリのロベール・エティエンヌ、ラテン語名ステファヌス（プラトン著作集の編集者ステファヌスの父）は、初めて批

判資料（criticus apparatus）欄を備えた聖書を刊行しており、著名なのは1550年の「王室版」と呼ばれる第3版です。またステファヌスは第4版（1551年）において、初めて章を分け、この区分が現在まで踏襲されています。ジュネーヴのテオドール・ド・ベーズ、ラテン語名ベザは、新たな写本からの得た情報を記載したギリシア語テクストを、自らのラテン語訳や校註を加えて、1565年から1604年にかけて9度も刊行しました。ただし、エティエンヌもベーズも、写本からの情報をテクストの校訂に反映させることはありませんでした。

1624年にライデンのボナヴェントゥーラ・エルセヴィルと甥のアブラハムは携帯型のギリシア語聖書を刊行しましたが、テクストはベーズの1565年版に拠っていました。第2版は1633年に刊行され、その序文には、「あなた〔読者〕は、今や、万人から〈受容されたテクスト〉（textum receptum）をもっている。われわれは、それにおいて、いかなる変化も改悪も与えてはいない」と記されています。ここから、「受容テクスト」——邦語文献ではしばしば「公認本文」と呼ばれていますが正確な訳ではありません——という名称が広がり、それがもつ権威が生じることになるのです。英国の欽定訳（1611年）をはじめとして、プロテスタントによる俗語への翻訳は、この受容テクストを底本としていました。

ここで、カトリック教会の動向について述べておきますと、上述したトレント公会議において初めて、教会公認のテクストが確定されました。1546年4月8日の第4総会では、あらためて27の文書を「聖なる正典として」確認したうえで、教会と信者が依拠すべき本文について、「聖なる公会議は……何世紀にもわたって教会において使用され承認されてきた、他ならぬ古いウルガタを公の朗読、議論、説教、解説において真正なものと考えるように決定し、宣言するのであり、いかなる理由があっても、だれもこれを拒絶しようとしてはならないし、また実際に拒絶してはならない[*15]」と宣言しました。

トレント公会議の宣言は、具体的にはシクストゥス5世が1590年に公認されたウルガタ聖書を刊行することによって実現されました。しかし続くクレメンス8世はこれに大幅な変更を加えて、1592年に新しい

ウルガタ聖書を刊行しました。それ以来、カトリック教会においては、このクレメンス・ウルガタ聖書が20世紀末に至るまで、新約聖書の唯一のテクストとされてきたのです。

5　近代的テクスト批判の展開

　近代のテクスト批判の歩みは、「受容テクスト」への飽くなき挑戦であり、保守的な神学者たちとの闘いの連続でした。その長い歴史を仔細に検討することはとうてい不可能ですので、ここでは、幾人かのポイントとなる人物だけを紹介いたします。

　受容テクストの検討は、17世紀中葉における新しい写本の発見、そして受容テクストと相違する「異読」（variant）の収集から始まりました。英国人聖職者ブライアン・ウォルトンの『ポリグロット聖書』全5巻は、1652年から57年にかけてロンドンで刊行されました。ギリシア語のテクストはエティエンヌの「王室版」（1550年）とほとんど変わりませんが、彼は第4巻の末尾に、15の写本に基づく異読の新しい一覧表を載せています。加えて第1巻の「序文」において、新約聖書の異読について論じており、それは簡単ながらも、テクスト批判の開始を告げるものでした。

　ケンブリッジ大学トリニティ・カレッジの学寮長だったリチャード・ベントリーは、大胆にも受容テクストを破棄する可能性を追求しました。彼は、受容テクストに代わるものとして、ギリシア語の古い写本とウルガタの古い写本を基盤にして、4世紀の新約聖書のテクストを復元しうると考えました。ベントリーは、彼の計画の趣意書（1720年刊）において自らの見解を披露するとともに、『ヨハネの黙示録』の最後の章について、40箇所以上で受容テクストから離れたテクストを提案しました。しかし、彼は多方面から激しい非難を受けることになり、結局、彼の計画全体が実現されることはありませんでした。

　テュービンゲン大学で神学を学んだヨーハン・アルブレヒト・ベンゲルは、テクスト批判史のうえでたいへん重要な指摘をしました。彼は、

はじめて写本群を系統的に区別する試みを導入しました。彼は2つのグループ、すなわち、アジア・グループとアフリカ・グループに分け、後者をさらに、アレクサンドリア写本と古ラテン語の小グループに分けました。また彼はテクスト批判の基準を設けました。その基準とは、「難しい読みが易しい読みに優先する」というもので、写字生が簡単な文章を難しくするよりも、難解な文書を易しくするという認識に基づいています。1743年に彼が刊行した新約聖書のテクスト自体は革新的なものではありませんでしたが、この基準に基づいて、テクストの欄外に異読についての5つ段階（オリジナルの読み、受容テクストよりも良い読み、受容テクストと同様の良さの読み、等）を示しました。

　イエナ大学の教授を務めたヨーハン・ヤーコプ・グリースバッハは、テクスト批判の真の先駆者の名に値します。彼は丹念な分析をもとに、写本系統をアレクサンドリア型、西方型、コンスタンティノスポリス（ビザンティン）型の3つに分けて前者の2つの型を重要なものと見なしました。また、彼はテクスト批判のための15の基準を示しましたが、その第1の基準は、ベンゲルによる基準と類似した以下のものです。「短い読み方を——古い重要な証言の権威をまったく欠くというのでなければ——冗長な読み方に優先すべきである。というのは、写字生は省略するよりも、はるかに加筆する傾向があるからである」。

　グリースバッハはテクスト批判のさいに、写本における異読とともに、初期キリスト教著作家からの引用にも注意を払いました。彼が刊行した新約聖書のテクスト（1775～77年）は、結局、受容テクストとは352箇所において異なっていました。ヨハネ句については、第5章7節の「なぜなら、証しする者が3人いるからである」の後にダガーと呼ばれる印（†）を付けて、テクストの欄外に移しました（図4）。すなわち、ヨハネ句は初めて新約聖書のテクストから外されたのです。そしてグリースバッハは「付論」として、ヨハネ句についてのみ、24ページを割いて詳細に論じています。

　受容テクストの廃棄という点で徹底した作業を行ったのが、ベルリン大学のカール・ラハマンです。彼は古典学者として、プロペルティウス、

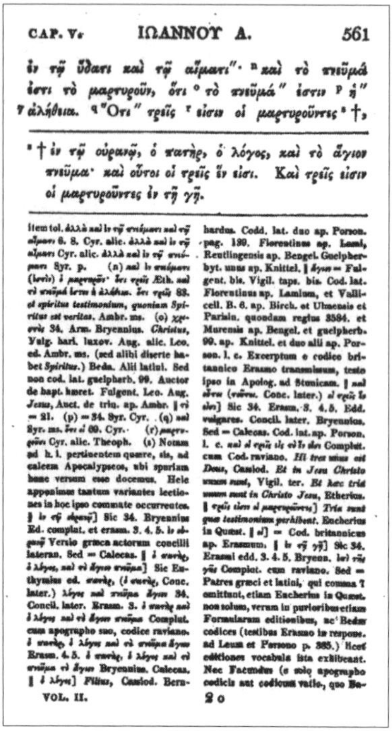
CAP. V. ΙΩΑΝΝΟΥ Α. 561

ἐν τῷ ὕδατι καὶ τῷ αἵματι." ⁿ καὶ τὸ πνεῦμά ἐστι τὸ μαρτυροῦν, ὅτι ° τὸ πνεῦμά" ἐστιν ᵖ ἡ" ᵠ ἀλήθεια. ᑫ"Ὅτι" τρεῖς ʳ εἰσιν οἱ μαρτυροῦντες ˢ †,

ˢ † ἐν τῷ οὐρανῷ, ὁ πατήρ, ὁ λόγος, καὶ τὸ ἅγιον πνεῦμα· καὶ οὗτοι οἱ τρεῖς ἕν εἰσι. Καὶ τρεῖς εἰσιν οἱ μαρτυροῦντες ἐν τῇ γῇ.

図4 グリースバッハ編、新約聖書、ハレ、1775～77年、『ヨハネの手紙1』、「ヨハネ句」を含むページ。

カトゥルス、ティブルス、ルクレティウスなどのラテン作家の校訂を行ったことで有名ですが、彼のテクスト批判の方法を厳密に新約聖書にも適用しました。ラハマンは、オリジナルなテクストを再構成することは不可能と考え、4世紀末に東方のキリスト教会において流布していたテクストを、純粋に歴史的な証拠（大文字写本、古ラテン語訳とウルガタ、古代キリスト教著作家）から復元しようとしました。1831年に刊行された、ラハマン校訂のギリシア語テクストは、いわばベントリーの意図を実現させたものでした。ヨハネ句も当然ながら、テクスト内から批判資料の欄へと移行されています（図5）。

ラハマン以降の特筆すべき成果としては、まずライプツィヒ大学で学んだフリードリッヒ・コンスタンティン・フォン・ティッシェンドルフによるものが挙げられます。彼は多くの写本のファクシミリ版を出版し、また1841年から1872年にかけて、8つのギリシア語聖書を刊行しました。その最後の版は、もっとも充実した批判資料を具えています。そこには、これまで発見された写本、翻訳、キリスト教作家に見いだされる異読がもれなく収集されており、その後の研究にとって計りしれない恩恵をもたらしました。また彼は、アトス山の修道院でシナイ写本を発見したことでも記憶されています。

次に、1881年にケンブリッジ神学校教授のブルック・フォス・ウェストコットとフェントン・ジョン・アンソニー・ホートが刊行した2巻本のギリシア語新約聖書が重要です。これは2人が28年間にわたって取り組んできた労作であり、グリースバッハ以来のテクスト批判の成果を踏まえつつ、改良された、しかも説得力のある原理と方法論によって、ギリシア語テクストの確立を目指したものです。また、彼らは写本の系統について、シリア型、西方型、アレクサンドリア型、中立型の4つを区別しました。ウェストコットとホートの仕事は、19世紀のテクスト批判が達成した最終的な成果として評価されるものです。同じ1881年にロンドンで、それまでの欽定訳に代わる「改訂英語訳」が刊行されましたが、これが依拠したギリシア語テクストはウェストコット＝ホート版に近いものでした。

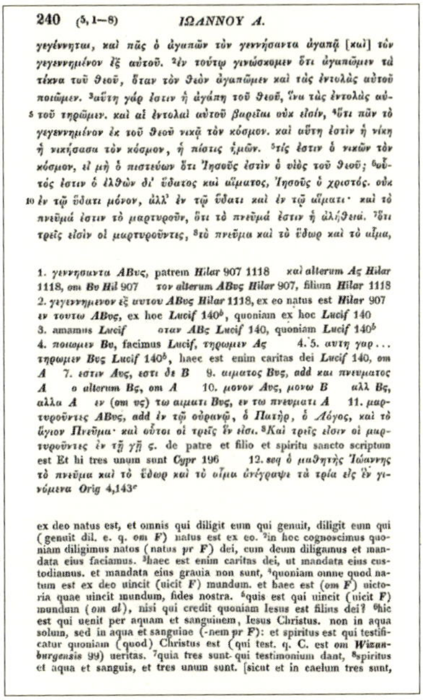

240 (5,1–8) ΙΩΑΝΝΟΥ Α.

γεγέννηται, καὶ πᾶς ὁ ἀγαπῶν τὸν γεννήσαντα ἀγαπᾷ [καὶ] τὸν γεγεννημένον ἐξ αὐτοῦ. [2]ἐν τούτῳ γινώσκομεν ὅτι ἀγαπῶμεν τὰ τέκνα τοῦ θεοῦ, ὅταν τὸν θεὸν ἀγαπῶμεν καὶ τὰς ἐντολὰς αὐτοῦ ποιῶμεν. [3]αὕτη γάρ ἐστιν ἡ ἀγάπη τοῦ θεοῦ, ἵνα τὰς ἐντολὰς αὐτοῦ τηρῶμεν. καὶ αἱ ἐντολαὶ αὐτοῦ βαρεῖαι οὐκ εἰσίν, [4]ὅτι πᾶν τὸ γεγεννημένον ἐκ τοῦ θεοῦ νικᾷ τὸν κόσμον. καὶ αὕτη ἐστὶν ἡ νίκη ἡ νικήσασα τὸν κόσμον, ἡ πίστις ἡμῶν. [5]τίς ἐστιν ὁ νικῶν τὸν κόσμον, εἰ μὴ ὁ πιστεύων ὅτι Ἰησοῦς ἐστὶν ὁ υἱὸς τοῦ θεοῦ; [6]οὗτός ἐστιν ὁ ἐλθὼν δι' ὕδατος καὶ αἵματος, Ἰησοῦς ὁ χριστός. οὐκ ἐν τῷ ὕδατι μόνον, ἀλλ' ἐν τῷ ὕδατι καὶ ἐν τῷ αἵματι· καὶ τὸ πνεῦμά ἐστιν τὸ μαρτυροῦν, ὅτι τὸ πνεῦμά ἐστιν ἡ ἀλήθεια. [7]ὅτι τρεῖς εἰσὶν οἱ μαρτυροῦντες, [8]τὸ πνεῦμα καὶ τὸ ὕδωρ καὶ τὸ αἷμα,

1. γεννησαντα ABυς, patrem Hilar 907 1118 καὶ alterum Aς Hilar 1118, om Bυ Hil 907 τον alterum ABυς Hilar 907, filium Hilar 1118
2. γεγεννημενον εξ αυτου ABυς Hilar 1118, ex eo natus est Hilar 907 εν τουτω ABυς, ex hoc Lucif 140[b], quoniam ex hoc Lucif 140
3. amamus Lucif οταν ABς Lucif 140, quoniam Lucif 140[b]
4. ποιωμεν Bυ, facimus Lucif, τηρωμεν Aς 4.5. αυτη γαρ ... τηρωμεν Bυς Lucif 140[b], haec est enim caritas dei Lucif 140, om A 7. εστιν Aυς, εστι δε B 9. αιματος Bυς, add και πνευματος A ο alterum Bς, om A 10. μονον Aυς, μονω B αλλ Bς, αλλα A εν (om υς) τω αιματι Bυς, εν τω πνευματι A 11. μαρτυροῦντες ABυς, add ἐν τῷ οὐρανῷ, ὁ Πατὴρ, ὁ Λόγος, καὶ τὸ ἅγιον Πνεῦμα· καὶ οὗτοι οἱ τρεῖς ἕν εἰσι. [8]Καὶ τρεῖς εἰσιν οἱ μαρτυροῦντες ἐν τῇ γῇ ς. de patre et filio et spiritu sancto scriptum est Et hi tres unum sunt Cypr 196 12. seq ὁ μαθητὴς Ἰώαννης τὸ πνεῦμα καὶ τὸ ὕδωρ καὶ τὸ αἷμα ἀνέγραψε τὰ τρία εἰς ἓν γινόμενα Orig 4,143[c]

ex deo natus est, et omnis qui diligit eum qui genuit, diligit eum qui (genuit dil. e. q. om F) natus est ex eo. [2]in hoc cognoscimus quoniam diligimus natos (natus pr F) dei, cum deum diligamus et mandata eius faciamus. [3]haec est enim caritas dei, ut mandata eius custodiamus. et mandata eius grauia non sunt, [4]quoniam omne quod natum est ex deo uincit (uicit F) mundum. et haec est (om F) uictoria quae uincit mundum, fides nostra. [5]quis est qui uincit (uicit F) mundum (om al), nisi qui credit quoniam Iesus est filius dei? [6]hic est qui uenit per aquam et sanguinem, Iesus Christus. non in aqua solum, sed in aqua et sanguine (-nem pr F): et spiritus est qui testificatur quoniam (quod) Christus est (qui test. q. C. est om Wizanburgensis 99) ueritas. [7]quia tres sunt qui testimonium dant, [8]spiritus et aqua et sanguis, et tres unum sunt. [sicut et in caelum tres sunt,

図5　ラハマン編、新約聖書、ベルリン、1831年、『ヨハネの手紙1』、「ヨハネ句」を含むページ。

他方、クレメンス・ウルガタ聖書を、公認された唯一のテクストとして受容してきたカトリックでは事情がまったく異なります。先に問題としたヨハネ句もクレメンス・ウルガタ聖書から削られることはありませんでした。19世紀後半、ギリシア語テクストからのヨハネ句の排除が確定していた頃、それについて、「聖ヨハネの真正のテクストであることを否定することが、あるいは少なくとも疑うことができるか」という質問がヴァティカン聖庁に寄せられました。それに対して聖庁が1879年1月13日付で与えた回答は「否定的」（Negative）でした。

しかし、1927年6月2日にいたって聖庁の態度は変化します。その日に交付された教令によるならば、「以前に発布された教令は、自らの判断によって、ヨハネ句の真正さを完全に否定したり、少なくとも疑ったりする権利を主張する市井の学者たちの大胆さを抑えるために布告された」が、しかし「カトリックの著作家たちがこの問題を十分に探究することを妨げようとしたのではけっしてない」[*16]と述べられており、実質的にはヨハネ句を新約聖書から除く試みが容認されました。その結果、ウルガタ聖書のテクスト全体の検討が促されることになりました。
　その後、1962年から始まった第2ヴァティカン公会議の影響もあり、1965年に教皇パウロ6世のもとで、ヘブライ語・ギリシア語原典に基づく新たなラテン語版聖書の校訂作業が始まりました。1969年刊行のドイツ聖書協会版の『ウルガタ版に基づく聖書』では、ヨハネ句はテクストから外されて、批判資料欄に記載されました。そして、カトリック教会自体も、1979年にヴァティカンから刊行された、公認の『新ウルガタ』においてようやく、ヨハネ句をテクストから削除したのです。

6　現代のテクスト批判

　最後に、20世紀のテクスト批判を踏まえた、現在、研究や翻訳に用いられている標準的なギリシア語聖書を紹介することにします。ドイツの新約学者エベルハルト・ネストレ（Eberhard Nestle：1851～1913年）が、ヴュルテンベルク聖書協会から『ギリシア語新約聖書』を刊行したのは1898年のことでした。彼は、ティッシェンドルフ版、ウェストコット＝ホート版、ウェイマス版（1901年の第3版からはヴァイス版）を比較して、これらの2者の一致するところを本文に採用し、第3の読み方は脚註に置きました。
　ネストレの息子のエルヴィンが1927年に刊行した第13版には、きわめて多量の情報が充填された批判資料欄が設けられ、読者が自らテクスト批判を行うことが可能となりました。1952年刊の第21版からはクルト・アーラントが編集に協力するようになり、彼はエルヴィン・ネスト

レの要請によって、テクストと批判資料欄の再検討を行いました。その成果は 1963 年刊の第 25 版に結実します。

　1979 年刊の第 26 版は、テクストの大きな見直しを含むもので、書名も『ネストレ＝アーラント　ギリシア語新約聖書』と変更されました。校訂者の名としては、アーラントに加えて、マシュー・ブラック、カルロ・マルティーニ、ブルース・メツガー、アレン・ウィクグレンの名が挙がっています。しかし、このテクスト自体はすでに 1975 年に、連合聖書協会版の『ギリシア語新約聖書』第 3 版として刊行されたものと同一なのです。

　この連合聖書協会版は、世界中の聖書翻訳者にギリシア語の底本を提供するために企画されたもので、アメリカ聖書協会とヴュルテンベルク聖書協会（のちにオランダ聖書協会、英国内外聖書協会、スコットランド聖書協会が加わる）が 1955 年に編集委員会を発足させました（連合聖書協会版の新約聖書の初版は 1966 年に刊行）。アーラントは最初からこの委員会に加わっており、連合聖書協会第 3 版とネストレ＝アーラント第 26 版は、テクストを同一とすることが決定されました。その後、連合聖書協会版は修正第 3 版（1975 年）を経て、第 4 版（1983 年）が刊行されましたが、これとネストレ＝アーラント第 27 版のテクストは同じです。

　それでは実際に、このネストレ＝アーラント第 27 版（図 6）と連合聖書協会第 4 版（図 7）を見てみましょう。ここに選んだテクストは『ヨハネによる福音書』（7.53 〜 8.11）です。この箇所は、一般には「姦通（姦淫）の女」と呼ばれているペリコーペ（イエスをめぐる物語の一単位）です。その直前には、祭司長たちとファリサイ派の人々と、彼らがイエスを捕らえるように命じた下役たちとの問答が行われています。そして、「人々が各々の家へ帰って行った」（7.53）という記述のあとに、イエスの神殿の境内での説教が語られます。

　律法学者たちとファリサイ派の人々が、姦通の現場で捕らえた女性を連れてきて、それから境内の真ん中に立たせてイエスに問います。少し長くなりますが、以下の部分を全文引用します。

第 3 章　聖なるテクストを編集する──新約聖書

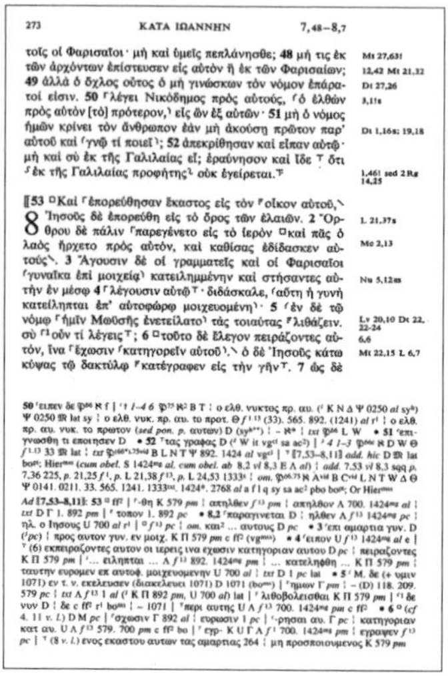

273 ΚΑΤΑ ΙΩΑΝΝΗΝ 7,48–8,7

τοῖς οἱ Φαρισαῖοι· μὴ καὶ ὑμεῖς πεπλάνησθε; 48 μή τις ἐκ τῶν ἀρχόντων ἐπίστευσεν εἰς αὐτὸν ἢ ἐκ τῶν Φαρισαίων; 49 ἀλλὰ ὁ ὄχλος οὗτος ὁ μὴ γινώσκων τὸν νόμον ἐπάρατοί εἰσιν. 50 λέγει Νικόδημος πρὸς αὐτούς, ὁ ἐλθὼν πρὸς αὐτὸν [τὸ] πρότερον, εἷς ὢν ἐξ αὐτῶν· 51 μὴ ὁ νόμος ἡμῶν κρίνει τὸν ἄνθρωπον ἐὰν μὴ ἀκούσῃ πρῶτον παρ' αὐτοῦ καὶ γνῷ τί ποιεῖ; 52 ἀπεκρίθησαν καὶ εἶπαν αὐτῷ· μὴ καὶ σὺ ἐκ τῆς Γαλιλαίας εἶ; ἐραύνησον καὶ ἴδε ὅτι ἐκ τῆς Γαλιλαίας προφήτης οὐκ ἐγείρεται.

⟦53 Καὶ ἐπορεύθησαν ἕκαστος εἰς τὸν οἶκον αὐτοῦ,

8 Ἰησοῦς δὲ ἐπορεύθη εἰς τὸ ὄρος τῶν ἐλαιῶν. 2 Ὄρθρου δὲ πάλιν παρεγένετο εἰς τὸ ἱερὸν καὶ πᾶς ὁ λαὸς ἤρχετο πρὸς αὐτόν, καὶ καθίσας ἐδίδασκεν αὐτούς. 3 Ἄγουσιν δὲ οἱ γραμματεῖς καὶ οἱ Φαρισαῖοι γυναῖκα ἐπὶ μοιχείᾳ κατειλημμένην καὶ στήσαντες αὐτὴν ἐν μέσῳ 4 λέγουσιν αὐτῷ· διδάσκαλε, αὕτη ἡ γυνὴ κατείληπται ἐπ' αὐτοφώρῳ μοιχευομένη· 5 ἐν δὲ τῷ νόμῳ ἡμῖν Μωϋσῆς ἐνετείλατο τὰς τοιαύτας λιθάζειν. σὺ οὖν τί λέγεις; 6 τοῦτο δὲ ἔλεγον πειράζοντες αὐτόν, ἵνα ἔχωσιν κατηγορεῖν αὐτοῦ. ὁ δὲ Ἰησοῦς κάτω κύψας τῷ δακτύλῳ κατέγραφεν εἰς τὴν γῆν. 7 ὡς δὲ

図6　ネストレ＝アーラント編、新約聖書、第27版、『ヨハネによる福音書』、「姦通の女のエピソード」を含むページ。

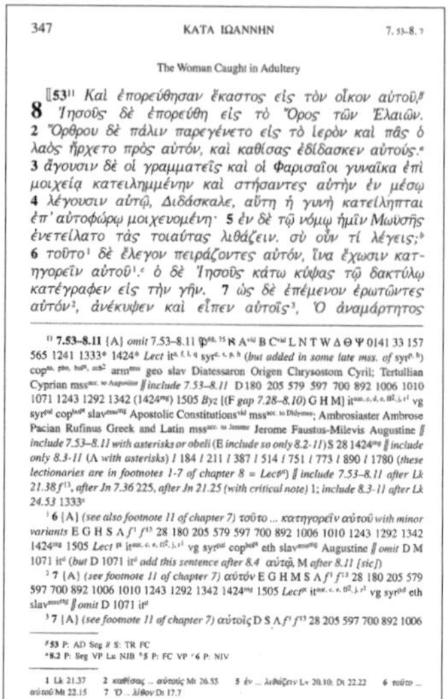

347 ΚΑΤΑ ΙΩΑΝΝΗΝ 7.53–8.7

The Woman Caught in Adultery

⟦53 Καὶ ἐπορεύθησαν ἕκαστος εἰς τὸν οἶκον αὐτοῦ,

8 Ἰησοῦς δὲ ἐπορεύθη εἰς τὸ Ὄρος τῶν Ἐλαιῶν. 2 Ὄρθρου δὲ πάλιν παρεγένετο εἰς τὸ ἱερὸν καὶ πᾶς ὁ λαὸς ἤρχετο πρὸς αὐτόν, καὶ καθίσας ἐδίδασκεν αὐτούς. 3 ἄγουσιν δὲ οἱ γραμματεῖς καὶ οἱ Φαρισαῖοι γυναῖκα ἐπὶ μοιχείᾳ κατειλημμένην καὶ στήσαντες αὐτὴν ἐν μέσῳ 4 λέγουσιν αὐτῷ, Διδάσκαλε, αὕτη ἡ γυνὴ κατείληπται ἐπ' αὐτοφώρῳ μοιχευομένη· 5 ἐν δὲ τῷ νόμῳ ἡμῖν Μωϋσῆς ἐνετείλατο τὰς τοιαύτας λιθάζειν. σὺ οὖν τί λέγεις; 6 τοῦτο δὲ ἔλεγον πειράζοντες αὐτόν, ἵνα ἔχωσιν κατηγορεῖν αὐτοῦ. ὁ δὲ Ἰησοῦς κάτω κύψας τῷ δακτύλῳ κατέγραφεν εἰς τὴν γῆν. 7 ὡς δὲ ἐπέμενον ἐρωτῶντες αὐτόν, ἀνέκυψεν καὶ εἶπεν αὐτοῖς, Ὁ ἀναμάρτητος

図7　聖書協会世界連盟編、新約聖書、第4版、『ヨハネによる福音書』、「姦通の女のエピソード」を含むページ。

「先生、この女は姦通をしているときに捕まりました。[5]こういう女は石で打ち殺せと、モーセは律法の中で命じています。ところで、あなたはどうお考えになりますか。」[6]イエスを試して、訴える口実を得るためにこう言ったのである。イエスはかがみ込み、指で地面に何かを書き始められた。[7]しかし、彼らはしつこく問い続けるので、イエスは身を起こしてこう言われた。「あなたたちの中で罪を犯したことのない者が、まず、この女に石を投げなさい。」[8]そしてまた、身をかがめて地面に書き続けた。[9]これを聞いた者は、年長者から始まって、一人また一人と、立ち去ってしまい、イエスひとりと、真ん中にいた女が残った。[10]イエスは、身を起こして言われた。「婦人よ、あの人たちはどこにいるのか。だれもあなたを罪に定めなかったのか。」[11]女が、「主よ、だれも」と言うと、イエスは言われた。「わたしもあなたを罪に定めない。行きなさい。こ

れからは、もう罪を犯してはならない。」

　この印象深いエピソードについては、おそらく新約聖書を熟読したことのない人々も知っているでしょう。ネストレ＝アーラント版のテクストには、一般的な古典のテクストとは異なって、さまざまな見慣れない批判記号が記されていますが、その指示は下欄の批判資料と連動しています。他方、連合聖書協会版のテクストには、算用数字とアルファベットによる註の記号がついているだけです。連合聖書協会版は各国語への翻訳に際して重要な異読だけを取り上げて、しかし、それについては批判資料欄で詳細に挙げるという方針をとっているからです。
　ところで、他の福音書には含まれておらず、『ヨハネによる福音書』でしか伝えられていない、このペリコーペはたんなる異読にとどまらない、重大なテクスト上の問題を含んでいます。両ギリシア語版ではこの箇所が二重角括弧（〚……〛）で囲まれており、共同訳では亀甲括弧（〔……〕）によって囲まれています。共同訳の「凡例」によるならば、亀甲括弧は「後代の加筆と見られているが年代的に古く重要である個所を示す」ものです。
　実際、この箇所は、シナイ写本を始めとして古い、有力な写本の多くには見いだされませんし、オリゲネスやクリュソストモスなど、『ヨハネによる福音書』を註釈したギリシア語教父も言及していません。他方、この箇所が見いだされるのは、ベザ写本のほか、もっぱら西方系の写本、そして古ラテン語訳やウルガタにおいてであり、例外はごく少数です。また、言語的、内容的にはむしろ『ルカによる福音書』に近いとされ、実際に、『ルカによる福音書』の末尾にこのペリコーペが置かれている写本も存在しています。結局、現在の研究者が一致している見解では、このペリコーペは古い伝承を保存はしているが、当初は『ヨハネによる福音書』には含まれてはいなかった、ということになります。
　ベーズ版以降の受容テクストにおいては、テクスト内に疑義のないものとして含まれていました。1763年のウィリアム・ボウヤー・ジュニアが刊行した新約聖書は、写本上の支持が弱いものとして、ヨハネ句と

第3章　聖なるテクストを編集する——新約聖書

同様に、テクスト中においてこの箇所を角括弧で囲みました。続いてヨーハン・ヤーコプ・グリースバッハは、本文中に段を下げて収めるとともに、批判資料欄においては、この部分を含む写本名を詳細に挙げています。そして、カール・ラハマンの1831年版において初めて、「姦通の女」のエピソードはテクストから外されます。したがって、『ヨハネによる福音書』は7.52から8.12に飛ぶことになります。ラハマンは当該の箇所をすべて批判資料欄に記載しました。ウェストコット＝ホート版は、グリースバッハとラハマンと同じくテクスト上から削除し、該当の箇所を「姦通の女についてのペリコーペ」として、テクストの末尾に、いわば付録のように置きました。

それでは、ネストレ版ではどのように処理されていたのでしょうか。第3版以降、テクストの下の欄に、テクストよりも小さな文字で収められており、この処理はネストレ＝アーラント第25版（図8）まで変わることはありませんでした。ところがネストレ＝アーラント第26版（1979年）、そして同一のテクストを有する連合聖書協会第3版（1968年）においては、二重角括弧（⟦……⟧）を付したうえで、ふたたびテクスト中に収められることになったのです。ちなみに、連合聖書協会第2版においては、ウェストコット＝ホート版と同様に、テクストの末尾に置かれていました。つまり、先に見た共同訳における括弧の使用は、こうした底本の処置に従っているのです[*17]。

ところで、この二重角括弧の意味するところは、正確には何でしょうか。ネストレ＝アーラント版の「序文」（英語版）では、「テクスト中の二重角括弧（⟦……⟧）は、一般的にはある程度の長さをもつ、括弧によって囲まれた語句が、オリジナルのテクストの一部でないことが認められていることを指示している。これらのテクストは、伝承のきわめて早い段階に由来し、教会の歴史においてしばしば、重要な役割を演じてきたものである（『ヨハネによる福音書』7.53〜8.11を参照）」[*18]と説明されています。

そして、「序文」のドイツ語版ではこの説明に、「したがって、テクストの批判資料欄に置くべきものではない」[*19]と一文が加えられている

のです。連合聖書協会版の「序文」では、括弧でくくった語句は、「それらの古代性のゆえに、教会において伝統的に享受してきた位置のゆえに、このような仕方でテクストに含められる」*20と付言されています。

聖書協会版の委員会の中心メンバーであるメツガーは、テクスト上の問題点に関わる注解書のなかでこの箇所に言及しています。それによりますと、委員会は満場一致で、このエピソードが『ヨハネによる福音書』に元来は属していないことを確認したが、しかし、その章句の明らかな古代性のゆえに、委員会の「大多数」(majority)は、それをテクスト中に、伝統的な場所に置くことを決定したのです*21。メッガー自身は自著において、このペリコーペを第4福音書の最後に置き、それが古い証言では明確な位置をもたないことを脚注で読者に知らせるのが最良の方法である、と述べていますので*22、この決定においては少数派(あるいは1人)だったのでしょう。

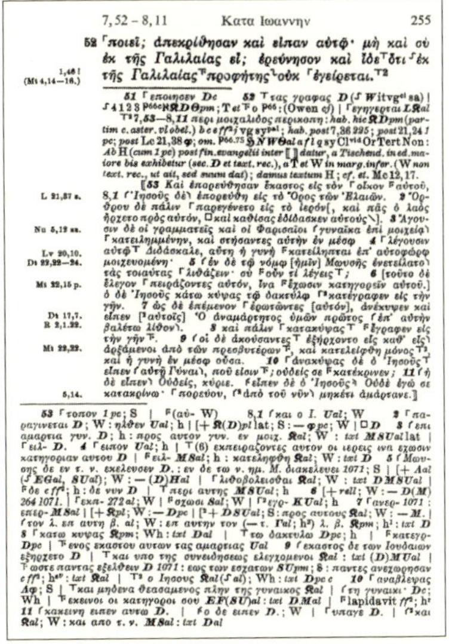
7,52 – 8,11 Κατα Ιωαννην 255

52 ⸀ποιεῖ; ἀπεκρίθησαν καὶ εἶπαν αὐτῷ· μὴ καὶ σὺ ἐκ τῆς Γαλιλαίας εἶ; ἐρεύνησον καὶ ἴδε⸆ ὅτι ⸂ἐκ
1,46! (Mt 4,14–16.) τῆς Γαλιλαίας⸁ προφήτης⸃ οὐκ ⸀ἐγείρεται.⸆2

51 ⸀εποιησεν Dc 52 ⸆ τας γραφας D (⸂ W itvgcl sa) | ⸂ 4 1 2 3 P66c ℵ ℜ D Θ pm; T et ⸁ ο P66; (Owen cj) | ⸀εγηγερται L ℜ al
⸆2 7,53—8,11 περι μοιχαλιδος περικοπη: hab. hic ℜ D pm (partim c. aster. vl obel.) b c e ff2 j vg sypal; hab. post 7,36 225; post 21,24 1 pc; post Lc 21,38 φ; om. P66.75 ℌ N W Θ al a f l q sy Clvid Or Tert Non: Ab H (cum 1 pc) post fin. evangelii inter [ ] datur, a Tischend. in ed. maiore bis exhibetur (sec. D et text. rec.), a T et W in marg. infer. (W non text. rec., ut ait, sed suum dat); damus textum H; cf. et. Mc 12,17.

⟦53 Καὶ ἐπορεύθησαν ἕκαστος εἰς τὸν ⸀οἶκον ⸁αὐτοῦ,
L 21,37 s. 8,1 ⸂Ἰησοῦς δὲ⸃ ἐπορεύθη εἰς τὸ Ὄρος τῶν Ἐλαιῶν. 2 Ὄρθρου δὲ πάλιν ⸀παρεγένετο εἰς τὸ ἱερόν[, καὶ πᾶς ὁ λαὸς ἤρχετο πρὸς αὐτόν, ⸋καὶ καθίσας ἐδίδασκεν αὐτούς⸌]. 3 Ἄγουσιν δὲ οἱ γραμματεῖς καὶ οἱ Φαρισαῖοι ⸂γυναῖκα ἐπὶ μοιχείᾳ⸃
Nu 5,12 ss. ⸀κατειλημμένην, καὶ στήσαντες αὐτὴν ἐν μέσῳ 4 ⸀λέγουσιν
Lv 20,10. αὐτῷ⸆ Διδάσκαλε, αὕτη ἡ γυνὴ ⸁κατείληπται ἐπ' αὐτοφώρῳ
Dt 22,22–24. μοιχευομένη· 5 ⸂ἐν δὲ τῷ νόμῳ [ἡμῖν] Μωϋσῆς ἐνετείλατο⸃ τὰς τοιαύτας ⸀λιθάζειν· σὺ ⸁οὖν τί λέγεις⸆; 6 [τοῦτο δὲ
Mt 22,15 p. ἔλεγον ⸀πειράζοντες αὐτόν, ἵνα ⸁ἔχωσιν κατηγορεῖν αὐτοῦ.] ὁ δὲ Ἰησοῦς κάτω κύψας τῷ δακτύλῳ ⸀2κατέγραφεν εἰς τὴν γῆν. 7 ὡς δὲ ἐπέμενον ⸀ἐρωτῶντες [αὐτόν], ἀνέκυψεν καὶ
Dt 17,7. εἶπεν [2αὐτοῖς] Ὁ ἀναμάρτητος ὑμῶν πρῶτος ⸂ἐπ' αὐτὴν
R 2,1.22. βαλέτω λίθον⸃. 8 καὶ πάλιν ⸀κατακύψας⸆ ⸁ἔγραφεν εἰς τὴν γῆν⸆. 9 ⸂οἱ δὲ ἀκούσαντες⸆ ἐξήρχοντο εἷς καθ' εἷς⸃
Mt 22,22. ἀρξάμενοι ἀπὸ τῶν πρεσβυτέρων⸆, καὶ κατελείφθη μόνος⸆2, καὶ ἡ γυνὴ ἐν μέσῳ οὖσα. 10 ⸀ἀνακύψας δὲ ὁ Ἰησοῦς⸆ εἶπεν ⸂αὐτῇ Γύναι⸃, ποῦ εἰσιν⸆; οὐδείς σε ⸁κατέκρινεν; 11 ⸂ἡ δὲ εἶπεν⸃ Οὐδείς, κύριε. ⸄εἶπεν δὲ ὁ Ἰησοῦς⸅ Οὐδὲ ἐγώ σε
5,14. κατακρίνω· ⸀πορεύου, ⸂2ἀπὸ τοῦ νῦν⸃ μηκέτι ἁμάρτανε.⟧

53 ⸀τοπον 1 pc; S | ⸁(αὐ- W) 8,1 ⸂και ο Ι. U al; W 2 ⸀παραγινεται D; W: ηλθεν U al; h | [+ ℜ (D) pl lat; S: — φ pc; W | ⸋ D 3 ⸂επι αμαρτια γυν. D; h: προς αυτον γυν. εν μοιχ. ℜ al; W: txt M S U al lat | ⸀ειλ- D. 4 ⸀ειπον U al; h | ⸆(6) εκπειραζοντες αυτον οι ιερεις ινα εχωσιν κατηγοριαν αυτου D | ⸁ειλ- M S al; h: κατεληφθη ℜ al; W: txt D 5 ⸂Μωυσης δε εν τ. ν. εκελευσεν D.: εν δε τω ν. ημ. Μ. διακελευει 1071; S | [+ Λ al (⸂ E G al, S U al); W: — (D) H al | ⸀λιθοβολεισθαι ℜ al; W: txt D M S U al | ⸁δε c ff2; h: δε νυν D | ⸆ περι αυτης M S U al; h 6 [+ rell; W: — D (M) 264 1071. | ⸀εκπ- 272 al; W | ⸁σχωσι S al; W | ⸀2εγρ- K U al; h 7 ⸀ανερ- 1071: επερ- M S al | [+ ℜ pl; W: — D pc | [2+ D S U al; S: προς αυτους ℜ al; W: — M. | ⸂τον λ. επ αυτη β. al; W: επ αυτην τον (— τ. Γ al; h2) λ. β. ℜ pm; h1: txt D 8 ⸀κατω κυψας ℜ pm; Wh: txt D al | ⸆ τω δακτυλω D pc; h | ⸁κατεγρ- D pc | ⸆ ενος εκαστου αυτων τας αμαρτιας U al 9 ⸂εκαστος δε των Ιουδαιων εξηρχετο D | ⸆ και υπο της συνειδησεως ελεγχομενοι ℜ al: txt (D) M U al | ⸆ ωστε παντας εξελθειν D 1071: εως των εσχατων S U pm; S: παντες ανεχωρησαν c ff2; hsp: txt ℜ al | ⸆2 ο Ιησους ℜ al (⸂ al); Wh: txt D pc c 10 ⸀αναβλεψας Λ φ; S | ⸆ και μηδενα θεασαμενος πλην της γυναικος ℜ al | ⸂τη γυναικι· Dc; Wh | ⸆ εκεινοι οι κατηγοροι σου E F (S U) al: txt D M al | ⸁lapidavit ff2; hr 11 ⸂κακεινη ειπεν αυτω D. | ⸄ο δε ειπεν D.; W | ⸀υπαγε D. | ⸂2και ℜ al; W: και απο τ. ν. M S al: txt D al

図8 ネストレ=アーラント編、新約聖書、第25版、『ヨハネによる福音書』、「姦通の女のエピソード」を含むページ。

しかし、ここで私たちの心中に1つの疑問が浮かびます。連合聖書協会版の委員会の「大多数」が確定しようとしたテクストはいかなる身分のものだったのでしょうか。それは本来、『ヨハネによる福音書』のオリジナルとは言わずとも、少なくとも最初期のキリスト教会において伝承されていたテクストだったはずです。もしそうであれば、後代の付加であることが明白なペリコーペを、たとえ二重角括弧をつけるにせよ、テクスト中に挿入するのは、きわめて不自然なことではないでしょうか。

純粋にテクスト批判という見地からはウェストコット゠ホート版やネストレ゠アーラント第25版が採った方策が妥当であったように、私には思われるのです。

7 「聖典」を編集する

　これまで考察してきたことは、聖典にとってテクストとは何か、聖典に対するテクスト批判は可能なのか、という重大な問題提起を含むものです。もしかりに、中世文学の『カンタベリー物語』のように、テクスト自体の多様性（たとえば「姦通の女」のペリコーペを含むヴァージョンと含まないヴァージョン）を新約聖書の伝承の中に同等に認めようとした場合には、「聖霊の霊感」を受けた著者によって書き記された唯一無比のテクストとしての新約聖書、という伝統的・保守的な観点からは、おそらく批判を受けることになるでしょう。

　神学と編集文献学（Editionswissenschaft）の2つの分野で博士号を取得しているエーバハルト・ギューティングは、2005年に編集文献学の専門雑誌『エディティオ』——新約学の専門雑誌でない点に留意してください——に、刺激的な論文「新約聖書のテクスト批判の方法論における未解決の諸問題」を掲載しました[*23]。ここで彼の論点をすべては紹介できませんが、現在のいわば「受容テクスト」であるネストレ゠アーラント第27版（連合聖書協会第4版）に関わる彼の批判には傾聴すべきものがあると思われます。彼によれば、「遺憾ながら事実であるのは」、幾世代前に論じられていた重要なテクスト批判上の決定を受け入れているのは、新約聖書の編集者ではなく註解者であること、過去のもっとも優れた推測的訂正すら、新約聖書の諸版において然るべき評価をされてこなかったこと、そして、新約聖書の章句の既知の破損について註を施した最新の版は19世紀のものであることです。また彼は、とりわけテクスト批判上の優れた学問的成果が、最新の校訂版に反映されていないことを問題視しています。

　他方、テクストの細部について、ネストレ゠アーラント版もたえず改

訂を施しています。最近（2012年）、第28版が刊行されましたが、そこでは「公同書簡」のテクストが見直されています[*24]。いずれにせよ、批判資料欄を利用しながら私たちは、自らの判断において、底本とは異なる読みを取ることができます。その意味で、新約聖書のテクストは常に「開かれて」いるのです。もちろん、私たちがネストレ＝アーラント版のテクストを批判的に読み直すためには、ギリシア語の能力は当然として、新約聖書に関する広い知識と深い洞察とともに、テクスト批判のための高度な技術が必要とされます。しかし、原則として、私たちにも「聖典」を編集することは可能なのです。というのは、新約聖書もまた「テクスト」に他ならないのですから。

[参考文献]（註に挙げたものは除いてあります）
＊新約聖書の成立については、下記を参照してください。
　田川建三『原始キリスト教史の一断面──福音書文学の成立』（勁草書房、1968年）。
　荒井献『イエス・キリスト』（「人類の知的遺産」12、講談社、1979年）。
　加藤隆『新約聖書はなぜギリシア語で書かれたのか』（大修館書店、1999年）。
　土屋博『教典となった宗教』（北海道大学出版会、2002年）。
　上村静『旧約聖書と新約聖書──「聖書」とはなにか』（新教出版社、2011年）。
＊新約聖書のテクスト批判については、下記を参照してください。
　田川建三『書物としての新約聖書』（勁草書房、1997年）。
＊新約聖書の正典化については、下記を参照してください。
　荒井献編『新約聖書正典の成立』（日本基督教団出版局、1988年）。
　H・Y・ギャンブル『新約聖書正典──その生成と意味』（宇都宮秀和訳、教文館、1988年）。
＊人文主義者とエラスムスについては、下記を参照してください。
　Bentley, J. H., *Humanists and Holy Writ: New Testament Scholarship in the Renaissance*, Princeton: Princeton University Press, 1983.
　Erika Rummel (ed.), *A Companion to Biblical Humanism and Scholasticism in the Age of Erasmus*, Leiden: Brill, 2008.
＊近代・現代のテクスト批判については、下記を参照してください。
　蛭沼寿雄『新約本文学史』（山本書店、1987年；新教出版社、2011年）。

Vaganay, L., *An Introduction to New Testament Textual Criticism*, Second edition revised and updated by C.-B. Amphoux, trans. J. Heinerdinger, Cambridge: Cambridge University Press, 1991.

Black, D. A. (ed.), *Rethinking New Testament Textual Criticism*, Grand Rapids: Baker Academic, 2002.

[註]

* 1 新約聖書、旧約聖書に所収されている文書の名称は新共同訳に従います。以下、新約聖書からの引用にあたっては、原則的に新共同訳に拠ります。他に参照した邦訳は、『聖書　口語訳』(日本聖書協会、1955 年)、『新約聖書(原文編集による口語訳)』(フランシスコ会聖書研究所、1991 年)、『新約聖書』(新約聖書翻訳委員会訳、岩波書店、2004 年)、『新約聖書——訳と註』(田川建三訳、作品社、2007 年〜)です。ギリシア語原典はネストレ＝アーラント第 27 版 (Nestle-Aland, *Novum Testamentum Graece*, ed. B. et K. Alande, J. Karavidopoulos, M. Martini, B. M. Metzger, Stuttgart: Deutsche Bibelgesellschaft, 1993) に拠ります。外国語文献からの引用においては、新約聖書を除いてすべて私訳を用いていますが、参照した邦訳を付記します。

* 2 邦訳は、『新約外典Ⅰ・Ⅱ』(日本聖書学研究所編「聖書外典偽典」6・7、教文館、1976 年) に収められています。また、荒井献編『新約聖書外典』(講談社文芸文庫、1997 年) と同編『使徒教父文書』(講談社文芸文庫、1998 年) にも収められています。

* 3 旧約聖書のテクストについて詳しくは、エルンスト・ヴュルトヴァイン『旧約聖書の本文研究——「ビブリア・ヘブライカ」入門』(鍋谷堯爾・本間敏雄訳、日本基督教団出版局、1997 年) を参照してください。

* 4 邦訳は、『旧約外典Ⅰ・Ⅱ』(日本聖書学研究所編「聖書外典偽典」1・2、教文館、1975 〜 77 年) に収められています。

* 5 共同訳聖書には「旧約聖書続編」として、13 の外典文書が収められています。現在のカトリック教会は、その内の 10 文書を「第二正典」としていますが、3 文書は正典に組み込まれています。

* 6 Luther, M., *Von der Freiheit eines Christenmenschen*, ed. L.W. Schmitt, Tübingen: Max Niemeyer, 1950.［『世界の名著 23　ルター』(塩谷饒訳、松田智雄責任編集、中央公論社、1969 年)］。

* 7 *Der authentische lateinische Text der Confessio Augustana (1530)*, hrsg. von H. Bornkamm, Heidelberg: C. Winter, 1956.［徳善義和訳(『宗教改革著作集』第 13 巻「カトリック改革」、教文館、1994 年) に所収］。

* 8 *Confession de la Foy laquelle tous bourgeois et habitans de Geneve*, in *Joannis Calvini*

Opera Selecta, ed. P. Barth, vol.1, München: Chr. Kaiser, 1926.［森井真訳（『宗教改革著作集』第 13 巻「カトリック改革」、教文館、1994 年）に所収。］

* 9　*The Confession of Faith of the Assembly of Divines at Westminster*, ed. S.W. Carruthers, Presbyterian Church of England, 1946.［『ウェストミンスター信仰告白』（村上満、袴田康裕訳、一麦出版社、2009 年）］。

* 10　*Decretum de Canonicis Scripturis*, in H. Denzinger et A. Schönmetzer, *Enchiridion symbolorum. Definitionum et declarationum de rebus fidei et morum*. Editio XLIII emendata, Freiburg: Herder, 2010, n.1501.［『カトリック教会文書資料集（改訂版）』（H・デンツィンガー編、A・シェーンメッツァー増補改訂、A・ジンマーマン監修、浜寛五郎訳、エンデルレ書店、1982 年）。「啓示の源泉による教令」ハンス・ユーゲン・マルクス訳（『宗教改革著作集』第 13 巻「カトリック改革」、教文館、1994 年）に所収］。

* 11　*Constitutio dogmatica de divina revelatione*, in *Enchiridion symbolorum, cit.*, nn.4201-02.［「神の啓示に関する教義憲章」、『第二バチカン公会議公文書全集』（南山大学監修、サン・パウロ、1986 年）に所収］。

* 12　日本最大のプロテスタント団体である日本基督教団の『信仰告白』では、次のように述べられています。「旧新約聖書は、神の霊感によりて成り、キリストを証し、福音の真理を示し、教会の拠るべき唯一の聖典なり。されば聖書は神によりて、神につき、救ひにつきて、全き知識を我らに与ふる神の言にして、信仰と生活の誤りなき規範なり」（1954 年 10 月 26 日第 8 回教団総会制定）。

* 13　ロレンツォ・ヴァッラ『「コンスタンティノスの寄進状」を論ず』（高橋薫訳、水声社、2014 年）を参照のこと。

* 14　Erasmus, D., *Opera omnia*. ed. J. Clericus, Leyden, 1706, tom.9, col.353.

* 15　*Enchiridion symbolorum, cit.*, n.1506.

* 16　Ibid., n.3682.

* 17　口語訳聖書では、何の説明もなく、亀甲括弧が使われていました。岩波訳では、「定本の編集者自身が元来の本文に存在したか否か、判断を保留している個所」として角括弧（［……］）で囲まれています。なお、フランシスコ会新訳では本文に入っていますが、註において「ヨハネ福音書本来の記述ではなく、のちの加筆とみなされる」との付記があります。最近刊行された田川訳では、邦訳中に亀甲括弧で囲んでありますが、後代の付加であることを、註において詳細に説明しています。

* 18　Nestle-Aland, *Novum Testamentum Graece*. 27. Auflage, 1993, p.50 *.

* 19　Ibid., p.7 *.

* 20　*The Greek New Testament*, Fourth revised edition, ed. B. Aland, K. Aland, J. Karavidopoulos, C. M. Martini, and B. M. Metzger, Stuttgart: Deutsche

Bibelgesellschaft/United Bible Societies, 2012, p.2＊.
* 21　Metzger, B. M., *A Textual Commentary on the Greek New Testament*. Second Edition, Stuttgart: Deutsche Bibelgesellschaft/German Bible Society, 1994, p.189.
* 22　B・M・メッツガー『新約聖書の本文研究』（橋本滋男訳、日本基督教団出版局、1999 年）227 頁。原本（Metzger, B. M., *The Text of the New Testament. Its Transmission, Corruption, and Restoration*, Third, enlarged edition, Oxford: Oxford University Press）は 1992 年の刊行です。
* 23　Güting, E., Offene Fragen in der Methodendiskussion der neutestamentlichen Textkritik, *editio*, 19（2005）, pp.77-98. 邦訳は、「新約聖書本文の問題──未解決の方法論」というタイトルで、ギューティング『新約聖書の「本文」とは何か』（前川裕訳、新教出版社、2012 年）に収められています。
* 24　このことは、ネストレ＝アーラント第 28 版が、新約聖書の新しい批判版テクストの成果（*Novum Testamentum Graecum – Editio Ciritica Maior IV. Die Katholischen Briefe*, ed. B. Aland, K. Aland†, G. Mink, H. Strutworlf, K. Wachetel, Stuttgart: Deutsche Bibelgesellschaft, 2. reviv. Aufl., 2012）を採用したことに起因します。なお、新しい編集版としては、現在のところ、この「公同書簡」しか刊行されていません。

III
作品とは何か

第 4 章
ヨーロッパ中世の俗語文学
―― チョーサー『カンタベリー物語』
松田隆美

1　英詩の父、ジェフリー・チョーサー

　ヨーロッパ中世の文学作品のテクスト本文を校訂して本文や内容に関する註を付すという一連の編集作業をする、あるいは自ら編集しないまでも現代の私たちがそれを読むために使用する校訂版の性質を考えるにあたっては、中世においてテクストとは何か、あるいは作品とは何かという根本的な問題に立ち返ってみる必要があります。それは後述するように、ほとんどの中世文学の場合、作者による決定版と呼べるものが現存しておらず、また中世の作者のあいだにも、唯一の決定版を読者に提供することについて必ずしも統一した見解が存在していなかったと推測されるからです。作者が最終的な決定版を残さずに世を去ったために、複数の異なる手書き原稿だけが残されていたり、あるいは刊行されていても初版と改訂版のあいだで重要な差異が認められる作品は近現代にも少なくありません。本書で取り上げられているカフカやムージルは現代における代表例でしょうし、近代初期のシェイクスピアにもこうした問題は存在します。しかし中世の作者の場合は、作品の形成に読者が介入することをより積極的に認めていたと考えられるため、作者による唯一の決定版という概念はより危ういものとなるのです。本章では、そうしたヨーロッパ中世文学作品をめぐる実情を、中世イギリスを代表する作家ジェフリー・チョーサー（Geoffrey Chaucer：1340 年頃～ 1400 年）の『カンタベリー物語』を実例として、この作品の本文がどのようにして

成立し、また読まれてきたかを辿ることで検討したいと思います。

　チョーサーは、王室付け渉外担当役やロンドン港の税管吏を務めつつ、イングランド国王エドワード3世やリチャード2世の庇護を受けて作品を発表し、生前から宮廷人を中心に熱心な読者をえていました。チョーサーの死後の15世紀には、チョーサーの詩作を範とするイングランドやスコットランドの英語作家たちが登場してきました。英語やフランス語、イタリア語などのいわゆる俗語（現地語）で執筆をした中世の作者にとって、模範となる作家は何よりもラテン語で読める古典作家でした。チョーサー自身、自作の『トロイラスとクリセイデ』の終わり近く、「小著よ、他のいかなる創作も羨むことなく、すべての詩作に従順に従い、ウェルギリウス、オウィディウス、ホメロス、ルカーヌス、スタティウスの足跡に口づけせよ」（V.1789-92）という言葉とともにこの作品を世に送り出し、ダンテの響みにならって、自作が古典の伝統を継ぐものであることを希望をこめて宣言しています。チョーサーにとっては、イタリア語で『神曲』を著し、『俗語詩論』でラテン語は静的な言語だが俗語は生きた言語であると喝破して俗語の優位性を主張したダンテは模範となる先輩作家でしたが、今度はチョーサー自身が次世代の英語作家たちにとって「権威」となったのです。

　その後、16世紀のチューダー朝になると、国民文学としてのイギリス文学の伝統や歴史が強く意識されるようになりました。そのときに、英語で著した最初の重要作家としてつねに名前が挙がったのがチョーサーです。17世紀の重要な詩人、劇作家そして批評家のジョン・ドライデンは、1700年に翻訳詩集『古代と近代の寓話』を編集しました。これは、古代、中世の主要作品の抜粋を集めたもので、ホメロス、オウィディウス、ボッカチオの英訳、そしてチョーサーの『カンタベリー物語』、ドライデン自身の作品などで構成されています。同時代のイギリス文学を中世から古代へとさかのぼる偉大な伝統に結びつけようとしたこのアンソロジーの序文で、ドライデンはチョーサーを「英詩の父」と呼んでいます。チョーサーはイギリス文学の伝統を形成する最初の重要作家となり、その認識は今日まで続いていると言えるでしょう。20

世紀を代表する批評家のハロルド・ブルームは、1994年に中世以降の欧米文学の代表作26点を挙げて論じた『ウェスタン・キャノン』（西洋文学の正典）という評論を刊行しましたが、そのなかで「シェイクスピアを除くと、チョーサーは第1位の英語作家である」と述べて、シェイクスピア、ダンテ、セルバンテスといった中世・近代初期のヨーロッパを代表する作家たちと同列に論じています[*1]。

　チョーサーは、後世のイギリス文学に影響を与えたさまざまな物語詩、恋愛抒情詩、ラテン語やフランス語からの翻訳などを残していますが、なかでももっとも広く読まれ研究されてきた作品が『カンタベリー物語』です。この作品は、身分も職業もばらばらの29名の巡礼者たちが、ロンドンからカンタベリー大聖堂へと向かう道すがら、順番に話を披露するという物語集です。語られる話は、古代を舞台にした騎士物語、エロティックな笑話、聖女の殉教伝、動物寓話、騎士道ロマンスのパロディーなど、内容もジャンルも実にさまざまで、20世紀前半までの作家や批評家は、『カンタベリー物語』は神の豊穣に溢れているとか、イギリス精神の完璧な類型であるとか、現実の生き写しであるとか、さまざまな賛美を浴びせてきました。チョーサーはこの作品を晩年の1388年頃から書き始め、未完のまま1400年に没したとされています。全部で24編の話で構成され、散文の2編を除くとすべて韻文で、その大半は弱強5詩脚の2行連句で書かれています。14世紀の英語で著された原典は多少難しいかもしれませんが（それでも慣れてくれば読めますが）、翻訳は岩波文庫とちくま文庫で刊行されているので簡単に読める作品です。その成立事情を検討するに際して第1に考慮すべき点は、チョーサーは西洋に活版印刷術が誕生する以前の作家であり、その作品はまず手書きの写本のかたちで流通していたという事実です。『カンタベリー物語』の分析に先立って、ヨーロッパ中世文学の校訂をめぐる問題とこれまでの取り組みについて概観したいと思います。

第4章　ヨーロッパ中世の俗語文学──チョーサー『カンタベリー物語』

2　ヨーロッパ中世の俗語文学の校訂

　ヨーロッパで書物が印刷されるようになるのは15世紀半ば以降です。ヨハン・グーテンベルクが1455年頃にドイツのマインツで活版印刷術を発明し、この新技術は15世紀のうちにヨーロッパ各地へと広まりました。また、ほぼ同時期に、木版本という、日本の古典籍のように1枚の版木に文字も挿絵も一緒に彫って印刷する書物も登場しましたが、こちらは16世紀にはほとんど制作されなくなり、ヨーロッパで印刷というと活版印刷のことを指すようになります。それ以前に書かれた作品はまず手書きの写本で流通したのです。中世のテクストに関して作者の自筆原稿が残っていることはほとんどなく、また、作者自身の指示と監督の下で制作されたことがわかっている写本の存在も希です。作品の執筆時期と現存する写本の制作時期とのあいだには、古典テクストほどではなくとも、場合によっては数十年から200年くらいの時間的隔たりが存在することがあります。また、写本の制作場所についても、作者が活躍していたであろう地域と必ずしも同じとは限りません。中世ヨーロッパ文学の作品はほとんどの場合、推定される執筆時期からしばらく後になって制作された1点から数十点の写本で現存していて、そしてそれらの大半は、作者自身ではなく、修道僧や写字生と呼ばれる専門の筆耕者が転写したものです。写字生は、作品の転写にあたって作者の自筆原稿を手本としているとは限らず、むしろ現存する写本のほとんどは、作者の原本から何度か転写を重ねた結果制作された写本です。そうした写本の場合、作者の原本とはさまざまな理由で齟齬が生じている可能性があります。それは単純な誤記（といってもその理由は実にさまざまなのですが）ばかりではありません。写字生が、元の写本に誤りがあると思って意図的に訂正したり、あるいは、中世英語の写本ではときどき見られる現象ですが、写字生が自分の出身地や活動地域の方言にあわせて綴りや語尾変化を積極的に変更するような修正も存在します。中世文学の作品を校訂するにあたっては、まず、作者自らが書いた部分と後に写字生によって何らかの変更がなされた部分とを、可能なかぎり識別すること

が必要になります。そのためには、制作時期に 1 〜 2 世紀の幅を持つ複数の写本のテクストを詳細に比較して異同（ヴァリアント）を確認し、異なっている箇所については、どちらの写本の読みが作者のそれにより近いかの優劣を決めなくてはなりません。その判断基準は写本の制作時期、文法的正しさ、韻律の正確さなどさまざまですが、ラテン語で difficilior / brevior lectio potior と称される法則もその 1 つです。これは、より難解な語を用いている読み、あるいはより短い読みのほうが作者のものである可能性が高いという考えです。これは、写字生が誤記をする場合は、耳慣れない語を一般的な語と勘違いするほうがその逆よりは多いだろう、あるいは、もともと簡潔な章句を説明的な語句を付け加えて長くしてしまう可能性のほうがその逆よりはありえるだろうという前提に基づいた判断です。しかし後述するように、中世の写字生は、特に俗語文学に関しては受動的な筆耕者に徹していたわけではないので、こうした法則で説明がつく場合ばかりではありません。

　いずれにせよ、すべての写本を精査してえられたデータに基づいて、写本間の影響関係や優劣を検討するわけですが、そのための方法として、19 世紀のカール・ラハマンは、写本の読みを照合して、その異同に共通するパターンを見いだすことで、同じ特徴をもつ写本をグループ化し、転写の順序を推理することを提唱しました。この方法の根底には、写本は転写が繰り返されて数が増えてゆくものなので、その起点には著者の指示のもとで制作された唯一の原型写本が存在し、すべての写本はそこから樹形図や家系図のように広がっているという基本認識があります。私たちの手に残されているのは枝葉にあたる写本だが、それらに共通する特徴（共通して見られる誤りなど）をつかむことで、枝から幹へと遡り、最終的に根っこに到達できるというのです。この方法は、聖書や西洋古典のテクストを対象として生み出されたもので、プラトンを扱った第 1 章で詳しく解説されています。きわめて緻密な写本の校合の結果、写本の相互関係を綺麗に整理して示す系統図（stemma codicum）が完成し、それに基づいて、複数の写本の読みを組み合わせるようなかたちで校訂版テクストが完成するのです。こうして再構築されたテクストは、

作者の意図をもっとも正確に反映した「原型」となりますが、しかし、この方法で到達される原型テクストは、皮肉なことに、現存するどの写本とも完全に一致することはない、仮想のテクストに他なりません。それゆえ、ラハマン法に対しては評価と批判が半々です。中世フランス語の作品の校訂を広く手がけたジョゼフ・ベディエはもっとも痛烈な批判者の1人で、実在しないテクストの再構築に帰着するラハマン法には本質的誤謬があるとして、別な方法論を提唱しました。それは精査した写本のなかから最良の写本を1点選んで、それを底本として校訂し、他の写本についてはより優れた読みが存在するときに言及するのみに留めるという、「最良写本」法です。この方法は、一方でラハマン法の継承者からは、敗北主義的な妥協として批判されました。

　この2つの方法は、ときに激しく対立しながらも、それぞれに修正を加えられて受け継がれ、中世文学の校訂法の2本柱となってきました。それは、方法論は違えども、作者の原型に最も近い1つのテクストを提供することを最終目標としている点では同じであり、校訂の目的は、作者による部分と後世の写字生による部分とを可能なかぎり識別し、より古い（＝オリジナルに近い）状態へとさかのぼってゆくことで、作者の言葉に近づくことにあるという信念を共有しているからです。このことは、視点を変えると、コピー機で文書のコピーを繰り返す毎に画質が荒れてゆくように、写字生は、写し間違えたり、あるいは転写のための底本として時に複数の写本を並行して利用することでテクストを不純に混交させたりして、作者のテクストの質を低下させているという意味にもなります。さらに言うならば、その根底には、作者と実際に写本を制作する写字生とを対立的にとらえて、作品の創造における作者の役割は絶対的であるのに対して、実際の書物生産に携わる人間の関与は受け身で機械的なものであるとみなす認識が存在しています。これは、近代の印刷本における作者と植字工の関係を念頭においたもので、中世の写字生には部分的にしか当てはまりません。テクストの伝播は単純な伝言ゲームではありませんし、写字生が介在することで生じるテクストの異同は、つねに質の低下として片付けられるものでもないのです。

現在のヨーロッパ中世文学研究は、写字生の作業をもっと積極的にとらえ直そうとしています。テクストの異同は単純な誤記とは限らず、むしろ、何らかの理由で説明がつかないと思えた語句に対しての写字生の良心的な取り組みの痕跡と考えられるのです。中世の写字生はときにテクストの内容にまで踏み込み、見慣れぬ語句を訂正し、欄外に見出し語や註釈を書き込み、時には欠落部分（あるいはそう見なしうる箇所）を自ら補い、挿絵や図を追加することもありました。また、写字生はときには写本全体の編集にもかかわり、特定の編集方針のもとに1冊の本を編集する、編集者のような役割も果たしていたのです。それは、一般の読者に先だってテクストを準備する作業であり、現在の研究は、そのようにテクストと積極的にかかわる写字生の活動を重要視しています。写字生のこうした幅の広い役割を考えると、中世におけるテクストの伝播は、樹形図のように一方向へと広がってゆくだけではない、もっとダイナミックなものととらえられます。そこには作者だけに限定されないさまざまな意図が働いていて、すべての写本を単一の作者の意図のもとに再構成することは難しいのです。

3　中世文学のテクストの本質的なゆらぎ

　中世フランス文学者のポール・ズムトールは、「可変性」（mouvance）というキーワードを用いて、こうした状況を中世フランス文学のテクストの特質として説明しています。中世文学の作品は、特定の作者の知的資産として固定され保護されるのではなく、写本の転写やときには口承による伝承のせいでつねに改変にさらされているため、さまざまなヴァージョンで存在しています。違いは語句のレベルにとどまらず、ときに章単位での削除や追加、順序の入れ替えなど、作品全体の構造に関わる差異に及びます。この本質的な「可変性」を考慮すること無しに作者による唯一の原テクストを再構成しようとする試みは、時代錯誤的ということになるのです。中世文学における「作品」とは、系統図の根っこに存在する原型、言い換えると現存する写本群にとっての唯一の歴史

的先祖ではなく、むしろ複数のヴァージョンの集合体であって、伝播の過程を通じて成長、変容、そして衰退を経験するものだとズムトールは主張します。同様にベルナール・セルキリーニも、1989 年に発表した『ヴァリアントの賞賛』のなかで、「中世のエクリチュールはヴァリアント（異読）ではなくヴァリアンス（多様性）を生じさせる」と述べて複数ヴァージョンの共存を中世文学の特色とみなし、写本の転写は、絶対的な作者の唯一無二の創造行為に対して、しばしば誤ったテクストを増やしてゆく不注意な行為に他ならないとらえる前提に対して疑問を呈しています。そして、失われた唯一のオリジナルへと向かってゆく伝統的な樹形図的校訂のみならず、それに反対してベディエが提唱した、最良の写本を 1 つ選んで校訂する「最良写本」法も、現存するヴァージョン間に優劣をつけて、ヴァリアントを周縁に追いやっていることに変わりはないと述べています。

　ズムトールやセルキリーニが指摘した特徴は中世文学のすべてのテクストに当てはまるわけではありませんが、そうしたケースが、中世イギリス文学にも存在することは確かです。一例を挙げると、中世後期から 17 世紀までヨーロッパ中で広く読まれた『マンデヴィルの旅』という作品があります。これは、自称イギリス人の騎士ジョン・マンデヴィルによる東方旅行記で、1360 年頃にフランス語で書かれました。ジョン・マンデヴィルはおそらく偽名で、作者はフランス人の修道士ではないかと推測されています。フランス語と英語をはじめとして、ドイツ語、フランダース語、ラテン語、カスティーリャ語など 10 以上の言語に訳され、写本は 300 点以上残されていて、英語のものだけでも 44 点が確認されています[*2]。これらの写本を比較検討して、この作品が唯一の原典から複数の言語のさまざまなヴァージョンへとどう枝分かれしていったかをたどることは、現実的ではありません。それは、写本間の影響関係が複雑であるというだけでなく、何よりも個々の写本がそれぞれ異なった意図のもとに編集されていて、結果としてテクスト間に相当大きな相違があるからです。この旅の記録を、前半のエルサレム巡礼を中心とした巡礼記と考えるか、あるいはオリエントを含む東西世界の地誌と

Ⅲ　作品とは何か

とらえるか、さらには異教世界をキリスト教世界と対比させた宗教書と見なすかによって、つまりテクストにいかなる機能を持たせるかによって写本を編集する視点も変化します。テクストは原作者の関与が及ばないところで、写本を実際に制作した編集者の手でそれぞれ独自の方針に従って改変、削除、加筆され、さらに転写されて複数の写本で伝播しました。『マンデヴィルの旅』はまさに可変性に富んだ作品であり、原作者の意図は、それが現存する写本から読み取れたとしても、もはや作品の１つのヴァージョンを特徴づけているにすぎないのです。写本文化においては、このように社会的、文学史的文脈が個々の写本の制作に積極的に関与するため、生まれる作品はかなりの幅を持ちうることになります。

　じつはこうした状況には、手作業による書物生産という物理的事情だけではなく、中世文学を特徴付けている文学観が積極的に関与しているのです。それは一言で言うならば、中世の作者は「オリジナル」をどのようにとらえていたかということで、言い換えれば、テクストが正確に転写されることとそれが「作品」としてどう受容されるかということは、基本的に別のことであるという認識です。自作が正確に転写されて広がってゆくことに対しては中世の作者も決して無頓着であった訳ではなく、可能なかぎり責任を持とうとします。その意味では、中世の作者も自分にとっての「オリジナル」、正しいテクストとしての原典の存在を意識しています。しかしその一方で、読者がそのテクストをどのように読むか、あるいはそれに先だって写本の制作者が自分のテクストをどのような意図で「編集」するかについては、しばしば寛容な姿勢をもっていたようです。「作品」とは基本的に読者の側に位置するものであって、それが収録されている写本のコンテクストや個々の読者の読書形態によって、その姿は変わりうることを容認、あるいは積極的に受け入れていたのです。極端な話、テクストが実際に読者に読まれることによって初めて「作品」となるならば、読者の数だけ「作品」が存在すると言うことができます。チョーサーの『カンタベリー物語』のテクストがいかに生成され、そして読まれたかを考えるに際しても、この２つのことを切り離して検討する必要があります。

第４章　ヨーロッパ中世の俗語文学──チョーサー『カンタベリー物語』

4 『カンタベリー物語』の写本

ヨーロッパ中世文学では一般的なことですが、チョーサーによる『カンタベリー物語』の自筆原稿は存在していません。現存しているのは、主に 15 世紀に制作された、断片も含む 82 点の写本です。82 という点数は、中世の俗語で書かれた文学作品のなかでは相当に多いほうで、人気の高さがうかがえます。それらすべてが、現存する 24 点の話をすべて含んでいるわけではありません。数点しか収録していない写本もありますし、場合によっては 1 つの話のみが、まったく別の作品と一緒に 1 冊の写本のなかに残されている場合もあります。また、後世の作者による話を、『カンタベリー物語』の一部であるかのように挿入した写本も存在します。これらの写本の制作時期はすべて 15 世紀以降で、チョーサーの生前に制作されたものはありません。また、『カンタベリー物語』を構成する話のいくつかは、チョーサーの生涯のかなり早い時期にその初期形が書かれたと思われますが、それらがチョーサーの生前に個別に発表されたという形跡もありません。チョーサーは個々の話を、主に宮廷人の聴衆の前で朗読して披露したことはあったかもしれませんが、書き上げた話から順次清書して世に出すようなことはしなかったようです。おそらくは、『カンタベリー物語』を全部書き上げてからまとめて発表しようと考えていたが、それを果たさずに世を去ったと思われます。しかし、チョーサーが 1400 年に没すると、比較的すぐに『カンタベリー物語』の写本は次々と制作され始めました。その理由は、『カンタベリー物語』はチョーサーの生前からかなりの人気を博していて、作者が没すると、未完にせよチョーサーが残した話をすべてまとめて『カンタベリー物語』として読み、世に出したいと願ったチョーサーのパトロンや写字生の意図が働いたためではないかと現在の研究では推察されています。なぜならば、これらの写本を転写した人物は、後で述べるように、生前からチョーサーの作品の筆耕に携わっていて、チョーサーと個人的に親交があった写字生であり、また、15 世紀初頭に制作された現存する最も古い『カンタベリー物語』の写本の大半は、全話をもれなく収録

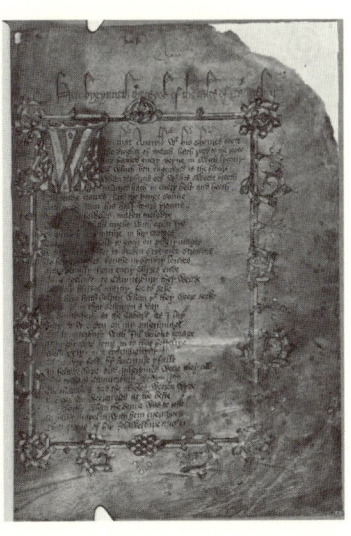

図1　エルズミア写本（左）とヘングルット写本（右）。どちらも『カンタベリー物語』冒頭のページ。

した「完全版」だからです。その後も『カンタベリー物語』の写本は途切れることなく16世紀まで制作され続け、また1478年にはイギリスに活版印刷術を導入したウィリアム・キャクストン（William Caxton：1422年頃〜91／92年）によって最初の印刷本が刊行されます[*3]。

　チョーサーは冒頭で述べたようにイギリス文学の主要作家ですから、15世紀から今日に至るまでほとんど途切れることなく刊行されてきました。特に19世紀後半からは、写本の書誌学的研究と学術的校訂が本格化します。1868年には、F・J・ファーニヴァルが「チョーサー協会」を設立し、『カンタベリー物語』の初期の主要写本8点のテクストを転写して刊行しました。これらの写本が、テクスト校訂において最重要写本として位置づけられ、そのなかでもエルズミア写本とヘングルット写本として知られる2つの写本が、相対的に最良の写本とされています（図1）。ここでいう最良とは、作者のチョーサーが残したであろう『カンタベリー物語』のテクストをもっとも正確に継承しているという意味

第4章　ヨーロッパ中世の俗語文学——チョーサー『カンタベリー物語』

です。その判断は、現存する写本の読みを詳細に比較し、文法や韻律の正確さ、語彙や方言の特徴、写本の制作時期、筆写の丁寧さ、内容的な矛盾の有無などを考慮してなされたのですが、古い写本あるいは美しい写本が必ずしもテクストとして正確とは限らないので、容易ではありませんでした。こうした諸要素を考慮した結果、W・W・スキートはエルズミア写本を底本として6巻本の『チョーサー全集』を1894年に出版しました。この版は最初の学術的校訂版として高い評価を獲得し、その後のロビンソン版（1933年初版）、そしてその改訂版で現在の代表的な校訂版であるリバーサイド版（1987年初版）へと受け継がれてゆきます[*4]（日本語訳もこの系統を底本としています）。

　エルズミア写本とヘングルット写本はどちらも15世紀初頭に制作されましたが、この2写本が特別なのは、同じ写字生によって書かれていることがその書体の分析から明らかになっているからです。さらにその写字生は、ロンドン毛織物商組合の請願書の筆耕人と同一人物で、その名はアダム・ピンクハーストであることが近年になって判明しています[*5]。チョーサーがアダムに寄せたとされる短い戯れ歌が残っています。それは「筆耕人のアダムよ、もし今度、ボエチウスや「トロイラス」をまた新たに書き写すことがあったら、俺が作ったとおりにもっと正確に書かないと、お前の長い髪の下に腫れ物をこさえてやる。日に何度も俺は、お前の書いたものを直すために、（羊皮紙を）擦ったり削ったりせなならんのだ。それも皆、お前が不注意でせっかちなせいだ。」という短いものですが、そこからは、チョーサーがさまざまな自作の原稿をアダムに渡して筆耕させ、それを自ら校正していたことが推察されるばかりか、そのくだけた口調からは、2人の近い関係が想像できます。アダムはチョーサーの死後にこれら2写本を転写しますが、おそらく生前のチョーサーの執筆活動をよく知っていたと思われます。チョーサーが没したとき『カンタベリー物語』は未完だったので、「料理人の話」のように冒頭の数十行しか現存していない話もあります。エルズミア写本では、「料理人の話」の後は余白のままになっていますが、これは、もし原稿が見つかったら続きを書くためにあえて空白を残したと考えられま

Ⅲ　作品とは何か

す。結局原稿は見つからなかったようで、そこには後になって、別なインクで、「チョーサーは料理人の話をこれ以上書かなかった」と追記されています。これも、アダムとチョーサーの結びつきの強さを想像させる証拠と言えるでしょう。また、『トロイラスとクリセイデ』では、チョーサーは終わり近くで自作を世に送り出すに際して、「私たちの言語、英語の書き方にはじつにさまざまな多様性があるので、言葉を知らないせいで、誰もお前を書き間違えたり、韻律を間違えたりしないように」と祈念しています。こうしたところから、チョーサーは自作が正確に筆耕されて世に出ること、つまりテクストが信頼できるものであることに意識的で、つねに気を配っていたことがわかります。しかし、テクスト本文の正確な筆写へのこだわりと自作の読まれ方に対する意識とは別なのです。

5　話の配列順序をめぐる問題

『カンタベリー物語』の編集においては、テクストの正確さとともに、もう1つ重要な問題があります。それは、『カンタベリー物語』を構成している24編の話の配列順序が写本によって異なるという事実です。配列順序は、写本の優劣を決める際の判断基準の1つともなりました。ロンドンからカンタベリーへの旅の途上で、巡礼者が順番に話を披露するという構成の『カンタベリー物語』では、話のつなぎの部分での巡礼者たちのやりとりのなかで、次の語り手が紹介されたり、あるいは街道沿いの具体的な地名が言及されたりしていて、話が語られた順序を決定する鍵として機能します。写本における話の配列順序とそうした言及との間に矛盾が少ないことが、写本の優劣を決める場合にも重視されました。エルズミア写本とヘングルット写本に関しても、ヘングルット写本のほうが古く、テクストについてもより良い読みを提供していることがあるにもかかわらず、エルズミア写本の配列順序に矛盾が少ないことが決め手となって、エルズミアが現代の校訂版の底本として選ばれたのです。エルズミア写本の配列を採用している写本は現存数も最も多く、私

たちが原文にせよ翻訳にせよ、今日『カンタベリー物語』を読む場合は、まずこの順序で読むことになります。しかし、ヘングルット写本に基づいた版も刊行されています。また、19世紀には、少数の写本にのみ現存しているつなぎ部分の言及を根拠として、もっとも矛盾が少ないと思われる配列順序が提案され（これは書誌学者のヘンリー・ブラッドショーが最初に提案したので「ブラッドショー・シフト」と呼ばれています）、どの写本にも存在しない架空の配列であるにもかかわらず、いくつかの校訂版で採用されました。このように、これまでに少なくとも3種類の異なった配列順序の『カンタベリー物語』が刊行されてきたのです。

　『カンタベリー物語』の編集者や研究者が話の配列順序にこだわってきたのは、純粋に編集文献学的な理由からだけではありません。話の配列順序を確定することで、複数の話を共通テーマのもとで論じたり、あるいは2つの連続する話を対照的に論じたりと、『カンタベリー物語』を1つの有機的な作品として解釈する可能性は広がります。たとえば、20世紀初頭の批評家のG・L・キトリッジは、「マリッジ・グループ」という呼称を使って、「バースの女房の話」、「学僧の話」など数点の連続する話を、結婚を主題とする物語群として関連づけて論じました。また、「ブラッドショー・シフト」を採用すると、エルズミア写本では離れている2つの話が連続し、それらを相互参照しながら読む解釈が可能となるため、この配列に基づいた作品解釈もいろいろと発表されました。

　配列順序へのこだわりの背後には、チョーサーがテクスト本文の正確な転写を意識していただけでなく、『カンタベリー物語』全体の構成についても明確な意図を持っていて、それが部分的にせよ、現存する写本に残されているはずだという前提が存在しています。現代の校訂版では、『カンタベリー物語』を全部で10の物語群（あるいはセクション）に分割して考えることが一般的です。冒頭の第1物語群は、全体への序である「総序の歌」で始まり、それに続く「騎士の話」、「粉屋の話」、「荘園管理人の話」、未完の「料理人の話」の4話で構成されています。これがチョーサーが意図した『カンタベリー物語』の始まりであったことは、これらの話が、話の間に交わされる巡礼たちのやり取りなどによって、

Ⅲ　作品とは何か

相互に結びつけられていることから明らかです。また、『カンタベリー物語』の最終話が長い散文の「教区司祭の話」であることも、同様に話自体に先立つ序文に見られる言及から明らかです。『カンタベリー物語』の始まり方と終わり方については、チョーサーは生前に完成形に近いものを残していたと言えるでしょう。しかし、その中間に入るべき話の並び順については複数の可能性が存在しており、『カンタベリー物語』が未完で残されたことを考慮するならば、矛盾のない配列順序が必ずしもチョーサーが意図した『カンタベリー物語』の最終形に近いとはかぎりません。それに、同じ写字生アダムによって筆耕されたエルズミア写本とヘングルット写本の話の配列順序に大きな違いがあるのはなぜなのでしょうか？

1978年に書誌学者のドイルとパークスは、『カンタベリー物語』の写本制作をめぐって、こうした疑問に1つの答えを提供する重要な見解を発表しました。それは、一言でいうならば、チョーサーが没したとき、『カンタベリー物語』は1つあるいはいくつかの話毎に独立した冊子（booklet）のかたちで残されていて、それらが現存する1冊の写本にまとめられるに際しては、チョーサー自身よりも写本の編集者の意図が強く働いたというものです。たとえば、エルズミア写本の編集者は、残された話をグループ分けし、配列順序を決めて、語り手の巡礼姿を描いた挿絵や見出しなどをつけ加えて、話とその語り手の対応が際立つように全体を編集しました。こうした編集方針は、編集者や写本の注文主の意図を反映して写本毎に異なっている可能性があり、エルズミアとヘングルットの配列順序の違いも、どちらか一方が正しいのではなく、そうした方針の違いであると解釈されるのです。この仮説は現在のチョーサー研究においては定説となっていますが、『カンタベリー物語』の成立過程について1つの説明を提供しただけではすみません。もしそうならば、写本毎に異なった方針で編集された複数の『カンタベリー物語』が存在することになり、原作者のチョーサーが特定の配列を念頭においていたとしても、それは極端な話、いくつもある選択肢の1つということになってしまいます。そのどれもが等しく『カンタベリー物語』なので

第4章　ヨーロッパ中世の俗語文学——チョーサー『カンタベリー物語』

しょうか？　そして、チョーサーの作者としての役割はどのように位置づけられるのでしょうか？

　この点を考えるには、編集文献学の領域を超えて、中世における書物生産と文学伝統も考慮に入れねばなりません。ドイルとパークスが自説を補強するためにもちいたのは、中世のラテン語写本に見られる「コンピラティオ」（compilatio）という形態でした。「コンピラティオ」とは、聖書や初期キリスト教会の神学者の著作などの権威あるテクストからの抜粋を、特定のテーマや利用目的にあわせて分類し編集した一種のアンソロジーのことで、中世の大学で使用された神学の教科書、説教などで使用する教訓例話集、教区司祭のための聴罪手引書などとして、中世後期には広く使用されていました。その人気の背景には写本の流通をめぐる事情があります。手作業の書物生産では、人気がある作品ほど刊行部数が多くて入手しやすいという近代の常識は通用せず、逆にそういう作品ほど品薄になりがちで実際に手にすることが難しいという、印刷本の場合とは逆の現象も起こりえました。このように、必要な書物がつねに入手できるとは限らない状況下で重宝されたのが、「権威ある」著作からの抜粋を1冊に集めた大全や詞華集の類で、コンピラティオは書物の形態としても作品の構造としても、中世後期には基本的なかたちだったのです。中世後期の俗語文学もこの形態をしばしば模倣していて、複数の短い話を集めて1つの作品をつくること、あるいは複数の短いテクストを集めて1冊の写本へと仕立てることはもっとも一般的な形態でした。言うまでもなく『カンタベリー物語』自体が、ジャンルも主題も異なるさまざまな話を集めた物語集的な作品ですし、同時代の同種の例としてはジョヴァンニ・ボッカッチョの『デカメロン』があります。チョーサーはボッカッチョの作品を熟知していて、『トロイラスとクリセイデ』や『カンタベリー物語』の「騎士の話」はボッカッチョの作品を種本として書かれています。

　チョーサー自身も自作の「コンピラティオ」的性質を意識していたふしがあります。『カンタベリー物語』と同時期に執筆していた『天球観測儀論』のなかで、自分は「古代の天文学者の業績の無学な編集者」に

すぎないと記しています。「編集者」（compilator）とは、まさにコンピラティオ（編集物）を編集する人物のことです。神学者のボナヴェントゥラの定義によると、著述に携わる人間には作者と編集者の2種類があり、作者は自説を他人の見解で補強しながらオリジナルな著述をする者で、一方編集者とは、文字どおり「コンピラティオ」を作る者、つまり自分の見解を付け加えることなく、他人の書いたものを集めて1つに編集する者です。作者（auctor）という呼称は、「権威」（auctoritas）となるテクストを著した過去の主要作家を指す場合にのみ使われ、新約聖書の書簡の作者であるパウロ、ラテン語訳聖書（ウルガタ聖書）を完成させたヒエロニムス、アウグスティヌスに代表される「教父」と呼ばれる初期キリスト教会の神学者たち、さらに古典作家のウェルギリウス等の限られた著述家のみがそう呼ばれるにふさわしいと考えられたのです。それ以降の「現代の」著述家たちは皆等しく「編集者」で、その役割は「作者」が残したテクストを再話し、編集することにあると考えられていました。編集者の役割は一見受け身で限定的なものに思えますが、チョーサーはこの点を逆手にとって、『カンタベリー物語』の最初の物語群において重要な自己演出をしています。最初の話である「騎士の話」が終わったあと、進行役の宿屋の主人は、続く語り手として修道僧を指名します。進行役は、物語を「秩序だって」進めると述べていて、世俗階級の巡礼者たちのなかでは一番身分の高い騎士に続いて、聖職者たちのなかでは年長の修道僧に話を振ることで、身分の高い者や年長者から順に話をするという段取りを考えていたのでしょう。ところが酒に酔った粉屋が次は自分の番だと言って割り込んできて、このもくろみははやばやと崩壊します。チョーサーはここで、自分は話の好悪とは無関係にすべての話を聞いた通りに繰り返すしかないので、「聞きたくなければ、ページを繰ってどれか別の話をお選びください」（I.3176-77）と言い訳して、自分が非力な「編集者」であるとともに、物語の選択が読者の自由にゆだねられていることを強調しています。また、『カンタベリー物語』のエルズミア写本には「チョーサーによって編集されたカンタベリーの物語の書、ここに終わる」という奥書がついています（ヘング

第4章　ヨーロッパ中世の俗語文学——チョーサー『カンタベリー物語』

97

ルット写本には存在しませんが、この写本は最終葉が欠けているので、最初から書かれなかったのか、それとも欠落しているのかは判断できません)。こうした内的証拠を目にすると、もしチョーサーが『カンタベリー物語』の完成形を生前に書き上げたとしても、中世の読者が、そしてチョーサー自身が、はたして1つの固定された配列順序、つまり最終的な作品のかたちにどこまでこだわっただろうかという疑問がわいてくるのです。テクスト伝播の正確さを問題とすることと作品の構造を固定することとは、少なくとも一部の中世の作家にとって基本的に別なことなのです。チョーサーと面識があった同時代の詩人ジョン・ガワーが著した『恋する男の告解』——これも複数の物語を集めて編集したコンピラティオ的な構造の作品です——の場合は、現存する写本にテクストの異同が少ないばかりか、多くはページレイアウトも共通しています。こうした事実は、ガワーが写本の最終的な姿を均質なものとすることで作品のかたちにこだわり、自作がどう読まれるべきかについても意識的であったことを推察させます。しかし、チョーサーの場合は、作品の読まれ方は創作行為から独立していたと思われるのです。

6　15世紀の『カンタベリー物語』受容

　そうした視点に立って、『カンタベリー物語』が中世においてどのように読まれていたのかを検討してみましょう。チョーサーの死後に制作された15世紀の写本には、いわば最初の読者である写本の編集者の意図がさまざまなかたちで反映されています。現存する82点の『カンタベリー物語』の写本のうち、ほぼ全話を収録している写本は55点とされていますが、そこには、配列順序以外にも、写本の編集者の積極的介入の痕跡が認められます。一例をあげると、「料理人の話」は、前述したように冒頭の数十行しか書かれなかった断片で、素行が悪く主人から暇を出されたロンドンの徒弟が、市内で後ろめたい商売をしている悪友のもとに転がりこんだところで中断しています。この話は大半の写本に現存していますが、いくつかの写本では、写字生がさまざまな加筆や編

集をして、この未完の話を完成させようとしているのです。「料理人の話」を何らかの結末に導く方法としてもっとも多い例は、チョーサーとは無関係な、ロビン・フッド的なアウトローの話である「ガムリンの話」を強引に接ぎ木するというもので、これは、25 点の写本に認められます。また、別な写本では、主人公をはじめとする素行の悪い若者たちが速やかに縛り首になるという独自の結末が付け加えられています。この写本はロンドンで制作されたもので、ロンドンの商人層が自分たちの倫理感にもとづいて徒弟たちを教育する意図で編集されたと考えられており、写字生が付加した結末は、そうした具体的な目的を反映したものなのです。また、『カンタベリー物語』の一部のみを収録している写本のうち 16 点は、チョーサー以外のさまざまなジャンルの作品も含んだアンソロジー的な写本で、ほとんどが 15 世紀後半に制作されています。このタイプの写本に収録されている話はすべて『カンタベリー物語』のなかの教訓的な話——「学僧の話」、「女子修道院長の話」、「メリベウスの話」など——で、本来の『カンタベリー物語』という文脈とは無関係に、独立した教訓譚として読まれたと推測されます。

　以上のように、『カンタベリー物語』には、個々の写本の編集方針や文脈を反映するかたちでさまざまな改変がなされていました。15 世紀の読者は、場合によっては相当に異なるヴァージョンをそれぞれ『カンタベリー物語』として読んでいたことになりますが、読者の視点から見るかぎり、そのどれもが『カンタベリー物語』であることに変わりはありません。こうした状況における「作品」とは、作者が裁可し承認した単一の決定版に収斂できるものではなく、現存する複数の写本からなる集合体に他ならないでしょう。『カンタベリー物語』は、14 世紀末から 15 世紀にかけての複数の写本で現存するさまざまなヴァージョンの総体としてとらえられ、写字生も参加して作り上げた文化的産物と考えることができるのです。

　しかし同時に、『カンタベリー物語』の唯一の決定版を構築しようとする姿勢もまた、15 世紀初めから認められます。断片に過ぎない「料理人の話」が、削除されることなく相当数の写本に含まれているという

第 4 章　ヨーロッパ中世の俗語文学——チョーサー『カンタベリー物語』

事実は、それをチョーサーの正典の 1 つとして尊重し、さらに何らかの編集的作為によって『カンタベリー物語』全体のなかに組みこもうとする 15 世紀の写字生たちの意図的な編集作業の結果です。そこには、『カンタベリー物語』を作者の構想のもとに統合された 1 つの作品とみなす「近代的」な作品観がすでに認められ、それは印刷本の登場でさらに強固なものとなります。『カンタベリー物語』を初めて印刷したキャクストンは、当時の慣習にしたがって、個々の話を独立した冊子として印刷刊行することもできたのですが、『カンタベリー物語』を一作品として世に出すことにこだわります。印刷出版により、同一の書物が何百冊と生み出され、『カンタベリー物語』に標準となる単一のかたちが与えられました。そこでは、読者が個別に選択的に『カンタベリー物語』を編集する余地はなくなります。印刷によって作者は、自作のテクストのみならず、装飾やページのレイアウトのようなパラテクストも統制することが可能となり、それと同時に、作者とは単一の読み方を前提とした 1 つの作品を読者に提供する存在であるという認識が一般化してゆきます。15 世紀の読者は、写本から活版印刷本へと移行するメディアの大きな転換期にいました。そこには、写字生や注文主の意向に即するかたちで、自分たちの『カンタベリー物語』を作り上げて読む、読者中心の写本文化と、すでに英語文学の古典としての地位を確立しつつあったチョーサーの代表作を、まさにチョーサーの名にふさわしい単一の統一体として提示しようとする、印刷文化的な作品観とが共存していたのです。

7 さまざまな『カンタベリー物語』

　それでは、こうした『カンタベリー物語』の初期の読書形態と単一のヴァージョンを確定しようとする近代の編集方針は、現在どのような関係にあるのでしょうか？

　キャクストンの印刷本とともにチョーサー校訂の歴史は始まり、19 世紀の学術的校訂は基本的にこの印刷本の意識を受け継いでいます。現代の一読者は、校訂版やそれに基づいた翻訳でチョーサーに触れること

となります。そこでは、中世の写字生の代わりに校訂者が作者と読者のあいだに介入し、チョーサーの意図にもっとも近いと判断した単一の『カンタベリー物語』を編集しています。中世の写字生の影響はその写本だけの局所的なものでしたが、こうした現代の校訂版はアカデミアによるお墨付きを得て、印刷メディアによって世界中へと広がってゆきます。その校訂版がどの程度チョーサーの意図（そういうものがどこまで存在したかも含めて）と一致しているかは、一読者にはわかりません。現代の多くの読者にとって、校訂されたテクストの奥は専門的な写本研究と本文校訂の世界であり、一種のブラックボックスになっていて、テクストに付された註によって垣間見ることはできても、校訂のプロセスを自らさかのぼって辿ってゆくことは困難です。逆説的ですが、作者の姿はそのかなたに霞んでしまっていて、その意味では、現代の読者も、同じテクストを共有しているという点を除けば、中世の読者と同じような状況に置かれているとも言えるでしょう。

　こうした認識が高まるにつれて、写本ごとに異なる編集方針で編集された複数の『カンタベリー物語』という15世紀的な読みが現在あらためて注目されています。中世の読者がそれぞれの事情に応じて作品を自由に「編集」して読み、また、作者自身も自作の多様な読まれ方を許容していたとするならば、仮想の原型や最良写本にこだわること自体が無意味に思えてくるかもしれません。むしろ重要なのは現存する写本の多様性を正確にとらえることです。個々の写本を記述して研究のための資料として整備することは、20世紀になって大いに進展しました。『カンタベリー物語』の全写本を徹底的に比較して異同を明らかにしたマンリーとリカートによる全8巻の詳細な本文研究（1940年）は、チョーサー研究にとって欠かせないツールとなっています。また、1979年にはチョーサーの作品毎に徹底的に註釈を付した集註版（ヴァリオルム）チョーサー全集の刊行が始まり、さらには1990年代の「『カンタベリー物語』プロジェクト」は、主要写本をデジタルファクシミリと校訂テクストとで提供しようとしました。こうした動向は読者や写本中心の研究を資する結果となっています。

第４章　ヨーロッパ中世の俗語文学――チョーサー『カンタベリー物語』

加えて20世紀後半の受容美学は中世研究にも大きな理論的インパクトを与え、読者の視点からの作品研究を進展させました。テクストが理解され解釈されるためには、作者、テクスト、読者が共同で作り上げる、明確な輪郭を持った「期待の地平」が必要であり、そのなかで読者は重要な役割を果たしていると指摘したハンス・ロベルト・ヤウスの受容美学は、意味の生産を可能とする前向きな行為としての読書と読者層の存在にあらためて光を当てました。その結果1980年頃から、個々の写本の優劣を問題にするのではなく、それぞれの写本が、それが制作され流通していた時期にどのように読まれていたかを書誌学、文献学、写本学（コディコロジー）、歴史言語学（フィロロジー）、文学史、書物文化史、修道院史、図像学など多様なディシプリンを駆使して個別に検討する研究が増加してきました。また、ウェブブラウザなどを利用して複数のヴァージョンを並置できるデジタル・エディションも、研究のツールとして開発されています。複数のヴァージョンを優劣つけずに並置するという姿勢は、近代とは明らかに異なりますが、一方で20世紀後半以降の文学状況とは通じるものがあるかもしれません。作者が準備した単一のテクストを読者は皆等しく読むという近代の前提は、20世紀後半になると、受容理論やインタラクティブ・メディアの登場で揺らぎ、むしろ、積極的に作者の絶対性を放棄するような仕掛けをもつ作品も登場しています。アルゼンチンの作家フリオ・コルタサールは『石蹴り遊び』（1963年）において、第1章から順に進む読み方と章を前後するダイナミックな読み方との2通りを指定して、読者に選択を委ねていますが、こうした作者と読者の関係性の構築は、近代を飛び越えて中世に近づいているとさえ言えるでしょう。500年の校訂の伝統を尊重しつつも、ときには「聞きたくなければ、ページを繰ってどれか別の話をお選びください」というチョーサーの言葉を思い出し、読者がそれぞれの興味に従って自分の『カンタベリー物語』を読むことが、この中世の作品にふさわしい1つの読書のかたちと言えるでしょう。

［参考文献］

＊チョーサーの伝記と作品、近年の研究文献については、下記の本の「チョーサー」の項に簡潔にまとめられています。
　髙宮利行、松田隆美編『中世イギリス文学入門――研究と文献案内』（雄松堂出版、2008年）。

＊チョーサーの主要作品の日本語訳としては以下のものがあります。
　チョーサー『完訳 カンタベリー物語』（桝井迪夫訳、全3巻、岩波書店、1995年）。
　G・チョーサー『カンタベリ物語』（西脇順三郎訳、全2巻、筑摩書房、1987年）。
　ジェフリー・チョーサー『トロイルス』（岡三郎訳・解説、国文社、2005年）。

＊チョーサーの原典については、下記を参照してください。
　Riverside Chaucer, ed. L. D. Benson, 3rd ed., Oxford: Oxford University Press, 2008.

＊最も定評のある全集の最新版です。中英語（11世紀から15世紀頃までの英語の総称）を知らなくとも読めるように詳しい注がついた版が、アメリカで大学の教科書として定評のあるNorton Critical Editionのシリーズから刊行されています。
　Chaucer, G., *The Canterbury Tales: Fifteen Tales and the General Prologue*, ed. V. A. Kolve and G. Olson, 2nd ed., New York: W. W. Norton, 2005.
　Chaucer, G., *Troilus and Criseyde*, ed. S. A. Barney, New York: W. W. Norton, 2006.
　Chaucer, G., *Dream Visions and Other Poems*, ed. K. L. Lynch, New York: W. W. Norton, 2007.

＊本稿で言及した『カンタベリー物語』およびヨーロッパ中世文学の編集文献学研究には以下のものが含まれます。
　Bédier, J., La Tradition manuscrite du *Lai de l'Ombre:* réflexions sur l'art d'éditer les anciens textes, *Romania* 54（1928）, pp. 161-96, pp. 321-56.
　Cerquiglini, B., *Eloge de la variante: histoire critique de la philologie*, Paris: Seuil, 1989.
　Doyle, A. I. and M. B. Parkes, The Production of Copies of the *Canterbury Tales* and the *Confessio Amantis* in the Early Fifteenth Century, *Medieval Scribes, Manuscripts & Libraries: Essays Presented to N.R. Ker*, ed. M. B. Parkes and A. G. Watson, London: Scolar, 1978, pp. 163-210.
　Manly, J. M. and E. Rickert, *The Text of the Canterbury Tales*, 8 vols., Chicago: The University of Chicago Press, 1940.
　Zumthor, P., *Essai de poétique médiévale*, Paris: Seuil, 1972.

[註]

＊1　Bloom, H., *The Western Canon: the Books and School of the Ages*, London: Macmillan, 1995.

＊2　異なった版に基づいた2種類の日本語訳が刊行されています。『マンデヴィルの旅』（福井秀加、和田章監訳、英宝社、1997年）、J・マンデヴィル『東方旅行記』（大場正史訳、東洋文庫19、平凡社、1965年）。

＊3　キャクストン版の『カンタベリー物語』については、次の論文で論じられています。徳永聡子「写本から印刷本へ──「チョーサー全集」登場の舞台裏」『出版文化史の東西──原本を読む楽しみ』（徳永聡子編、慶應義塾大学出版会、2015年）、1〜32頁。

＊4　それぞれの版のタイトルと初版の出版年は次のとおりです。*The Complete Works of Geoffrey Chaucer*, ed. W. W. Skeat, 6 vols., Oxford: Oxford University Press, 1894; *The Poetical Works of Chaucer*, ed. F. N. Robinson, Boston: Houghton Mifflin; Oxford: Oxford University Press, 1933; *Riverside Chaucer*, ed. L. D. Benson, 3rd ed., Boston: Houghton Mifflin, 1987.

＊5　詳細は次の論文に明らかにされています。Mooney, L. R., Chaucer's Scribe, *Speculum*, 81（2006）, pp. 97-138. 髙宮利行「Ellesmere-Hengwrt 写字生の正体──Linne Mooney 教授の発見を巡って」『英語青年』150（2004年11月）、30〜31頁。

第 5 章
可能態としてのテクスト
―― ムージル『特性のない男』

北島玲子

1　未完の小説『特性のない男』

　ローベルト・ムージル（Robert Musil：1880 〜 1942 年）というオーストリアの作家を、みなさんはあるいはご存じないかもしれません。彼は 20 世紀ドイツ語文学における最も重要な作家の 1 人で、その代表作『特性のない男』は、プルーストの『失われた時を求めて』、ジェイムズ・ジョイスの『ユリシーズ』と並び称されてきました。

　『特性のない男』の舞台は第一次世界大戦前夜、1913 年のウィーン。平行運動*1 と呼ばれる一種の愛国運動促進のために、とあるサロンに集まった人びとが繰りひろげる会話を通して、ヨーロッパ社会の混迷とそこからの脱出の試みが、大規模に風刺的に描かれます。「可能性感覚」の持ち主である主人公ウルリヒは、自明と見える現実が一種の「要請、仮構」にすぎず、「すべてがよりによってこうなった充分な根拠はどこにも見つけられない」、あらゆるものには別の形をとりうる可能性が潜んでいる、と考えています。自明と見えるものの根拠をラディカルに問い直すウルリヒの批判的な態度はそれゆえ、現実の枠組みを疑問ももたずに受け入れているときには見えないものへ視線を向けることを可能にもします。したがって『特性のない男』においては、現実の恣意性、偶然性への認識論的批判とユートピア的なものへの志向が絡み合いながら、近代ヨーロッパ文化が徹底的に再検証されることになるのです。ちなみに篠田一士著『二十世紀の十大小説』（新潮文庫）においては、ドイツ

語圏の小説からは、カフカの『城』と『特性のない男』が取り上げられています。

ところで、今こうしてみなさんに『特性のない男』がどんな小説であるかを少し紹介したわけですが、そもそも『特性のない男』とは何か、何をもって『特性のない男』と呼べるのか、とあらためて問うてみると、それに答えるのはじつは容易ではありません。たとえばカフカの長編小説『審判』『城』などと同様、『特性のない男』も未完の小説だからです。

ムージルが生前に出版したのは、この小説の第1巻（1930年出版）および第2巻の途中まで（1932年出版）、あわせて1,000ページほどで、その構成は以下のとおりです。

  第1巻 第1部「一種の序」 1章〜19章
      第2部「似たようなことが起こる」 20章〜123章
  第2巻 第3部「千年王国へ」（犯罪者たち） 1章〜38章

ムージルはその後10年間、死の間際までこの作品を書き続け、1942年に亡くなったときには膨大な草稿が残されます。現在ドイツ語で『特性のない男』として流布しているのはポケット版の2冊本で、1冊目にムージルが生前発表した部分（約1,000ページ）が、2冊目には『特性のない男』に関わる遺稿（約2,000ページ）が収められています。しかしながら、『特性のない男』がこのような形にまとめられるまでには紆余曲折があり、しかも、現在流布している版もあくまで暫定的なものでしかありません。ムージルのテクスト編集の歴史は『特性のない男』の編集の歴史でもあり、そのさい問題となるのは遺稿の取り扱いです。ここでは『特性のない男』の編集の歴史を振り返りながら、『特性のない男』のテクストとは何かということをあらためて考えてみたいと思います。

作品と呼ばれるものには、作者自身が完結したテクストとして呈示したものだけが含まれるわけではありません。後世の編集の手が加わることによって初めて作品として読むことが可能となり、しかもそのことを読者が意識することなく手にしているものが沢山あります。たとえば、

Ⅲ 作品とは何か

日本では『青い花』というタイトルで知られているノヴァーリスの小説『ハインリヒ・フォン・オフターディンゲン』、アルバン・ベルクがオペラ化したことで有名になったゲオルク・ビューヒナーの戯曲『ヴォイツェク』（オペラのタイトルは『ヴォツェク』）、すでに挙げたカフカの長編小説などがすぐに思い浮かびます。同じく未完のテクストではあっても、作者の死後に作品として編集されたそれらとは違って、『特性のない男』はムージルの生前にすでにかなりの部分が出版されていますが、これから述べていくように、ムージルが生前に刊行した部分だけをもって『特性のない男』だと言えないという意味では、『特性のない男』もまたそうした作品の1つです。何をもって『特性のない男』と呼べるのか、という問題について考えることは、編集によって作品がどのようにつくられるのか、作品とはそもそも何かという、きわめて根本的な問題と向き合うことにもなるでしょう。

2　『特性のない男』の遺稿

　『特性のない男』の編集について述べるまえに、ムージルの遺稿について触れなくてはなりません。
　ムージルが『特性のない男』の第2巻を途中の段階で出版したのは、いわば出版社にせっつかれてのことでした。彼がつねにライヴァル視していたトーマス・マンとは対照的に、生前のムージルは一部からは高い評価を受けていたとはいえ、有名作家と言うにはほど遠い存在でした。ローヴォルト出版社が『特性のない男』への前払い金として支払ってくれていた月極の給料で、なんとか糊口を凌いでいました。そのローヴォルト出版社からもついには見放され、ムージルはベルマン＝フィッシャー出版社に鞍替えします。1937年12月には第2巻の続き20章分（39章〜58章）がベルマン＝フィッシャー出版社に渡され、それが1938年のはじめに校正刷となってムージルの手元に戻ってきます。
　しかしながら1938年というのは、オーストリアがナチス・ドイツに併合される年です。3月にヒトラーがウィーン進軍を果たしたのを受け

て、フィッシャーはすぐさまウィーンを離れ、イタリア経由でスウェーデンに亡命します。こうして『特性のない男』の続きの校正刷20章は出版されないまま、ムージルはそれを書き換えていくことになります。もともと途中の段階で出版するのは不本意だと思っていたムージルにとっては、出版が延期になったのは、いわば渡りに舟、という面もあったのですが、これによって『特性のない男』は未完の作品となる運命を決定づけられます。

　妻がユダヤ人であるムージル自身も、1938年8月にはイタリア経由でスイスに亡命し、最初はチューリヒに、のちにジュネーヴに移ります。彼はウィーンを離れるとき、校正刷の原稿をはじめとする『特性のない男』の続き部分の草稿のみならず、それ以前の草稿も携えていき、その後もウィーンから必要なものを取り寄せます。1942年にムージルがジュネーヴで亡くなったとき、およそ60のファイルと40冊のノート、あわせて1万ページ以上のものが遺稿として残されます。そのうち6,500ページほどが『特性のない男』に関係する遺稿で、そこには続きに関する草稿以外に、この小説がまだ「スパイ」「救世主」「双子の妹」と呼ばれていた時期にまで遡る、前段階の草稿も混じっています。

　ムージルは『特性のない男』の続き部分を亡命後も書き続けます。校正刷の続き部分を書いてみたり、校正刷に別のテーマを取り込もうとしたり、校正刷の途中から書き換えを行ったり、続き部分に関しては複数の試みが併存しています。しかし最晩年の2年間にはもっぱら、校正刷第47章以降の書き換えが行われ、清書された6つの章（47章〜52章）が残されます。最後の第52章「真夏の日の息吹」[*2]をムージルは死の当日まで書き継いでいて、それが絶筆となりました。つまり亡命後の仕事は、新たに書き継ぐというより、すでに書いたものを書き換える、すでに存在するものを組み合わせる、以前に書いたものを新たな場所に組み入れる、といった作業が中心になっているのです。『特性のない男』はそもそも既存の言説の検証という性格をもち、文学、哲学をはじめとするさまざまな言説からの引用やパラフレーズに溢れていますが、晩年のムージルはもっぱら、これまで自分が書いてきたものを素材に『特性

のない男』の続きを書こうとしたと言えるのです。その仕事は結局完成せず、あとには大いなる断片が残されます。

　『特性のない男』の続き部分に関する遺稿にはこうして、校正刷にまで出された原稿、さらにはそれを書き換えたいくつかの章草稿や清書稿が含まれ、その過程でムージルは最後まで、それ以前の草稿やモティーフを参照するのをやめませんでした。こうしたことを考え合わせると、『特性のない男』をムージル自身が生前に発表した部分に限定することはできないということ、しかしながら、だからといって遺稿をどう扱うべきか、つまりは何をもって『特性のない男』と呼べるのかは、きわめて難しい問題だということがわかっていただけるかと思います。

　じっさいムージルの死後、マルタ夫人によって始まった『特性のない男』編集の歴史は、さまざまな問題をそのつど新たに生み出しながら展開されていきます。

3　1943年、マルタ・ムージルによる『特性のない男』──初の遺稿編集

　1942年にムージルが亡くなったあと、妻のマルタは遺稿から『特性のない男』第3巻を編集し、生前に出版されたものと併せて出版しました。遺稿から編まれた第3巻には、校正刷20の章およびその第47章以降を書き換えた最晩年の6つの章のうちから、24の章が並べられ（校正刷の第47章と第48章が欠落、校正刷のあいだに書き換えた6つの章を挿入）、そのあとに、「終結部の原稿からの抜粋章」として16の断章が収められています（118頁の表を参照）。もともとムージルは『特性のない男』を2巻構成で考えていて、校正刷の章番号も第2巻の続きの第39章から第58章となっていたのですが、マルタ夫人は遺稿部分を独立させて第3巻としてまとめ、校正刷、およびそれを書き換えた清書稿を混在させ、新たな章番号をふって並べたわけです。

　マルタ夫人は前書きでこの版を、「ローベルト・ムージルの友人のために」出版したと述べていて、自分の編んだものが暫定的なものにすぎ

ないことを意識していました。発行部数もわずかであり、ほとんど反響も呼びませんでしたが、『特性のない男』の遺稿編集の歴史はこの版によって始まります。

4　1952年、フリゼー版——『特性のない男』を世に広めた編集

　ムージルの生前に『特性のない男』の書評も書いたことのあるアドルフ・フリゼー（Adolf Frisé：1910〜2003年）は、1952年に分冊本3巻のローベルト・ムージル全集を出版しますが、そのうちの1巻が『特性のない男』にあてられています。この版では第2巻第3部（生前出版分）のあとに、「第3部の終結部および第4部」と銘打って、第39章から第128章までが遺稿から編集され、そのあとに遺稿の断片からと断って14の補遺が置かれています[*3]。第39章から第47章までは校正刷の章番号と一致していますが、そのあとに校正刷の他の章、校正刷の書き換え、校正刷の前段階の稿を置き、さらにはそれ以前のさまざまな草稿を切り取り、あるいはつなぎあわせて並べ、ムージル自身がつけたのではない章番号を（勝手に）ふって、128章仕立てにまとめあげたのです（118頁の表を参照）。

　マルタの版とは異なり、あたかも小説がこのように続くかの印象を与えるこの版は大きな反響を呼び、各国語にも翻訳されました。新潮社から出された日本語訳『特性のない男』（全6冊、髙橋義孝他訳、1964〜66年）もこの版に依拠しています。

　『特性のない男』再評価のきっかけとなり、ムージル研究の促進を促したこの版はしかしながら、編集上の大きな問題を孕んでいて、厳しい批判にさらされます。ここではその詳細に触れることはできませんが、最大の問題は、フリゼーが再構成した『特性のない男』の続きが、あたかも作者自身が考えていたものであるかのように提示されたことです。遺稿からどのような基準でそれらが選ばれたかの説明もなく、章として組み入れたものについて、たとえば「初期の草稿」などの簡単なコメントはあっても、それがいつごろ書かれたもので、どのような位置づけの

ものかも明示されていません。それどころか、『特性のない男』がまだ別のタイトルであり、主人公の名前も異なっていた時期の草稿から取られたものであれば、なんの断りもなく主人公の名前も変えられています。

具体的な例を1つ挙げるならば、この版の第2巻第94章「楽園への旅」は、『特性のない男』がまだ「双子の妹」というタイトルで、主人公の名はまだウルリヒではなくアンダースであった時期の草稿から取られたものです。『特性のない男』においては、ウルリヒとアガーテは6歳違いであるのに対して、まだ「双子の妹」というタイトルであった草稿では、アンダースとアガーテの兄妹は当然のことながら双子であり、旅行先のある島で実際に近親相姦を犯します。この草稿の一部が第94章という形で第2巻「第3部の終結部および第4部」のなかに組み込まれ、しかも主人公の名がアンダースではなくウルリヒと変えられているとなると、校正刷においても、またその後の書き換えの章においても身体的な結びつきをもたない2人が、あたかもその後旅に出て、実際に近親相姦を犯すかのように読めてしまいます。

フリゼーが章として（勝手に）独立させたこの部分は1920年代半ばに書かれたもので、ムージル自身がSという記号を付したまとまった草稿（以下「Sテクスト」と呼ぶ）の一部ですが、フリゼーはこの草稿のそれ以外の部分もばらばらに章として埋め込んでいて、そもそもこうした草稿がまとまった形で存在したことがわからなくなっています。このSテクストは実際に出版された部分とは文体も異なり、出版された部分にはないストーリー展開がなされています。ウルリヒとアガーテは近親相姦を犯し、絶望したアガーテはウルリヒのもとを去る、ウルリヒの幼なじみのクラリセが、殺人犯として拘留されていたモースブルガーをウルリヒの協力で助け出す、病院に入れられていたクラリセはウルリヒを旅先に呼び寄せ、しばらく2人は一緒に暮らすが、狂気の度合いを高めていくクラリセをもてあましたウルリヒは逃げ出す、といった具合です。このSテクストをフリゼーはばらばらにし、他のさまざまな草稿と組み合わせ、あたかも実際に小説がそのように続くかのようなストーリーをつくりあげたわけです。

第5章　可能態としてのテクスト——ムージル『特性のない男』

前段階のさまざまな草稿やメモも使って自由に組み立てられたこの版においては、他の登場人物たちの身の上にも劇的な変化があり、あまつさえ、ついには第一次世界大戦が始まることになります。「ふたたびアガーテと暮らしているウルリヒも、やはり従軍するが、自信あってのことではない。戦争がはじまるとともに、平行運動も自然消滅する」。この引用部分は、新潮社から出された日本語訳の解説文において、作品の粗筋を紹介している箇所の記述です。つまり、『特性のない男』はこのように終わる小説だと実際に受け取られた、ということです。しかしながら、こうした一応の筋らしい展開は、フリゼーがさまざまな時期の草稿やメモをそれらしく組み合わせた結果であって、『特性のない男』がどのように終わるはずであったかを確定することはそう簡単にはできないのです。

　編集の歴史においては、その先鞭をつけたのが作者に近い人物であるという例は少なくありません。ムージルの場合も、まずはマルタ夫人が、そしてそのあとは、ムージルと手紙のやりとりもあり、一度とはいえ実際に会ったこともあるフリゼーが、その仕事を引き継いだのです。マルタの死後、ローマに住むマルタの息子[*4]が遺稿を管理することになり、フリゼーはローマに滞在して遺稿を調査します。想像以上に膨大な遺稿をまえに、文献学を専攻したわけではないフリゼーは途方に暮れますが、ムージルを、とりわけ『特性のない男』を戦後の世界にいちはやく紹介したいという使命感に駆られたフリゼーは、編集文献学的にみれば問題だらけの版を出したのです。とはいえ、ムージルの名前を世界に知らしめたいという彼の目的は果たされたことになります。

　またこの不完全な版は、その不完全さのゆえに、『特性のない男』において編集の問題がいかに重要であるかを意識させたとも言えるでしょう。いまやムージルのテクスト編集、『特性のない男』編集は、ある個人が特権的に取り組む課題ではなくなり、アカデミズムの研究者たちもそれに関心を向けるようになります。

5　1978年、フリゼー版
　　——現在流布している『特性のない男』の底本

　1952年のフリゼー版をきっかけに、『特性のない男』の史的批判版を出そうという機運が高まります。その端緒をつけたのが『特性のない男』の英訳者ウィルキンス夫妻です。彼らは『ローベルト・ムージル作品入門』（1962年）においてフリゼー版に徹底的な批判を加え、その後『特性のない男』の史的批判版を出すべく奮闘しますが、それは果たせないままに終わります。またヘルダーリンの編集で有名なフリードリヒ・バイスナーの弟子、ヴィルヘルム・バウジンガーは博士論文「ローベルト・ムージルの小説『特性のない男』の史的批判版のための研究」（1962年）において、フリゼー版の欠陥を詳細に批判したうえで、遺稿の一部に関して、批判資料を作成しました[*5]。しかし彼は若くして亡くなり、『特性のない男』の史的批判版を出版するという志は断たれてしまいます。

　それまでムージルのテクスト編集は、1人の編者が遺稿の管理人との個人的な関係において、いわば閉じられた形で行っていたわけですが、遺稿を読者や研究者にとって開かれたものにしなければならないという要請が次第に起こってきます。共同作業によってムージルのテクストを編もうとする試みがなされ、ムージル協会が設立され、ムージルの編集に関するシンポジウムが開催されるなどの動きも、その表れと言えるでしょう。なかでも特筆すべきは、オーストリア政府が1972年に遺稿を買い上げ、ムージルの遺稿がまとまった形でオーストリア国会図書館に収められたことです。これによって遺稿は誰もが閲覧可能となったわけです。

　こうした動きのなかで、ムージルの他の作品（短編小説集『合一』および『生前の遺稿』）の史的批判版の編集がなされるなど、個々には注目すべき試みもありましたが、ムージルの書いたもの全体を新たに編集したのはまたもやフリゼーでした。ムージルの残したノートを編集して1976年に『日記』[*6]を出したあと、フリゼーは1978年には分厚い2巻

本の全集を出版します*7。

　2巻本のこの版はその後、ムージルの著作を書物の形で読める唯一のものとして流布することになります。1960年代から本格的に始まったムージル研究が1980年代以降、いちじるしい躍進を遂げることになったのもこの版のおかげであり、今日でもムージルの作品からの引用には、もっぱらこの版が底本として使われています*8。またこの2巻本と同時に、同じページ割りでポケット版9巻の全集も出されましたが、どちらの版も現在は全集としては出版されていません。

　フリゼーのこの2巻本全集では、『特性のない男』には第1巻（ポケット版では第1巻〜第5巻）があてられていますが、遺稿の扱いはどうなっているのでしょうか。生前刊行されたもののあとに、まずは校正刷の第39章から第58章が、そしてその書き換えである第47章から第52章の最晩年の6章が置かれています。さらにそのあとには、校正刷の部分的書き換え、校正刷の続きの草稿をはじめとして、ある程度まとまりのある遺稿が逆年代順に1920年以前にまで遡って並べられています。また活字のポイントを落として、ばらばらの草案やメモがいくつかのまとまりに整理されてそのあとに置かれ、最後には生前、雑誌や新聞で発表された草稿が収められています（118頁の表を参照）。フリゼーは明言していませんが、これはバウジンガーの指摘にほぼ即した並べ方であり、実際の校訂作業においてもフリゼーは、ウィルキンス夫妻、2人の死後は他のムージル研究者たちの助力を仰いでいて、フリゼーひとりの名前が冠せられているとはいえ、『特性のない男』の編集をめぐるさまざまな議論の支えがこの版の背後には存在しています。

　ちなみに、日本で出されているムージル著作集（全9冊、松籟社）に収められている『特性のない男』（全6冊、加藤二郎訳）もこの版に基本的に依拠していますが、遺稿部分については校正刷原稿をはじめとする続き部分*9、および1920年代中期に書かれたいわゆるSテクスト（「楽園への旅」を含む草稿）のみが訳出されています。

　厳密なテキスト批判の基準からすれば、この版にも多くの欠点が指摘されています。テキストを選んだ基準が明らかではなく、何が省かれて

Ⅲ　作品とは何か

いるかが読者にはわからない、ある草稿とそのヴァリアント（異読）、あるいは前段階との関係がわかりにくい、ときおり複数の稿の混交が見られる、テクストの批判資料が不充分である、などです[*10]。しかしながら 1952 年版とは異なり、それぞれの遺稿がどのような性質をもつもので、どの時期に成立したものかがある程度示されているので、『特性のない男』の続きをムージルがどのようにして書いていったか、またどのような経緯を経て『特性のない男』が書かれたかが、初期の段階にまで遡って大まかにたどることが可能となっています。最初に紹介したドイツで普及しているポケット版の 2 巻本『特性のない男』は、フリゼーのこの版を底本としたもので、ページの割り振りも同じです。

　しかしながら、『特性のない男』のテクストとは何かと考えると、混迷はますます増すばかりです。校正刷の 20 の章は、それにムージルが手を入れた時点で本文としての資格を失ったとはいえ、テクストとしての完成度は高いものです。またその第 47 章以降を書き換えた 6 つの章は最晩年のものであり、しかもムージル自身が清書として書いていたことを考慮すると、『特性のない男』をこの書き換え部分を抜きに考えることはできないでしょう。

　すでに述べたように『特性のない男』の第 1 巻では、平行運動という舞台装置のなかで、主人公ウルリヒを狂言回しとしながら、ヨーロッパ文化の大規模な検証が風刺的かつ厳密に行われますが、第 2 巻になるとそうした大がかりな背景は影をひそめていきます。第 2 巻の冒頭で、ウルリヒは父の死をきっかけに妹アガーテと再会し、そのあと 2 人は世間から身を引き、互いに会話を交わしながらその関係を深めていきます。その下準備を整えるかのように第 1 巻においてウルリヒは、平行運動に関係している人びとのみならず、これまで関心を抱いたり、関わりをもっていた人物たちから次第に距離を取っていきます。たとえば、世間の耳目を集めていた殺人犯モースブルガーに、ウルリヒはある種の共感を抱いていましたが、やがて彼のことは忘れていきます。あるいは第 1 巻の最後でウルリヒは、彼の子どもを産みたいというクラリセの誘惑を斥けます。

第 5 章　可能態としてのテクスト——ムージル『特性のない男』

最終的にウルリヒの家に同居することになったウルリヒとアガーテは、互いの経験を語り合い、ときには神秘主義者たちの書物を参照しながら、現実という枠組みを取り払ったときに顕現する世界（「別の状態」）について考察し、実際にそうした瞬間を体験することにもなります。そこでは客体と主体、自己と他者の区別が消失し、現実においては分かたれていたものの結びつきが可能となります。そうした状態においては、個人的な欲望の一切が意味を失い、「愛している」という愛の告白の言葉も、それとともになされる身体の結びつきも問題とはなりません。校正刷、とりわけその途中から書き変えた最晩年の遺稿6章においては、別の状態における愛のユートピアの探求という側面にもっぱら焦点が合わされていきます。2人が求めるのは近代的な愛の規範とは無縁の愛であり、非個人的な愛、性のない愛、天使の愛とも呼ばれています。絶筆となった「真夏の日の息吹」においても、2人が求めるユートピア的瞬間が顕現するさまが描かれ、その美しい描写は『特性のない男』の白眉だとも称せられ、そこに『特性のない男』の一種の到達点を見る論者もいます。とはいえ、そうした瞬間の描写はそれ以前にもすでに幾度かなされていて、そのたびにムージルはそれをすぐに相対化し、決して到達点にすることはありませんでした。ここでもそれは同じで、アガーテは自分が経験した瞬間を反省的な考察の対象にし、結局はウルリヒとの分析的な会話がそのあとに続くのです[*11]。

　それではムージルは、この小説をどのように終わらせるつもりだったのでしょうか。彼は終結部に関するメモをいくつか残していて、そこからは、第一次世界大戦の勃発で小説を終わらせようと考えていたことがうかがえますが、これは舞台設定からしてもごく自然なことに思えます[*12]。1952年のフリゼー版は実際、そうした解釈を取ったわけです。すでに述べたように第2巻、とくに校正刷の章においては、ウルリヒとアガーテの愛の探求に焦点が絞られていきますが、その一方でムージルは、それをふたたび時代の問題と関係づけなくてはならないとも考えていました。第一次世界大戦どころか、実際には第二次世界大戦が始まってしまい、小説がすっかり時代に追い越されてからは、その思いはますます強

Ⅲ　作品とは何か

まっていきます。

　死ぬ直前の1942年にも終結部分に関するメモがあり、そこには第二次世界大戦を経験しているウルリヒが、その経験に基づいてみずからの物語に結末をつける、という記述も見られます。しかしこのメモにはそれ以外にも、世界の政治的状況を考えなくてはならず、そのためにはアフォリズム集を書かなければならない、それは『特性のない男』に片を付けるのと同じくらい重要だ、とも書かれています。つまりムージルは、社会的政治的状況への考察が必要であり、それを『特性のない男』において果たさなければならないと考えながらも、小説ではそれはできないのではないかと危惧していたことが読み取れるのです。

　それどころか、『特性のない男』はそもそもその内的構造からして、完結不可能なテクストではないか、と考えることもできるでしょう。ウルリヒが固定したものにつねに揺さぶりをかけて、別の可能性に目を向けさせるのに対応するように、この小説においては、語られたものは別の語られたものによって相対化され、別の連関に移されて新たに吟味され、あらゆるものが万華鏡のようにそのつど異なる意味合いを帯びます。ムージルにとって書くことそのものが、そのつどなされる新たな可能性探求の試みであり、同じことも別の文脈においては異なる相貌を見せるのです。そうした果てしない省察からなるこの小説が、完結した作品とならないままに終わるのは、ある意味では必然的だったのかもしれません。

　しかしながらムージル自身は、『特性のない男』を未完のままに終わらせるつもりはありませんでしたし、マルタ夫人によれば、小説を完成させる時間が自分には残されているとも考えていたようです。とはいえまた翻って言えば、ムージルがいくら小説の完結を目指していたとしても、またムージルの死が彼自身の思惑よりも早かったとはいえ、もう少し時間があれば『特性のない男』が完結していたとも断言できないでしょう。

　フリゼーのこの版は、『特性のない男』というテクストが明確な終着点をめざしたテクストではなく、その生成過程においてさまざまな可能性を孕んでいたということを明らかにした点に最大の功績があります。

第5章　可能態としてのテクスト――ムージル『特性のない男』

それはまた、『特性のない男』がそもそも編集可能なテクストなのか、『特性のない男』を１つの作品として提示できるのか、という問題を露呈させたと言いかえることもできるでしょう。

[『特性のない男』各版の遺稿配列表]

A：第2巻第39章から第58章の校正刷（A39-58）
B：校正刷第47章以降を書き換えた最晩年の清書稿（B47-52）
C：校正刷の続き
D：校正刷途中の章の書き換え
E：それ以外の続きの草稿（1932年以降）
F：前段階の草稿、メモ（1932年以前）
S：Sテクスト（1920年代中期）

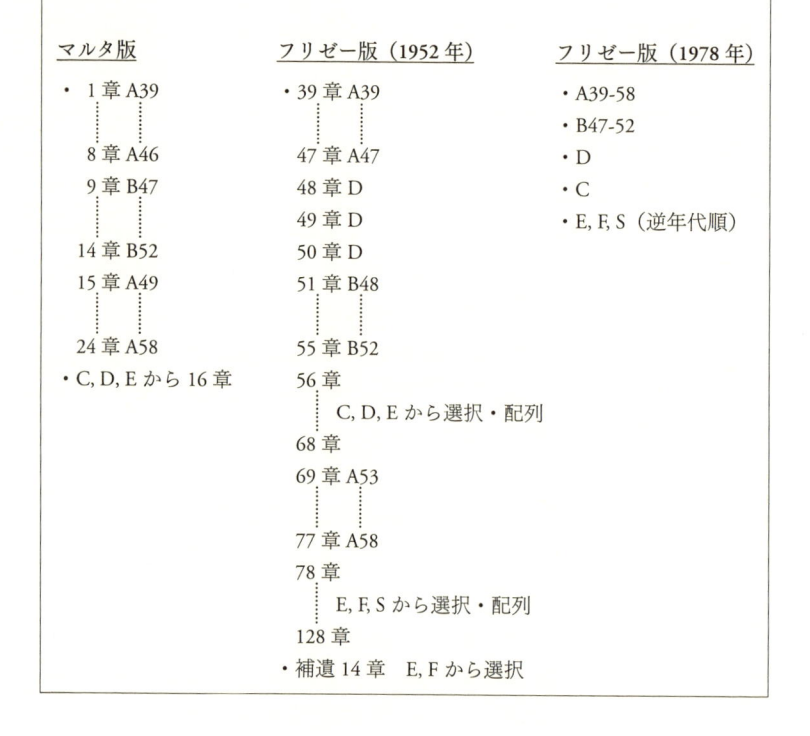

マルタ版
・1章 A39
　8章 A46
　9章 B47
　14章 B52
　15章 A49
　24章 A58
・C, D, E から16章

フリゼー版（1952年）
・39章 A39
　47章 A47
　48章 D
　49章 D
　50章 D
　51章 B48
　55章 B52
　56章
　　C, D, E から選択・配列
　68章
　69章 A53
　77章 A58
　78章
　　E, F, S から選択・配列
　128章
・補遺14章　E, F から選択

フリゼー版（1978年）
・A39-58
・B47-52
・D
・C
・E, F, S（逆年代順）

6　1992年、遺稿CD-ROM版

　1978年版に対する編集文献学者たちの批判に関してフリゼーは、『特性のない男』はバイスナー流の史的批判版をつくるにはあまりに大部であり、その生成が複雑すぎると考えていました。そのフリゼーが他の研究者たちとともに活路を見出したのは、書物による出版ではなく、コンピュータによるデータ化でした。ただしそのさい、データ化の対象はまずは遺稿だけに限定されました。

　フリゼーはムージルの遺稿には「体系としての性格」があり、遺稿全体を「それ自体完結した作品体」として再現しなくてはならないと考えました。遺稿は最晩年のムージルが動き回った知的空間、思考実験の場であり、それをムージル自身が整理したままの形で保存しなくてはならないというのです。ムージル自身がみずからの草稿にさまざまな指示記号、参照記号を付して、遺稿を一種のネットワーク化していることを指摘し、「ムージルの体系的作業方法は、今日のデジタルによるデータ化によって可能となるような解明を迫っている」[*13]とも述べています。

　ムージルの遺稿をそれ自体完結したまとまりとみなすことが妥当かどうか、逆に言えば、遺稿のみをすでに出版されたテクストと切り離すことができるのか、という問いが当然出てきますが、ここではそれには立ち入らないことにします。いずれにせよフリゼーはトリーア大学、クラーゲンフルト大学と共同し、ムージルの遺稿の電子データ化を試みます。1984年から1990年にかけて、遺稿のすべて[*14]がトリーアとクラーゲンフルトで活字に起こされ、1992年に遺稿のCD-ROM版が刊行されました。

　この版の特徴は、遺稿のあらゆるテクストが同等のものとして扱われている点です。通常の編集校訂作業とは異なり、重要なものを選び出したり、重複するテクストを除外したり、あとで組み込まれた素材を批判資料に回す、といった作業は行っていません。1952年のフリゼー版はもちろん、1978年版においても、遺稿のどれをテクストとして組み入れるのか、また選んだものをどのような順番で並べるのかが編者の判断

第5章　可能態としてのテクスト──ムージル『特性のない男』

によって決定されています。その判断の根拠はまったく示されないか（1952年版）*15、示されるにしても不充分なものでした（1978年版）。それに対して、ここでは選別作業は行わず、ムージルの遺稿がすべて入力されています。そのさい手稿を転写したものだけではなく、手稿の写真（ファクシミリ）も添えられていますが、フリゼー自身がムージルの遺稿にみられるある種のハイパーテクスト的性格を指摘しているにもかかわらず、この版ではテクスト相互の関係を自由に参照することはできません。

　しかしながらこの版は、新たな電子版の予備作業としての役割を果たしました。高額だったことに加え、DOSシステム自体がすぐに使われなくなってしまったため、普及するにはいたりませんでしたが、これまで印刷されたことがなかったものも含め、ムージルの遺稿に自由にアクセスが可能となったという点では、画期的な意味をもちました。

7　2009年、クラーゲンフルト版（CD-ROM版）
　　──集大成の電子版

　遺稿のみのCD-ROM版が出てまもなくの1994年、クラーゲンフルト（ムージルの生まれた町）大学のムージル研究所が、フリゼーから編集作業を引き継ぎ、新たなデジタル版の作成に取りかかります。この企画は1992年の電子版に基づいてはいるものの、規模の上からも、デジタル版の特性を生かしているという点からも、それをはるかに凌駕するもので、ムージルの生前刊行された作品、手紙、遺稿のすべてが収められています（ただし更新版が出ることが予告されています）。全体は以下の4つの部分からなっています。

　　1　手稿の写真（ファクシミリ）
　　2　手稿の転写
　　3　本文（Lesetext）20巻
　　4　ハイパーリンク・コメンタール

この版全体について述べることは到底できないので、『特性のない男』のみに焦点を絞って、その特徴をごく簡単に見ておきましょう。
　この電子版において『特性のない男』の本文は第1巻から第4巻に割り当てられ、生前に発表されたものが第1巻と第2巻に収められています。遺稿について言えば、『特性のない男』第2巻の続きに関するものが第3巻に、『特性のない男』の前段階に関する遺稿が第4巻に、書かれた年代順に配置されています。フリゼーの1978年版に比べて、『特性のない男』がどのような前段階を経て『特性のない男』となったのか、また生前刊行された第2巻第38章以降の続き部分がどのように書かれていったのかが、生成史的にたどりやすくなっています。
　またこの版においては、電子版ならではの利点が存分に生かされています。ムージルがある箇所で書き留めたものが、別のどの箇所と関連するかがすぐに参照でき、テクスト間の複雑な関係をたどることが可能となり、しかもこれはムージル自身の仕事の仕方を反映させることにもなります。すでに述べたように、ムージルはいくつもの記号を使って、遺稿内に一種の相互参照システムをつくっていたからです。
　現在の編集文献学においては、「本文」と「ヴァリアント」を分けるという方法に疑問が付され、すべての草稿をそのままの状態で提示するべきだという考えが主張されている[*16]とすれば、ムージルの遺稿をそのまま提示するだけ（1992年のCD-ROM版）ではなく、そこから取捨選択を行い、段階分けをして、『特性のない男』の「本文」を再構成すること自体を問題にしなくてはならない、ということになるでしょう。『特性のない男』の遺稿が、そうした作業とは最も相容れないテクストであるだけになおさらです。したがってこのクラーゲンフルト版の編者ヴァルター・ファンタは、遺稿をそのまま提示する方法と、編集テクストとしての「本文」を提示する方法の2つを併存させた理由を折りに触れて説明しています[*17]。すでに見てきたように、未完に終わった『特性のない男』は、最終的にどのような形で終わるはずだったかを決定することはできません。その仕事の進め方も最終目的を見すえての直線的なものではなく、複数の可能性を併存させながら、すでに書いたものを

書き換えていくものでした。したがって『特性のない男』というテクストは、こうでもありうる、という可能性をつねに孕んでいて、いわば可能態としてしか捉えられないということになります。そうしたテクストをそうしたものとして提示するには、まずは複雑な遺稿部分を編集の手を加えずに、手稿の写真および転写で示すことが不可欠ですが、『特性のない男』という重要な作品に関して、編集された本文を示さないことは受容者にとってあまりにも不親切です。それゆえここでも「本文」の編集は行われているわけですが、ファンタによれば、この版で示された『特性のない男』の「本文」は1つのオプションでしかなく[18]、理論的には、受容者が遺稿から『特性のない男』の別の本文をつくることが可能だということになります。

　遺稿をそのまま提示し、さらにそこから編集された本文を1つの例としてつくり、その両者をハイパーリンクでつなぐこの版は、長年にわたるムージル編集の集大成であるばかりか、デジタル版編集の可能性を提示したものとしても評価できるでしょう。しかしながら、『特性のない男』とは何を指すのか、という最初の問いはどうなったでしょう。こうしたデータ化された版は、書物による読書になじんでいる読者にはやはり近づきがたいという点はおくとしても、画面上で『特性のない男』に関わるテクストを複雑な関連の編み目をたどりながら読むことは、『特性のない男』のテクスト（完結した「作品」でないことはすでに述べました）とは何か、という問いに答えることをますます困難にしてしまうでしょう。

　ムージルが『特性のない男』の続きを書くために、前段階の草稿を最後まで手放さなかったからといって、それらすべてが『特性のない男』の一部として読まれることをムージルが望んでいたかどうかは別の問題です。にもかかわらず、完成しなかったがゆえに『特性のない男』においては、通常であれば前段階の稿として本文に組み込まれない部分までが、看過できないものとして扱われることになります。1978年のフリゼー版では遺稿部分の配列は、ある意味では重要性を配慮したものになっていますが、このクラーゲンフルト版では基本的に年代順の配列に

なっていて、すべての判断は受容者に委ねられているのです。

　すでに述べたように、作者の死後、あるテクストが編集によってはじめて作品として存在するようになった、という例はめずらしくありません。作者自身のいわばお墨付きがなくても、あるテクストをある作家の作品として読むことができるとするなら、それを可能にするのは、ひとつには、作者自身が書こうとしていたテクストを編集によって再構成できるという前提です。しかしながら、たとえばムージルの『特性のない男』の場合には、作者が最終的にどのように完成させるつもりであったかを基準にテクストを再構成することはできません。とはいえ他方で、テクストを必ずしも作者の意図と結びつける必要はない、と考えることもできます。テクストは作者の意図を越えたものであり、それゆえにさまざまな解釈を生み出す可能性を孕んでいるという考えは、現代においてテクストを読むさいの常識になっていると言えるほどです。したがって編集の役割は、テクストそのものに語らせ、読み手がさまざまな読みの可能性を引き出すための場を提供することだと考えることもできるでしょう。

　『特性のない男』というテクストは、完結した「作品」となることのできなかったテクストであり、正しい「本文」を編集して作品として確定することはできません。ムージルの可能性感覚が、既存のものを批判的に解体するだけではなく、通常は閉ざされているさまざまな思考の領域を切り開く可能性をもっているのと同様に、『特性のない男』というテクストは、今後も新たな形で読み解かれる余地を残しています。しかしながら、『特性のない男』が編集不可能な可能態としてのテクストであることを示したのは、まさに編集という作業なのです。

8　書物と電子メディア

　ムージルは短編小説集『合一』について、「この本のあやまりは書物だということだ。表紙と背とページ数をもっているということだ。ガラス板のあいだにこの本の幾ページかを広げ、ときどきそれを入れ替える

とよい。そうすればこの本の本質がわかるだろう」[*19]と述べています。自分の作品が、終着点に向けて漸次的に進行していくような構造とはおよそかけ離れていることを示そうとしたムージルのこの文章は、書物というメディアの限界を指摘していると読むこともできます。

　『特性のない男』は未完に終わったがゆえに、それを作品として再構成しようとする試みを誘発し、その過程において、作品となることの不可能性が明らかになりました。書物として再構成することの不可能性ともリンクして、『特性のない男』の編集は電子版という形に行き着きました。それは、『特性のない男』にふさわしい編集のあり方として積極的に評価される一方で、「なぜわれわれはムージルを、しかもとりわけムージルを、クラーゲンフルト版では読めないのか」という批判も招いています[*20]。書物というメディアのある種の限界を自覚していたとはいえ、ムージル自身は『特性のない男』をもちろん書物という形で提示することを想定していましたし[*21]、なにより、読むのに極度の集中を必要とするムージルのテクストを画面上で読むことがはたして可能か、という疑念は当然出てきます。電子版の編者ファンタは1978年のフリゼー版について、これによって『特性のない男』には、「誰も最後まで読んだことのない小説」[*22]とのイメージが定着したと述べていますが、クラーゲンフルト版が研究用に使われることはあっても、誰も読まない版にならないためにも、当初から予告されているとおり、本文が書物の形で出版されることがやはり望まれます。とはいえ書物の形でという要請そのものが、テクノロジーの進歩やそれに伴う人間の知覚や意識の変容によってやがて消失するのかもしれません。またその一方で、デジタル版としてのクラーゲンフルト版の不充分さに対する批判もすでになされています。それに関しては、その批判がもっぱら、この版がインターネット上に開放されていない閉じられたものである点に向けられているということを指摘するにとどめておきます。

　いずれにせよ『特性のない男』というテクストは、その編集不可能性ゆえに多くの問いを読者に投げかけずにはいません。しかしそれゆえにこそ、『特性のない男』というテクストは、つねに新たな解釈に向かっ

Ⅲ　作品とは何か

て開かれていて、テクストを読むとはどのような営みなのかを考えるさまざまな契機を孕んでいると言えます。みなさんが何気なく手に取るテクストにも、そこにいたるまでの歴史が刻印されているはずです。そうしたことにも注意を向けながらテクストに向かえば、テクストがこれまでとは別の思いがけない顔を見せてくれるかもしれません。

[参考文献]
* 『特性のない男』を翻訳で読む場合にはまずはこれを。訳者による解説では、遺稿編集の歴史についても説明がされています。
  『特性のない男』(『ムージル著作集』第1巻〜第6巻、加藤二郎訳、松籟社、1992〜95年)。
* ムージルの遺稿編集の歴史については以下の論文でたどることができます。
  Frisé, A., *Musil Nachlaß elektronisch 1990-1992*, Frisé, A., *Spiegelungen. Berichte, Kommentare, Texte 1933-1998*. Bern: Lang 2000, S. 302-17.
  Fanta, W., *Robert Musil-Klagenfurter Ausgabe. Eine historisch-kritische Edition auf DVD*, editio 24, Berlin: de Gruyter, 2010, S. 118-48.
  Fanta, W., *Man kann sich das nicht vornehmen. Adolf Frisé in der Rolle des Herausgebers Robert Musils*, Neugermanistische Editoren im Wissenschaftskontext, ed. Kamzelak, R., R. Nutt-Kofoth, B. Plachta, Berlin: de Gruyter, 2011, S. 251-86.
* 『特性のない男』の遺稿についての詳細な研究書です。
  Fanta, W., *Die Entstehungsgeschichte des „Mann ohne Eigenschaften" von Robert Musil*. Wien; Böhlau, 2000.

[註]
* 1 1918年、プロイセンでヴィルヘルム2世在位30周年を祝う式典が予定されているのに平行して、オーストリア・ハプスブルク帝国フランツ・ヨゼフ皇帝(即位1848年)在位70周年の祝賀を大々的に挙行するために提唱された運動で、ムージルが考え出した架空のものです。ちなみにフランツ・ヨゼフ皇帝は1916年に亡くなり、ハプスブルク帝国自体も1918年には消滅します。
* 2 こうした書き換えそのものにも以前に書いたものが使われ、たとえばこの52章「真夏の日の息吹」には、それ以前に書いていたヴァリアント(異読)が複数残されています。
* 3 1930年発行第1巻の最後には、『特性のない男』全体の構成が次のよ

うに記されています。第1巻：第1部「一種の序」、第2部「似たようなことが起こる」、第2巻：第3部「千年王国へ」（犯罪者たち）、第4部「一種の終わり」。つまり第1巻と第2巻とはシンメトリカルな構成をなすことが予告されていました。フリゼーのこの版はそれにならい、第2部とほぼ同じ数の章を第3部にあて、補遺を第1部と対応させていると見ることができます。

* 4 マルタの息子ガエタノ・マルコヴァルディはムージルにとっては義理の息子です。マルタはムージルとの結婚が3度目で、ムージルとのあいだに子どもはいません。
* 5 邦訳『特性のない男』（加藤二郎他訳、河出書房新社、1965〜66年）は1952年のフリゼー版を基本的に底本にしながらも、いちはやくバウジンガーの指摘を取り入れました。遺稿部分に関しては校正刷第47章以降の書き換え稿（39〜52章）、校正刷（48〜58章）、校正刷続きの稿、校正刷稿の途中の章の書き換え部分、およびSテクストが収められています。
* 6 あきらかに作品の草稿であるものをのぞき、ムージルが残したノートの大部分が収められていますが、そこにも作品に関するメモや草稿が含まれているため、『日記』という分類に対する批判がすぐになされました。この『日記』には、本文を収めた巻よりも浩瀚な注釈本が添えられています。
* 7 フリゼーはさらに1980年にはムージルの博士論文（エルンスト・マッハ論）を、1981年には書簡（別冊注釈付き）を出版しました。
* 8 とくに遺稿からの引用に関しては、後述のデジタル版の出現によって、必ずしもその限りではなくなっています。
* 9 校正刷20の章、途中の書き換えの一部、校正刷の続き、最後の清書稿、Sテクストの順です。
* 10 *Kommentierte Edition sämtlicher Werke, Briefe und nachgelassener Schriften* (=*KA*), ed. Fanta, W., K. Amann, K. Corino, Klagenfurt: Drava, 2009, DVD-Version, *Beiheft*, 18.
* 11 こうした点については以下において詳しく論じました。北島玲子『終わりなき省察の行方――ローベルト・ムージルの小説』（上智大学出版、2010年）。
* 12 この小説の始まりは1913年の夏であり、それから小説はほぼ1年が経過しています。第一次世界大戦の勃発は1914年の夏です。
* 13 ムージルが残したノートのうち、5冊の紛失がマルタ夫人によって確認されていましたが、実際にはさらに2冊がなくなっていました。またその後に失われたノートやファイルもありますが、その写しが残っています。
* 14 フリゼーはウィルキンス夫妻の批判を受け、1952年版の改定版（1960年）のあとがきで、配列に関する意図を説明しています。

* 15　Frisé, A., *Musil Nachlaß elektronisch 1990-1992*, Frisé, A., *Spiegelungen. Berichte, Kommentare, Texte 1933-1998*, Bern: Lang, 2000, S. 317.
* 16　明星聖子『新しいカフカ──「編集」が変えるテクスト』（慶應義塾大学出版会、2002 年）、76 頁。
* 17　たとえば以下を参照。Fanta, W., *Robert Musil-Klagenfurter Ausgabe. Eine historisch-kritische Edition auf DVD, editio* 24, Berlin: de Gruyter, 2010, S. 124-5.
* 18　じっさい、イタリアのエンリコ・デ・アンゲリスが遺稿データから『特性のない男』第 2 巻を編集しています (Musil R., *Der Mann ohne Eigenschaften* Band Ⅱ, Teil 2 aus dem Nachlaß, ed. Angelis, E. De, Pisa: Jacques e i suoi quaderni, 2006)。この版についての詳細は省きますが、全体が大きく 2 つに、すなわち A 段階（1932 〜 36 年）および B 段階（1937 〜 42 年）に分けられ、それぞれにさらにいくつかの下位区分を設けて遺稿が配列されています。したがって、たとえば従来の書物版や研究において重要視されていた 20 年代の草稿などは含まれていません。なおクラーゲンフルト版では、2 つのフリゼー版（1952 年、1978 年）およびこのアンゲリス版の「本文」との照応関係も参照できます。
* 19　Musil, R., *Tagebücher*. 2Bde, ed. Frisé, A., Reinbek bei Hamburg: Rowohlt, 1976, Bd.1, 347.
* 20　Metz, B., *Bücher, nicht Texte: Warum wir Musil in der Klagenfurter Ausgabe nicht lesen können*, ed. M. Salgano, *Robert Musil in der Klagenfurter Ausgabe, Bedingungen und Möglichkeiten einer digitalen Edition*. München: Wilhelm Fink, 2014.
* 21　もしムージルが現在のテクノロジーを使用できたなら、ネット上での出版を試みたであろうとの指摘もされています。Fordini, F., *Die Mappe als Folder: Musil reloaded. Ein Plädoyer zugunsten der Leser*, in: ibid.
* 22　*KA, Beiheft*, 18.

IV
上演とは何か

第 6 章
演劇テクストの作者は誰？
──シェイクスピア『ハムレット』
井出 新

1　素顔のシェイクスピア

　イギリス国立肖像画美術館に、ウィリアム・シェイクスピア（William Shakespeare：1564 〜 1616 年）がモデルと伝えられる肖像画（図 1）があります。襟をゆるめ紐を垂らしている様子からすると仕事の合間でしょうか。左耳には自由奔放な詩人を象徴するかのようなイヤリング。それにしてもこれほどリラックスしたシェイクスピアの肖像画は他にはありません。画家と劇作家との親密で快適な友人関係を彷彿させます。かつての所蔵者チャンドス公爵ジェイムズ・ブリッジズにちなんで「チャンドス・ポートレイト」と呼ばれるこの肖像画は、どうやらジョセフ・テイラーという俳優仲間によって描かれたらしいのです[*1]。テイラーは 1611 年にはすでにエリザベス王女一座新進気鋭の俳優となり、後にシェイクスピアの国王一座に移籍して看板俳優となりますが、演技だけでなく絵の才能もあったようで、休憩中のシェイクスピアを口説き落としてモデルになってもらったのでしょう。
　シェイクスピアの方も同業者テイラーに気を許し、芝居の話でもしながら、素の自分を描かせていたのかもしれません。それは演劇人としてのキャリアを考えれば、ごく自然なことでした。シェイクスピアは、イングランド中部ウォリック州に生まれ、故郷ストラフォード・アポン・エイヴォンに妻子を残して上京してから故郷に帰って没する直前まで、ロンドンの商業演劇の世界に、そして劇団という利益共同体に、深く関

わり続けた人物です。ストラットフォードで亡くなったのも、ロンドンから仕事仲間が訪ねてきて一緒に痛飲したのが原因という伝説も残っているほどですから、シェイクスピアにとって演劇関係者は心の結びつきの強い、気を許せる友人たちだったのでしょう。

図1　ウィリアム・シェイクスピア

　いつ上京したのかは定かではありません。少なくとも妻との間に双子が生まれた1585年以降だと考えられますが、その後の足取りは、劇場主の馬番をしていたとか地方で家庭教師をしていたとかなどの伝説を除いて、まったく知られていません。確かなことは彼が28歳になる1592年までには、役者兼劇作家としてすでにロンドンで頭角を現していたという事実です。ロバート・グリーンという先輩作家は『グリーンの三文の知恵』（1592年出版）というパンフレットのなかで、演劇界の最近の動向に触れ、「我々の羽毛で飾り立てた成り上がりのカラスがいる。役者の皮をかぶってはいるが虎の心を持ち……この国で唯一自分こそ舞台を揺るがす者だとうぬぼれている」と述べています。「役者の皮をかぶってはいるが虎の心を持ち」という言い回しは、シェイクスピアのデビュー作『ヘンリー6世・第3部』で、幼い息子の血で染まったハンカチを使って涙を拭えと言う残忍な王妃マーガレットをヨーク公爵が非難する台詞「ああ、女の皮をかぶってはいるが虎の心を持ち」（1幕4場）のもじりであり、次の「舞台を揺るがす者」（Shake-scene）もシェイクスピアの名前が当て擦られていることは明らかです。つまり裏を返せば「何でも屋」シェイクスピアはこの頃、先輩作家に脅威を与える存在になっていたということです。実際のところ、役者でも劇作家でも何でもしなければ生き馬の目を抜くロンドンで暮らしていく

Ⅳ　上演とは何か

132

ことはできなかったでしょう。家族と別れてロンドンの演劇業界に飛び込んだシェイクスピアにとって生業の場所は劇場にしかなく、半ば家族のように接することができた人々も劇団員メンバーだったのですから。

『ハムレット』という作品は1599年頃、シェイクスピアが専属の劇作家となって芝居を提供していた宮内大臣一座（ジェイムズ１世治世下には国王一座と改名）によってグローブ座で上演されました。ですから『ハムレット』の作者は誰かと尋ねられれば、テイラーが描いている劇作家のシェイクスピアと答えて間違いなさそうなのですが、それに異を唱える人びとがいないわけでもありません。ローランド・エメリッヒ監督による映画『アノニマス』（2011年、邦題は『もう一人のシェイクスピア』）で脚光を浴びた反ストラットフォード派がそれです。1人で40本近い芝居を書いた人気劇作家なのに自筆原稿が1枚も残っていないのはなぜか、きっとシェイクスピアは字もろくに書けないような役者にしかすぎず、芝居を書いたのは彼の名前を隠れ蓑にした別人に違いないと主張する人びとです。

たしかにそうした考え方は推理小説のネタになりそうな話なのですが、この時代の事情を考えるとまったく根拠がないことに気づきます。自筆原稿が1枚も残っていないのはシェイクスピアに限ったことではありません。いくつかの例外を除いて、当時の劇作家の自筆原稿はすべて散逸しています。なぜかと言うと、劇作家の自筆原稿は、劇団や書籍商、さらには劇作家自身によっても、さほど価値あるものと見なされなかったからです。中央政府や地方自治体の会議録、貴族や政治家の書簡、裁判記録、利益共同体の記録簿など、保管しておかないと重大な支障をきたす文書は大切に扱われますから今でも残っています。一方、芝居は熊いじめやアクロバットなど大衆娯楽と同列の「気晴らし」（play）であり、芝居小屋（playhouse）は売春宿と同じく不道徳な遊興施設としてロンドン市郊外に追いやられていたのですから、芝居を芸術として有り難がる人などほとんどいませんでした。実際ケンブリッジ大学の学生は、もし定職に就けない大学生が、宮内大臣一座の役者のような「卑しい仕事で貧しさをしのがなきゃいけない」としたら、本当に惨めだと考えていた

のです*2。

　そういう時代ですから、劇作家が台本を書き、劇団に売ってしまえば、台本に関する権利を失い、台本は劇団の所有物となります。法律上、劇作家の著作権はまだ存在しませんでした。一方、劇団としては作品を上演して利潤を稼げればそれでよし、しばらく上演して集客力がなくなり芝居の商品価値が落ちれば、劇団は余計な原稿を書類保管室に置いておく必要はなくなります。むしろ原稿を書籍商に売り渡して若干の利益を確保し、出版された芝居本を使って劇団の宣伝効果を上げたり、劇団員が参照する台本にしたりすることができました。読みやすい活字の印刷本が入手できるというのに、一体誰が劇作家の薄汚れた自筆原稿を欲しがるでしょうか。芝居好きならばありえた話のようにも思えますが、彼らのお目当ては劇作家ではなくむしろ役者の方でした。そういうわけですから、シェイクスピアだけでなく同時代劇作家たちの自筆原稿も残るはずはありません。現存する稀な自筆原稿として有名なのはアンソニー・マンデイの『サー・トマス・モア』ですが、この作品は検閲によって上演中止となった可能性が指摘されています*3。ボツになった原稿が残るというのはなんとも皮肉です。

　このような歴史的文脈が自明であるにもかかわらず、シェイクスピアの代わりにオクスフォード伯エドワード・ド・ヴィアや大学出の劇作家クリストファー・マーロウなどの候補者が擁立されてきたのは、ストラットフォードのような田舎で生まれて大学教育もろくに受けていない人物にこれほどの作品群が書けるはずはないという根拠のない偏見によるのです。そうした色眼鏡をかけ続けているかぎり、俳優仲間によって描かれた素顔のシェイクスピアは、別人説のどの候補者とも同じに見えることでしょう。

2　複数形の『ハムレット』

　反ストラットフォード派の奇想天外なシェイクスピア別人説とは一線を画すとしても、違う意味で『ハムレット』の作者は誰かと問わねばな

らない理由があります。それは『ハムレット』という作品が1つではないからです。

　『ハムレット』はシェイクスピアのいわゆる「オリジナル」作品ではありません。芝居を作るときに多かれ少なかれ参考にした元の作品が存在するのです。これを「種本」とか「粉本」と呼んでいますが、悪く言えばシェイクスピアは盗作作家ということになるでしょうか。実際、シェイクスピアが劇作家として活躍しはじめる前、1589年頃上演された別の『ハムレット』（原『ハムレット』と呼ばれています）が存在していたことがわかっています。原『ハムレット』についてはいくつかの言及しか残っていませんが、その芝居では「亡霊が牡蠣売り女のように、ハムレット、復讐せよ、と惨めに叫ぶ」のだそうで[*4]、どうやらシェイクスピアのものとはかなり趣を異にしています。とはいえ、復讐劇という点では明らかに同じ系統に属しており、シェイクスピアが原『ハムレット』を種本にしたことは間違いありません。さらに1570年に出版されたフランソワ・ド・ベルフォレの『悲話集』にも『ハムレット』の原型となる逸話が収録されており、ハムレット伝説を遡れば、12世紀末サクソ・グラマティカスの『デンマーク史』にまで至ります。

　こうした状況は『ハムレット』だけではなく、シェイクスピア作品のほとんどにも言えることですが、彼の名誉のために付け加えておくと、そもそもこの時代、他人のお芝居を元に新しい芝居を書くことも、自分のお芝居が別の劇作家により利用されることも、日常茶飯事だったのです。もちろん、最近世間を騒がせている「コピペ」のように、そっくりそのまま作品を頂戴するわけではありません。劇作家の本領とは、すでに人々によって親しまれていた劇や物語の素材を自分なりに取捨選択して再構成し、観客の嗜好に合うように味付けをして提供することであり、素材や筋書きのユニークさよりも、素材をどんな風に料理したかという翻案脚色が腕の見せどころでした。ですから『リア王』や『ロミオとジュリエット』など、種本が残存している作品に関しては、種本と作品とを比較検討することでシェイクスピアの独創性をあぶり出すことができるのですが、その結果、異口同音に指摘されるのは、シェイクスピア

第6章　演劇テクストの作者は誰？——シェイクスピア『ハムレット』

135

がそれまで存在していた種本を卓越した形で改良しており、さらにそれを凌ぐ劇作品もその後書かれることはなかったということです。そういう意味において『ハムレット』の作者はシェイクスピアだと言うことは可能でしょう。

　ただ、これで問題解決かと思いきやそうではありません。困ったことに、シェイクスピアの『ハムレット』自体が1つではないからです。シェイクスピアの自筆原稿が残っていないため、今我々の知る『ハムレット』は、上演後に出版された印刷本に依拠しています。図2から図4はどれもシェイクスピアの『ハムレット』1幕2場からの同じ部分ですが、図2はシェイクスピアの死後、1623年に判型の1番大きな2折本（Folio）で出版された『シェイクスピア氏の戯曲作品集』初版（以下F1と表記）に収められた『ハムレット』からのテクスト、図3は1604年に4折本（Quarto: 2折本の約半分の判型）で出版された『ハムレット』単行本の第2版（以下Q2と表記）、そして図4は1603年に出版された4折本の初版（以下Q1と表記）からのテクストです。

　場面はデンマークの宮廷、舞台の中心には新王クローディアスと王妃ガートルード、そして舞台の袖には1人喪服姿のデンマーク王子ハムレットが、王の視線を避けるように立っています。クローディアスは先王だった兄の急死によってデンマーク王位を継承し、寡婦となった義理の姉ガートルードを娶るに至った事情を臣下たちに説明しますが、ハムレットは亡き父を依然として忘れることができず、悩みを蔵している様子。引用部分は、舞台から全員が退場した後、1人残されたハムレットが観客に向かって自分の心情を吐露する独白ですが、F1を訳すと次のようになります。

　　ああ、あまりにも硬いこの肉体が溶けて、
　　緩み分解して露となればいいのに。
　　それとも永遠なる神が自殺を禁じる掟を
　　定めなければよかったのに。ああ、神よ！　ああ、神よ！
　　この世の全ての営みが、なんと退屈で

```
                Manet Hamlet.
    Ham. Oh that this too too solid Flesh, would melt,
Thaw, and resolue it selfe into a Dew:
Or that the Euerlasting had not fixt
His Cannon 'gainst Selfe-slaughter. O God, O God!
How weary, stale, flat, and vnprofitable
Seemes to me all the vses of this world?
Fie on't? Oh fie, fie, 'tis an vnweeded Garden
That growes to Seed: Things rank, and grosse in Nature
Possesse it meerely. That it should come to this:
But two months dead: Nay, not so much; not two,
So excellent a King, that was to this
Hiperion to a Satyre: so louing to my Mother,
That he might not beteene the windes of heauen
Visit her face too roughly. Heauen and Earth
Must I remember: why she would hang on him,
As if encrease of Appetite had growne
By what it fed on; and yet within a month?
Let me not thinke on't: Frailty, thy name is woman.
A little Month, or ere those shooes were old,
With which she followed my poore Fathers body
Like Niobe, all teares. Why she, euen she.
(O Heauen! A beast that wants discourse of Reason
Would haue mourn'd longer) married with mine Vnkle,
My Fathers Brother: but no more like my Father,
Then I to Hercules. Within a Moneth?
Ere yet the salt of most vnrighteous Teares
Had left the flushing of her gauled eyes,
She married. O most wicked speed, to post
With such dexteritie to Incestuous sheets:
It is not, nor it cannot come to good.
But breake my heart, for I must hold my tongue.
                    Enter Horatio, Barnard, and Marcellus.
```

図2　F1（1623）

```
    Ham. O that this too too sallied flesh would melt,
Thaw and resolue it selfe into a dewe,
Or that the euerlasting had not fixt
His cannon gainst seale slaughter, o God, God,
How wary, stale, flat, and vnprofitable
Seeme to me all the vses of this world?
Fie on't, ah fie, tis an vnweeded garden
That growes to seede, things rancke and grose in nature,
Possesse it meerely that it should come thus
But two months dead, nay not so much, not two,
So excellent a King, that was to this
Hiperion to a satire, so louing to my mother,
That he might not beteeme the winds of heauen
Visite her face too roughly, heauen and earth
Must I remember, why she should hang on him
As if increase of appetite had growne
By what it fed on, and yet within a month,
Let me not thinke on't; frailty thy name is woman
A little month or ere those shooes were old
With which she followed my poore fathers bodie
Like Niobe all teares, why she
O God, a beast that wants discourse of reason
Would haue mourn'd longer, married with my Vncle,
My fathers brother, but no more like my father
Then I to Hercules, within a month,
Ere yet the salt of most vnrighteous teares,
Had left the flushing in her gauled eyes,
She married, ô most wicked speede to post
With such dexteritie to incestious sheets,
It is not, nor it cannot come to good,
But breake my hart, for I must hold my tongue.
                    Enter Horatio, Marcellus, and Bernardo.
```

図3　Q2（1604）

```
            Exeunt all but Hamlet.
    Ham. O that this too much grieu'd and sallied flesh
Would melt to nothing, or that the vniuersall
Globe of heauen would turne al to a Chaos!
O God, within two monthes; no not two I married,
Mine vncle: O let me not thinke of it,
My fathers brother: but no more like
My father, then I to Hercules.
Within two months, ere yet the salt of most
Vnrighteous teares had left their flushing,
In her galled eyes: she married, O God, a beast
Deuoyd of reason would not haue made
Such speede: Frailtie, thy name is Woman,
Why she would hang on him, as if increase
Of appetite had growne by what it looked on.
O wicked wicked speede, to make such
Dexteritie to incestuous sheetes,
Ere yet the shooes were olde,
The which she followed my dead fathers corse
Like Niobe, all teares: married, well it is not,
Nor it cannot come to good:
But breake my heart, for I must holde my tongue.
                    Enter Horatio and Marcellus.
```

図4　Q1（1603）

第6章　演劇テクストの作者は誰？——シェイクスピア『ハムレット』

137

陳腐で凡庸で無益なもののように思えることか。
　　何てことだ？　ああ、厭だ、厭だ、この世は雑草が伸び放題に
　　生い茂った庭だ。品性の下劣で粗野なものが
　　それを覆い尽くしてしまっている。こんなことになろうとは。
　　亡くなってたったのふた月。いや、ふた月も経ってない。
　　立派な王だったのに。今の王に比べれば
　　太陽神とけだものほどの差。あんなに母を愛していたのに
　　天の風が荒々しく母の顔に当たるのも
　　許さぬほどだったのに。天よ、地よ
　　思い出さねばならないのか、あんなにも父に寄り添っていたのに、
　　満たされるほど愛の渇きが募る睦まじさ。
　　それがどうだ、まだひと月も経たないというのに？
　　もう考えるまい、脆きもの、その名は女だ。
　　たったひと月前に、ニオベのように涙にかき暮れ
　　父の亡骸に追いすがっていった、その靴がまだ
　　古びもしないうちに。ああ、母が、あの母が。
　　(ああ、神よ！　理性の働きを欠いた獣さえ
　　もっと長く悲しんだであろうに)叔父と結婚した、
　　俺の父の弟と。だが父とは似ても似つかない。
　　俺がヘラクレスに似ても似つかないように。たったひと月？

　ハムレットの人間不信や世の中への幻滅を絶妙な間合いで観客に訴える有名な台詞ですが、Q2と比べてみると、出だしの1行目から台詞の違いに気付きます。「ああ、あまりにも硬いこの肉体が」の「硬い」(solid)が"sallied"になっているのです。何人かの研究者たちは"sallied"という意味のよく通らない単語が「汚れた」(sullied)の誤植であろうと考えていますが、それに従えばQ2の1行目は「ああ、あまりにも汚れたこの肉体が溶けて」となります。肉体は硬いのか、汚れているのか？たしかに肉体は「硬い」というよりも「柔らかい」のでは、と訝しがる方もいるでしょうが、当時肉体は心を閉じ込める牢獄と考えられていま

Ⅳ　上演とは何か

したので、あまり違和感はなかったと思われます。一方「汚れた」というのは人間の原罪を強く意識するハムレットにふさわしい感じがしますし、黒い土で汚れた雪のイメージも背後に読み取れます。もしかするとシェイクスピアは音価の似た言葉で遊んでいるのかもしれませんが、どちらにしても出だしの1行目からテクストが異なるのは奇妙です。

　些細とはいえハムレットの人物造型にも関係するような違いが他にもあります。たとえば4行目の次の部分——

　　F1「ああ、神よ、ああ、神よ！」（O God, O, God!）
　　Q2「ああ、神よ、神よ、」（O God, God,）

さらに「ニオベのように涙にかき暮れ」の部分も、次のように若干違いがあります。

　　F1「ああ、母が、あの母が。／　ああ、神よ！」（Why she, even she. / O Heaven!）
　　Q2「ああ、母が［　　　］／　ああ、神よ、」（why she [　　　] / O God,）.

　Q2には感嘆符が一切なく、さらにF1の「ああ」という感嘆詞や「あの母が」（even she）という繰り返しも見当たりません。あまり大した違いのようは思えないかもしれませんが、これを声にして出してみるとかなり違います。Q2のハムレットは感嘆符がないため、台詞を呟いているような印象ですし、「ああ、母が」の部分は、F1の「あの母が」という（台詞1行を完成させるはずの）強調が欠けているために、そこで声を詰まらせて泣いているようにも思えます。一方F1のハムレットは、観客を相手に「ああ、神よ、ああ、神よ！」と大声で情熱的に台詞を喋っているようです。たしかに字面としては小さいのですが、それが意味するところはとても大きいように思えます。

　Q1はどうでしょうか？　出だしのところだけ訳してみましょう。

第6章　演劇テクストの作者は誰？——シェイクスピア『ハムレット』

139

ああ、この悲しみに打ち拉がれ、汚れた肉体が
溶けて無になってしまえばいい、さもなければこの天蓋が
すべて原初の混沌に戻ってしまえばいいのに！
ああ、神よ、たったふた月、いや、ふた月も経っていない、結婚した、
俺の叔父と、ああ、もう考えるまい
俺の父の弟と。だが父とは似ても似つかない。
俺がヘラクレスに似ても似つかないように。

　これはほとんどシェイクスピアの『ハムレット』とは言えないぐらい台詞の内容が違っています。消える露になりたいと願う思索的なハムレットが影を潜め、世界を混沌に突き落とす過激な復讐者ハムレットが現出してきた感じです。
　第1独白だけでも3つの印刷本がこれほど違うわけですから、作品全体の分量も当然ながら違っています。行数を数えてみるとQ1は約2,200行、Q2はその1.7倍の約3,800行もあり、分量的にはQ2が3つのなかで一番長いテクストです。F1はQ2にある230行が削除されており、Q2には存在しない新しい70行が付け加えられています。そしてこれら3つのテクストはどれもシェイクスピアの名を冠して出版された『ハムレット』なのです。

3　ページからステージへ

　なぜ本文テクストにこうした異同が生じるのでしょうか？　もちろん、印刷の過程で植字工がテクストを読み間違えて誤植が入り込むということは考えられますが、例に挙げたような違いは、それだけで説明することはできません。むしろ印刷本が制作される過程で、劇団関係者が書籍商に渡した原稿が、すなわち植字工の参照している『ハムレット』自体が複数存在し、それぞれのテクストに明らかな異同が生じているのです。それにしても、同じシェイクスピアの『ハムレット』なのに、なぜ内容の違う原稿がいくつも存在するのでしょうか？　この理由は冒頭にも述

べたこと、すなわちシェイクスピアが演劇人として商業劇団──幹部の1人として経営に責任を負い、役者の演技や台詞回しを指導し、また家族のように寝食を共にしながら地方都市を巡業して生計を得る利益共同体──に深くかかわっていたことが関係しています。そこで次に、劇団のなかで生み出されたはずのさまざまなテクストに注目しながら、『ハムレット』が手稿のページからステージに移しかえられるプロセスを俯瞰することで、異同の原因を探ってみましょう。

　映画『恋に落ちたシェイクスピア』（1998年）の冒頭の場面で、ジョセフ・ファインズ扮するシェイクスピアは羽根ペンを握ってカリカリと紙に台詞を書きつけていきますが、おそらくそんな風にシェイクスピアも、どの場面から手を付けたかはわかりませんが、原稿を作成したはずです。劇団の同僚はF1の「読者への序文」で「原稿にはほとんど書き直しがなかった」と述べていますので、彼の草稿は比較的読みやすかったかもしれません。その原稿をシェイクスピアはどこへ持って行ったのでしょうか？　現代的な感覚だと書店の編集者に渡して出版するところですが、著作権のない当時、そんなことをしたらネタバレで商売あがったりです。彼が原稿を持ち込むのは所属する宮内大臣一座以外ありえません。

　演劇興行の成立に不可欠なのは、劇作家の原稿執筆だけではありません。劇場経営責任者や幹部俳優兼投資家たち、端役をこなす日雇い団員や楽士、衣装管理係、木戸番、舞台清掃係など、劇団内外の協力体制が必要です。その体制が整っていなければ、作品は上演の日の目を見ることができません。なかでも重要な役割を担っていたのは「ブック・キーパー」とか「プロンプター」と呼ばれていた人物です。ここでは「台本係」と訳しておきますが、彼の仕事は劇作家の原稿を基にして、上演にむけて必要となるさまざまなテクストを効果的かつ速やかに用意し、舞台稽古と上演を陰で支えることです。何よりも彼が最初にしなければならないのは、芝居の台本を検閲担当の宮廷祝典局長に提出する仕事です。台本係は劇作家の自筆原稿、あるいはそれを写字生に筆写させた手稿、を検閲用に整えて提出し、加筆修正などの指示が出た場合には、その原

第6章　演劇テクストの作者は誰？──シェイクスピア『ハムレット』

稿にさらに手を加えて上演許可にまで漕ぎ着けます。実際、奇跡的に残存したマンデイの自筆原稿には祝典局長の指示が書き込まれており、さらにマンデイを含む複数の人物による加筆修正の痕跡が残されています。

　次の仕事は上演用台本の作成です。台本係は作者の自筆原稿、あるいはそれを筆写させた手稿、に必要なト書きや役者の名前を書き入れ、登場人物の整理、台詞の修正や削除などを施して、舞台稽古や上演に適した形に手稿を加工し、上演台本を作成します。それと同時に、その上演台本から役者用の台本も用意しなければなりません。しかしながら、台本まるまる1冊を役者全員に配るのは時間的にも経済的にも負担が大きすぎます。そこで、ハムレットならハムレットの台詞だけ、オフィリアならオフィリアの台詞だけを、何枚もの細長い切紙に抜き写し、それらを縦に貼り継いで巻紙にした「書抜き」（part）と呼ばれる役者用台本を作ります。つまり俳優は自分の台詞しか書かれていない書抜きを渡されて台詞を覚えるのですが、他の登場人物の台詞や細かい芝居の流れを知らないまま稽古に入るのです。

　台本係の仕事はこれだけにとどまりません。役者の入退場や場面ごとに必要な小道具や効果音など、芝居全体の流れを記した「筋書き表」（plot）を作り、それを楽屋の壁に掲示して、控えの役者や小道具係がタイミングよく出られるよう工夫します。登場人物表も作ったかもしれません。歌が挿入される場合には音楽担当者との綿密な調整が必要になったことでしょう。宮廷祝典局長によって出された部分削除や加筆修正の指示も、役者の書抜きや筋書き表、あるいは上演台本すべてに反映させねばなりません。こうした面倒なプロセスを周到にこなしてようやく一息つけるところですが、その暇もなく芝居の稽古がはじまります。

　台本係は役者の入退場や台詞を上演台本と照合しながら、「筋書き」どおりに芝居を立ち上げていきます。その過程でおそらくシェイクスピア自身が役者の演技や台詞回しに注文をつけることもあったでしょう。ハムレットが旅役者たちの演技に細かく指示や忠告をする『ハムレット』の一場面を思い出してみてください。またその一方で、役者や台本係の側から芝居の構成や台詞回しについて、稽古を通して気づいた意見

や提案が出されることもあったはずです。『真夏の夜の夢』でアテネの職人達がお互いに相談しながら芝居を改良（というか改悪）する場面に、宮内大臣一座の稽古の様子を重ねて想像してみると、シェイクスピアをはじめ劇団メンバーが試行錯誤しながら『ハムレット』を作り上げていく様子が目に浮かびます。こうして稽古の過程で生じた加筆修正や削除、演出上のト書きなど、舞台に載せるための改変も、筋書き表や書き抜き、上演台本に施されていくことになります。上演台本に修正を書き入れたのは台本係だったと考えられますが、シェイクスピアは劇団文芸部長のような立場にいましたから、彼が責任を持って朱を入れたのかもしれません。

　こうしてみると上演にあたって、少なくとも2系統の『ハムレット』手稿台本が存在した可能性が考えられます。1つはシェイクスピアが書斎で書き上げた自筆原稿の台本、もう1つは上演準備に奔走する台本係が中心となって作者原稿を筆写した手稿の台本です。筆写した台本には台本係によるテクストの解釈や上演のための意図的な変更、写字生の写し間違いなどが入り込んだかもしれません。そういう違いはあるものの、どちらも上演台本として用いられた可能性があるため、祝典局長の指示による加筆修正や、シェイクスピアと劇団員たちの協働による舞台稽古、さらにはグローブ座公演での上演形態を、多かれ少なかれ反映した手稿台本だったと考えてよさそうです。出版年の異なる印刷本『ハムレット』にテクストの異同が見られる理由は、制作者が異なるだけでなく、上演に至るいくつかの段階での紆余曲折をテクストに刻み込んでいる手稿台本が、印刷本の背後に存在しているからと考えられます。ですから植字工が組版をする際、どのような手稿台本を使用するかによって、印刷本のテクストに違いが生じることになりますし、さらに劇作家（あるいは劇団関係者）が出版前に手稿台本を改訂増補すれば、同じ作品の印刷本の異同が増えることにもなります。

第6章　演劇テクストの作者は誰？——シェイクスピア『ハムレット』

4　版本の謎

　それでは各々の版本はどういう手稿から派生してきたのでしょうか。多くの研究者たちの見解が比較的一致しているのは、最も行数の多いQ2です。この『ハムレット』はノーカットで上演すると5時間ほどかかると言われています。当時は開演が午後2時、芝居がはねるのは4時から5時です。シェイクスピア自身も『ロミオとジュリエット』や『ヘンリー8世』のプロローグで舞台は「2時間」と明言していますから、5時間という長さではとうてい上演できません。したがってQ2は上演には適さない手稿、すなわちシェイクスピアの自筆原稿、を基にして組版されたに違いないと考えるわけです。さらに、必要なところにト書きが付いておらず、付いていたとしても「国王と他2、3人登場」や「ローゼンクランツと残り全員登場」（4幕3場）など、具体的な舞台上の情報に欠ける点も稽古のプロセスを経ていない自筆原稿がQ2の背後にある内的証拠と見なされます。しかしながら、そうした内的証拠が台本係の手になる上演台本の手稿にもしばしば窺える特徴だと指摘する研究者もいて[*5]、Q2が自筆原稿に由来するという見方は飽くまでも仮説に過ぎません。

　それでも不思議なのは、なぜ第2・4折本が上演時間にとうてい収まりきらないほどの長さになってしまったのかということです。シェイクスピアの他のどの作品と比べてみても、これほど分量の多いテクストは他にありません。しかもQ2の扉には、他の版本でしばしば記されている上演劇団や劇場の情報が一切なく、ただ「真正にして完全な原稿に基づき以前の〔初版の〕ほぼ2倍にまで増補した新版」と明記してあるだけです。これはもしかすると何らかの上演台本をシェイクスピアが増補し、読み物として作りなおしたことを意味しているのかもしれません。実際、Q2出版と同じ頃、ゲイブリエル・ハーヴェイという元ケンブリッジの教員は、「若年層はシェイクスピアの『ヴィーナスとアドーニス』を大変好むが、『ルクリース凌辱』と『ハムレット』は知識人層を喜ばせるものをもっている」と記しています[*6]。もちろんこれは『ハ

ムレット』の人気を物語るものですが、注目すべきは、詩集と同じように読み物として『ハムレット』が位置づけられているという点です。舞台ではなく読み物であればこそ、Q2のハムレットは細々と呟くように語ることができたわけです。

　とはいえ、シェイクスピア自身が存命中に自分の作品を出版・校訂することに注意を払った様子はほとんど見受けられません。実際、存命中には『作品集』（F1）に収められた36作品のうち18作品しか出版されませんでしたし、そのいずれにも作者による綿密な校訂の跡は見受けられません。ハムレットが「明日芝居を聞くことにしよう」（We'll hear a play tomorrow）（2幕2場）と言うように、シェイクスピアにとって芝居は「声の文化」に属する娯楽であり、本来書斎で読むものではなく劇場で耳を傾けるものだったのでしょう。一方でその頃、自分の芝居を印刷本のページ上で再現すべく、出版にこだわる劇作家も現れはじめていました。たとえばバナビー・バーンズという劇作家が1607年に出版した『悪魔の証文』の扉には、この芝居が「先の聖燭節に国王陛下の前で上演されたが、読者の有益な楽しみのために、作者によってさらに正確に校閲・修正され、増補された」ものであることが明記されています。さらにベン・ジョンソンのように、テクストに混入したさまざまな劇場的「汚穢」を取り除き、ページ上で著者だけの理想的なテクストを完成させようとする新進の劇作家もいました。バーンズもジョンソンもシェイクスピアの劇団に芝居を提供していましたから、そうした形でのテクストの出版にシェイクスピア自身も少なからず触発された可能性はあります。そう考えると、シェイクスピアは（おそらく最初で最後に）「読者の有益な楽しみのために」上演用『ハムレット』の改訂増補版を制作し、その手稿を（綿密な校訂作業を自ら施すことなく）Q2として出版させたのかもしれません。とはいえ、もちろんこれも仮説にしか過ぎないのですが。

　それに対してシェイクスピアの死後出版された『シェイクスピア氏の戯曲作品集』F1は、ハムレットが観客相手に独白を朗々と謳い上げることからも察しがつくように、グローブ座公演のための上演台本を基に

第6章　演劇テクストの作者は誰？——シェイクスピア『ハムレット』

して作られた印刷本だというのが多くの研究者の見解です。ただ、分量的にはQ2とさして変わらないため、劇団関係者が上演台本に存在しない部分をQ2から補って出版されたと考えられています。F1のテクストの特徴を考えるときに何より重要なのは、刊行プロジェクトを遂行するにあたっての基本方針です。F1に付されたパトロンへの献辞で、シェイクスピアの同僚だった劇団員ジョン・ヘミングとヘンリー・コンデルが述べていることに注目してみましょう。

> 私たちは作品を集め、孤児たちに後見人を見つけて、亡くなった者への務めを果しただけで、金や名声を手に入れようとする野心などは毛頭なく、ただ素晴らしい友人で同僚だったシェイクスピアの思い出を長らえさせたいと思っただけなのです。

『作品集』は仮綴じで15シリング（現在の金額に換算するとおおよそ15万円）もする代物ですから、儲かる見込みは決して大きいわけではありません。しかしヘミングら劇団員の意向を汲んで、エドワード・ブラントというシェイクスピアの友人だった演劇贔屓の書籍商がかなりの投資をして出版のために一肌脱いでいます。つまりこの『作品集』が編まれたのは、劇団関係者のコミュニティに存在していた、シェイクスピア作品に対する愛着や敬慕の念が先ずあって、それが次の世代に大事なテクストを手渡そうとする意思へと昇華したからなのです。そうした劇団員の思いがシェイクスピアの真正なるテクストを守ろうとする姿勢に繋がるのは自然なことでした。ヘミングとコンデルは「読者への序文」で次のように述べています。

> 彼の友人たちが作品を集め刊行するという心労と骨折りの仕事に当たったことを悪く思わないで下さい。刊行においては、無礼な詐欺師どもの不正手段や窃盗行為によって、本文が欠陥だらけで醜悪な数多くの海賊版が出版され、読者諸賢は裏切られることになりましたが、今やそうした作品についてはきちんと五体満足な形になおし、

Ⅳ　上演とは何か

残りの作品は彼が着想した詩形そのままに、読者諸賢のお目にかける所存です。

つまりF1の『ハムレット』はシェイクスピアにとってというよりむしろ、彼を追悼する「友人」劇団員たちにとって、決定版となる『ハムレット』です。それは劇団メンバーがシェイクスピアと一緒になって試行錯誤しつつ作り上げたテクストであり、そうしたプロセスでの加筆修正や削除、演出上の改変を反映した、シェイクスピアとの懐かしい思い出を甦らせてくれるテクストだったのではないでしょうか。だからこそ劇団員たちはグローブ座での上演を基準に編集した「五体満足」なテクストを出版することで、「欠陥だらけで醜悪な海賊版」の淘汰を目論み、利益共同体の知的資産を保全しようとするのです。

5 『ハムレット』Q1

こうした特徴を有する2つの印刷本と比べると、1603年に出版されたQ1はかなり不思議なテクストです。上演にはちょうど適した分量ですが、独白を比べてみても分かるように、我々が慣れ親しんでいるハムレットとは随分違います。この問題を説明する仮説の1つが改訂説です。つまりQ1の背後にあるのは、シェイクスピアが残存しない原『ハムレット』を材源にして書いた初代『ハムレット』の上演台本であり、Q1に使われたその上演台本をさらに改訂増補した原稿がQ2の基になったという考え方です。そう考えれば分量の少なさや内容が大幅に改善されていることの説明がつきます。ただ、改訂説がうまく説明できないのはQ1の最も興味深い特徴、すなわちマーセラス、ヴォルティマンド、ルシエイナスといった端役の登場する場面の台詞が、Q2やF1で対応する同じ場面の台詞と、ほぼ正確に一致することです。もしシェイクスピアが初代『ハムレット』のQ1を改訂増補して、Q2のような形に発展させたのであれば、なぜマーセラスらが登場する場面の台詞だけをそっくりそのまま温存し、一方で残りの部分をすべて徹底的にいじっ

たのでしょうか。シェイクスピアがそういういびつな改訂方法を採ったとは考えにくいのです。

　むしろこの問題はもう1つの仮説、すなわち「記憶による再構成」説の方がうまく説明できます。マーセラスら端役が登場する場面以外の台詞を調べてみると、他の場面からの寄せ集めで継ぎ接ぎされていたり、同じ頃に上演されていた他の芝居からの台詞が混入していたりすることがわかります[*7]。改訂説によれば、それはまだ駆け出し劇作家だったシェイクスピアが、先輩作家や原『ハムレット』の影響を強く受けながら作品を書き上げた痕跡になるわけですが、「記憶による再構成」説によれば、それは役者の記憶によってテクストが再構成されたためだと言うのです。つまり、マーセラス、ヴォルティマンド、ルシエイナス役を（おそらく掛け持ちで）演じていた役者が、劇場用の上演台本を参照できない状況下で『ハムレット』を記憶から復元する必要が生じ、彼は自ら（もしくは協力者と一緒に）台本の再構築と改作を試みたのです。そのためQ1では、彼が演じた登場人物の台詞だけが飛び抜けて正確に劇場用の台本通りに記され、残りの大部分は彼の（苦し紛れの）創作によって台詞が作られたために、彼の記憶にあった別の場面や他の芝居の台詞が混入したというわけです[*8]。

　ところで、役者が劇場に保管されている上演台本を参照できず、記憶をたよりに台本の復元や改作を行わねばならない状況として、どのようなことが考えられるでしょうか。まず思いつくのはシェイクスピアの劇団の地方巡業です。Q1の扉には「国王陛下一座により幾度かロンドンで、またケンブリッジ並びにオクスフォード両大学、その他でも上演」と記されていますが、大学では職業劇団による上演が原則として禁止されていましたので、これはどうやら宣伝文句にしか過ぎないようです[*9]。ただ、もしかすると大学当局の管轄権が届かない郊外で上演されたのかもしれません。1603年の疫病流行に伴って劇場が閉鎖されたため、『ハムレット』がロンドンから地方へと持って行かれたことは考えられます。

　シェイクスピアの劇団が地方巡業に出かけることになれば、劇場用の上演台本を積み荷のなかに入れることはできません。上演台本は劇団に

とって大切な資産でしたし、旅の途中で雨が積み荷にしみ込んだりすれば、インクで書かれた台本は目も当てられない状態になってしまいます。そこで役者たちは上演台本を劇場の保管室に残し、これまでに覚えたいくつかの芝居の台詞を頭の中に入れて出かけるしかありません。もちろん、大人数による長い旅回りは劇団に大きな負担をかけますから、メンバー全員がうち揃って地方巡業に出かけたとは限りません。Q1の上演に必要な役者数が少ないことを指摘する研究者もいます。若くて体力のあるコアなメンバーだけで出発し、必要とあれば脇役は現地調達ということもたしかにあったでしょう。しかし近年Q1と同じ人数でQ2やF1も上演可能であること、疫病流行と地方巡業との間には明確な相関性を見出せないことが指摘されています[*10]。

　何より疑問なのは、シェイクスピアの劇団が本拠地から長期間離れる旅回りのために『ハムレット』の台本を記憶から再構成する必要が生じただろうかということです[*11]。地方で『ハムレット』を演じる気なら、旅回り予定の劇団員は出発前に台本を覚えて準備をするぐらいの用意周到さを備えていたでしょう。劇中でエルシノアを訪れた旅芸人一座が『ゴンザーゴ殺し』の上演を急遽依頼されたように、宮内大臣一座も旅先で突然『ハムレット』の上演を要請されたのだと推測する向きもありますが[*12]、それもにわかには信じられません。もしそうだとしたら、少なくとも数人がQ1の下敷きとなった台本を記憶によって復元したはずですが、奇妙なことにその作業を担当したのは、劇団の主要メンバーではなく、マーセラス、ヴォルティマンド、ルシエイナスをダブリングした役者、ただ1人なのです。

　そこでどうしても気になるのは、シェイクスピアの同僚ヘミングとコンデルがF1の序文で憤慨している「無礼な詐欺師どもの不正手段や窃盗行為」です。彼らが非難しているのは、劇団の重要な知財であるシェイクスピアの台本を盗み出し、真正なテクストを「欠陥だらけで醜悪」なものにした連中に他なりません。もしマーセラス役が、その「窃盗行為」に関わった1人だとしたらどうでしょうか[*13]。つまり彼が何らかの理由でシェイクスピアの劇団と袂を分かち、人気芝居『ハムレット』

第6章　演劇テクストの作者は誰？——シェイクスピア『ハムレット』

の台詞を記憶のなかに留めたまま、他の劇団に移籍したと考えれば、Q1 に窺えるいくつかの特徴がうまく説明できます。実際、ちょうど『ハムレット』上演の頃、ウィリアム・ケンプという道化役者を筆頭に数人がシェイクスピアの劇団を去り、別の劇団へと移籍したことがわかっています。マーセラス役がグローブ座の上演台本を参照できず、台本の復元に宮内大臣一座の幹部の協力を仰ぐこともできないのは、彼がその時、他の劇団に所属していたという事情によるのではないでしょうか。彼の加入した先が積極的に地方巡業を行う劇団であれば、その劇団は人気芝居『ハムレット』の上演をシェイクスピアの目の届かぬところで、いとも簡単に行うことができたはずです。Q1 は海賊上演に用いられた『ハムレット』だったのかもしれません。

6　『ハムレット』のテクストを求めて

　版本が複数存在する『ハムレット』を編集する場合、今まで見てきたような版本の特徴を知ることはとても重要です。１つ１つの作品について版本の背後にどのような手稿が存在するかを精査し、いずれかの版本を編集上の底本（copy text）としなくてはなりません。それではもし『ハムレット』の校訂版を作るとしたら、底本をどのような基準で選び、どのように本文を編み上げればよいのでしょうか？

　そういう問題をはじめて体系的かつ学問的に検討したのが、20世紀初頭に現れた「新書誌学」（New Bibliography）と呼ばれる潮流の担い手たちでした。彼らは『ハムレット』の校訂版を作る場合には、底本になるべき「最も信頼できるテクスト」は何かを考えねばならないと主張します。ウォルター・W・グレッグの「底本原理」は編集上の基本線を打ち出そうとした記念碑的な論文ですが[*14]、彼は劇作家が実際に書いたはずの手稿に限りなく近い版本を採用し、複数の読み方が存在する箇所については、劇作家自身の意図する読み方を提供することこそ編集者の務めであると考えます。その際、とりわけ版本の背後に存在する手稿の形態、当時の印刷工程、植字工の仕事ぶりなど、微に入り細を穿つ知見

は、作者が書いたはずのテクストを再構築するうえで必要不可欠となります。そうした方法論を確立したのはグレッグの大きな功績だと言えるでしょう。彼から大きな影響を受けていたジョン・ドーヴァー・ウィルソンが『ハムレット』を1934年に編集・出版した時、シェイクスピアの自筆原稿が背後にあると考えられていた「良い4折本」Q2を決定的な底本に選んだのは、ごく自然な成り行きでした。

　グレッグの方法論は第2次世界大戦後北米に渡り、フレドソン・バワーズやG・トマス・タンセルなどの書誌学者によって敷衍され、新たな解釈を加えられていきました。彼らが目指すところも、作者の「最終的な意図」が明確に現れている版本を底本に選び、印刷過程で作者本来のテクストを歪ませるさまざまな「改悪」（corruption）を除去・修正し、失われた自筆原稿のテクストを再構成することでした。彼らが常に希求したのは作者自身の意図を隅々まで正確に反映した「理想的なテクスト」（ideal text）だったのです。それゆえ彼らに影響を受けた編集者たちは、現存するいくつかの版本から信頼に値すると思われる部分を取り出し合成することで、舞台で上演された芝居ではなく作者が書いたと推定されるテクストを作り上げようとしました。こうしてみると新書誌学者は、手稿や版本など「モノ」や素材そのものを精密に分析する点では画期的な方法論を編み出しましたが、その本質においては、目に見えない作家の自筆原稿こそが真の実在であり、版本は不完全な仮象のテクストにすぎないと考える言わばイデア主義者（idealist）でした[*15]。彼らに「理想的なテクスト」が復元可能だと信じさせたのは、大戦後北米に充満していた楽観主義だったのかもしれません。

　シェイクスピアの最も正確で「最終的な意図」は自筆原稿にこそあるという新書誌学の考え方に疑問を呈する向きは当初から存在しました。たとえば作家C・S・ルイスはウィルソンに対して、シェイクスピアの主な目的は『ハムレット』の決定的な自筆原稿にではなく、劇団による上演にこそあったのではないか、と鋭い指摘をしています[*16]。たしかに演劇人シェイクスピアのテクストはページの上で最終的に完結するものではありません。むしろそれは作家の手から離れて、多種多様な環境

第6章　演劇テクストの作者は誰？――シェイクスピア『ハムレット』

のもとで役者や観客という触媒の助けを借りながら、上演の度に舞台上で成立します。そうした演劇の特質を文芸批評家ヴァルター・ベンヤミンは「〈いま−ここ〉的性質──それが存在する場所に、一回的に在るという性質」と形容しました。大衆劇場のステージで、あるいは宮廷や屋内劇場、巡業先のホールで、さらには他の劇団によって作者のあずかり知らぬところで、改訂を加えられながら上演されて完成するのがシェイクスピアのテクストだとすれば、作家の「最終的な意図」が反映された「最も信頼できるテクスト」という絶対的基準は脆くも崩れ去ります。それとともに版本は、その絶対的基準に照らして「良い」か「悪い」かが問われるのではなく、独特で複雑な生成の過程が織り込まれた物証としての個性が問われはじめるのです。つまり版本とは、ある芝居のテクストがそれぞれの環境のもとで徐々に形を変えながら社会化されていくプロセスの一段階を切り取ったユニークな歴史史料だということです[*17]。

　こうしたテクストの社会的生成過程を重視する「テクストの社会学」が新書誌学的方法論に異議を唱えた1980年代、権威的な「作者」を疑うポスト構造主義がその新潮流を後押ししたことは疑いありません。フランスの文芸批評家ロラン・バルトは、作者は意図したことだけでなく意図しなかったこともテクストに書き込んでしまうがゆえに、作者の意図をテクストのなかに探すのは誤謬だと指摘しましたが、この考え方は、作家の「最終的な意図」からテクスト生成プロセスそのものへと目を転じることで作者の主権を解体する「テクストの社会学」と非常に相性が良いように思えます。しかしながら、たしかに劇団員との協力関係において完成される演劇テクストは作者性を分散させ、そこから作られる版本もしばしばその制作過程で作者を脱中心化するとはいえ、その状況はポスト構造主義的な「作者の死」を必ずしも意味してはいません。むしろ作者の主体的役割は当時決して小さくありませんでした。実際、政府の検閲が、作品の責任主体が拡散して曖昧になりやすい演劇テクストを根拠にして、その言説の責任を明確に作者や上演劇団に求めたこと、あるいは筆禍事件によって劇作家自身が逮捕され、場合によっては重い処罰を受けたことからも、それはわかります[*18]。しかも演劇テクストを

IV　上演とは何か

作者の管理の下にステージからページへと移しかえ、そこに作者の主体的テクストを構築するジョンソンのような劇作家も登場していたのです。

とすれば、これからの『ハムレット』の編集作業はどのようなものになるのでしょうか？　少なくとも言えることは、作者原稿中心の版本研究から脱却し、シェイクスピアをはじめ上演や出版に関わった人々の所産としてテクストを捉え直す、言わば演劇興行中心の版本研究へと重点を移していくだろうということです。それによって編集者は、テクスト生成のプロセスに絡む社会的環境に目配りをしながら、劇作家・劇場・書籍商・テクストの編み合わせを緻密に検証する作業が求められるでしょう。そしてイデア的手稿の存在については不可知論的態度を貫きつつ、残存した演劇史料から検証可能な範囲で、記録された「モノ」としての版本がどのようなプロセスで生成されたかを唯物論的に分析し、必要以上の編集を加えずに版本それぞれの具体的個性を立ち上げるよう求められそうです。こうして読者が手にする『ハムレット』はもはや1つではなく、F1とQ1、そしてQ2それぞれのユニークさが際立つ『ハムレット』作品群になるでしょう。すでにそうした『ハムレット』の刊行もはじまっていますし、出版という形をとらずに画面上で電子テクストを読めるようにするテクノロジーの発達もそうした方向性を後押しすることになると考えられます。

それにしても、それぞれの個性的な版本テクストの生成プロセスをさらに読み解いていくための新しい痕跡は、版本のなかに（あるいはその外に）見つけられるのでしょうか？　たしかに探求の歩みは道半ば、終着地点は五里霧中ですが、最後にフランスにおける科学捜査の先駆者エドモン・ロカールの言葉を引用して、前向きに本論を締めくくりたいと思います。

「接触すれば必ず痕跡は残るものだ」。

［参考文献］（日本語文献を中心に）

* シェイクスピア時代の版本の成り立ちは次の文献に詳しく述べられています。
  山田昭廣『本とシェイクスピア時代』（東京大学出版会、1979年）。
  高野彰『洋書の話』（第2版、朗文堂、2014年）。
* シェイクスピア時代の演劇興行については、次の文献が有益です。
  玉泉八州男『女王陛下の興行師たち』（芸立出版、1985年）。
* 台本係が劇場で果たした役割については次の研究を参照してください。
  Bentley, G. E., *The Profession of Player in Shakespeare's Time 1590-1642*, Princeton: Princeton University Press, 1984.
* ト書き、句読法、本文校訂などの問題については次の文献でも詳述されています。
  外山滋比古『シェイクスピアと近代』（研究社、1977年）。
* ハムレットQ1については次の文献に収められた拙文「旅芸人一座の『ハムレット』」を参照してください。
  青山誠子編『「ハムレット（シリーズもっと知りたい名作の世界）』（ミネルヴァ書房、2006年）。
* 次の文献にはドン・マッケンジーによる「テクストの社会学」（河合祥一郎訳）、及び、金子雄司による「シェイクスピア本文の再生産」を含んでおり有益です。
  小森陽一他編『岩波講座・文学』第1巻「テクストとは何か」（岩波書店、2003年）。

［註］

* 1　Duncan-Jones, K., A Precious Memento: The Chandos Portrait and Shakespeare's 'Intimate Friend', *Times Literary Supplement* (April 25, 2014), pp. 13-15.
* 2　Leishman, J. B. (ed.), *The Three Parnassus Plays 1598-1601,* London: Ivor Nicholson & Watson, 1949, *l.* 1846. ケンブリッジ大学劇『パルナッソスからの帰還』ではロンドンの有名俳優に扮する役が登場し、ケンブリッジの学生に入団試験を行う場面があります。このセリフはその試験後に学生がふともらす呟きです。
* 3　Greg, W. W. (ed.), *The Book of Sir Thomas More*, 1911; rpt. Oxford: Malone Society, 1961, pp. xiii-xv.
* 4　Gosse, E. (ed.), *The Complete Works of Thomas Lodge*, 4 vols, 1883; rpt. New York: Russell and Russell, 1963, 4, p. 62.
* 5　Werstine, P., *Early Modern Playhouse Manuscripts and the Editing of Shakespeare,* Cambridge: Cambridge University Press, 2013.

* 6　Smith, G. C. M. (ed.), *Gabriel Harvey's Marginalia,* Stratford upon Avon: Shakespeare Head Press, 1913, p. 232.
* 7　Duthie, G. I., *The "Bad" Quarto of Hamlet,* 1941; rpt. New York: Folcroft, 1969.
* 8　この考え方は次の文献においても見られます。Irace, K., Origins and Agents of Q1 *Hamlet, The Hamlet First Published,* ed. T. Clayton Newark: University of Delaware Press, 1992, pp. 90-122.
* 9　Wiles, D., *Shakespeare's Clown: Actor and Text in the Elizabethan Playhouse* Cambridge: Cambridge University Press, 1987, pp. 29-30.
* 10　McMillin, S., Casting the Hamlet Quartos: The Limit of Eleven, *The Hamlet First Published*, ed. Thomas Clayton, Newark: University of Delaware Press, 1992, p. 193.
* 11　同様の指摘は次の文献においてもなされています。Maclean, S.-B., Tour Routes: 'Provincial Wanderings' or Traditional Circuits?, *Medieval and Renaissance Drama in England* 6 (1993), p. 5.
* 12　McMillin S. and S.-B. MacLean, *The Queen's Men and Their Plays,* Cambridge: Cambridge University Press, 1998, p. 19.
* 13　Irace, 100.
* 14　Greg, W. W., The Rationale of Copy-Text, *Studies in Bibliography* 3 (1950-1951), pp. 19-37.
* 15　Egan, G., *The Struggle for Shakespeare's Text: Twentieth-Century Editorial Theory and Practice,* Cambridge: Cambridge University Press, 2010, p. 152.
* 16　Lewis, C. S., 'The Genuine Text': A Letter to the Editor, *Times Literary Supplement* (May 2 1935), p. 288.
* 17　このような考え方をする代表的な文献としてはMcGann, J. J., *A Critique of Modern Textual Criticism,* Chicago: Chicago University Press, 1983 を参照して下さい。
* 18　Vickers, B., *Shakespeare, Co-Author: A Historical Study of Five Collaborative Plays,* Oxford: Oxford University Press, 2004, pp. 506-41.

第 7 章
歌劇の「正しい」姿？
―――ワーグナー《タンホイザー》

松原良輔

1　オペラにおける「作品」とは何だろう？

　たとえば、あなたがあるオペラ作品について、単に作品情報を仕入れるというのではなく、自分の目と耳で作品に触れたうえで、レポートを書いてきなさいと言われたとしましょう。あるいは、あなたが吹奏楽部や市民オーケストラのメンバーで、たまたま演奏したオペラの序曲が好きになり、作品全体についてもっと知りたくなったと仮定してみてもかまいません。その時あなたは、まず何をするでしょうか。多くの場合、動画サイトで検索してみるか、CD や DVD などを扱っているショップか図書館に足を運ぶのではないかと思います。そして、対訳本、映像資料に付属するブックレット、字幕などを頼りにしながら、とりあえず視聴してみることでしょう。

　そもそもオペラ芸術における作品とは、何をさすのでしょうか。この問いに対する最も一般的な答えは、「楽譜」ということになるかもしれません。しかし、ソリストや合唱団をはじめとする歌い手、オーケストラのメンバー、指揮者、演出家、ダンサー、舞台美術家、大道具や小道具の制作者、照明担当者などが力を合わせた末に、束の間の幻のように出現する濃密なパフォーマンスこそが、「作品」なのではないかと考えることもできます。このような立場にたてば、作品を知ろうとする者が映像・録音資料にまず手を伸ばすのは、ごく自然なふるまいなのかもしれません。とはいえ少し深入りして、同じ作品を複数の演奏で視聴して

みると、単なる「解釈の違い」では説明のつかない現象——具体的には、あるDVDには収録されている場面が、別のDVDではすっぽり抜け落ちている、あるいは台詞は同じなのに付けられた音楽がまったくの別物になっている、といった現象——にたちまち遭遇することになるでしょう。

　作品との出会いがパフォーマンスに強く依存する——それゆえ、オペラにおける作品の姿はひときわ不安定なものです。たとえば、ある日の上演において、ある作品の特定の部分がカットされていたとします。それは、指揮者と演出家が入念な議論を繰り広げた末の判断によるものかもしれませんが、上演が行われた歌劇場においてそのような省略が慣習化していたという可能性もあります。しかもこのような事情は、作品が誕生するプロセスにも関係しています。現在でも傑作として知られるオペラ作品のなかには、創作当時に特定のオペラハウスで活躍していた名歌手を想定し、その歌手の音楽性や技巧に合わせて書かれた見せ場（聴かせどころ）を含むものも少なくありません。そのような箇所は、別の劇場で上演される場合には、しばしば登場する歌手の力量に合わせて手直しされたり、カットされていました。

2　ヨーロッパの芸術音楽における「オペラ」

　オペラ作品の姿を不安定にするもう1つの要因として、近代ヨーロッパの音楽芸術においてオペラが占める特異な位置にも、目を向けておく必要があるでしょう。ブルジョワ市民が社会の主導権を握った19世紀ヨーロッパでは、音楽が「シリアスな音楽（いわゆるクラシック音楽）」と「娯楽音楽」に2極化する傾向が見られました。現代の常識では、オペラは「シリアスな音楽」に属すると思われがちです。しかし、もともと絶対王政の権力を誇示するための絢爛豪華な「音響的・視覚的スペクタクル」として発展したオペラは、みずからのスペクタクル性をブルジョワが求める娯楽性と結びつけることで、巧みに近代を生き抜いていったのです。特にこの時代を代表する音楽の都パリでは、「グランド・オペラ」と呼ばれる、大がかりな歴史オペラが大流行しました。こ

れは、歴史劇の衣をまといながらも、「私的な世界（愛）と、公的な世界（義務）との間で葛藤する個人」というテーマを、大がかりな舞台装置や絢爛豪華なオーケストラの響きによって派手に描き出す「娯楽大作」のことです。オペラ座に押し寄せる聴衆の多くは、このような娯楽性に敏感に反応する消費者だったと言えるでしょう。

　学術的な編集の思想と手法が本格的に発展しはじめた19世紀には、このような2極化に対応するかたちで、学術的な編集の対象にふさわしいとされる作品と、そうでない作品との間の線引きも進んでいきました。

図1　ベートーヴェンの『批判版全集』に収録されたオペラ《フィデリオ》のスコア（1864年刊行）の表紙。作品自体のタイトルよりも、全集のタイトルや作品のジャンル区分（中央部に「シリーズ20：音楽劇作品」と表記されている）が大書され、学術的な体系性を強調するデザインになっています。

ヨーロッパ、特にドイツ語圏の音楽の場合、「永続性を獲得すべき、神聖でクラシックな作品」という位置づけが与えられたのは、主にバッハ、モーツァルト、ベートーヴェンといった「過去の巨匠」が遺した宗教曲・交響曲・器楽曲でした。そして、1851年に刊行が始まったバッハ全集を皮切りに、19世紀中頃から、彼らの作品の楽譜は「学術的に編集された批判版全集」として次々と刊行されます。そこでは同時代の古典文献学の方法を援用して、かつての楽譜出版とは比べものにならない精密度で編集が行われましたが、もっぱら「作品の究極的な完成形＝唯一の正しい本文」を提示することに精力が注がれたため、作品成立の過程や異読（ヴァリアント）などを記録する作業は重視されず、編集にあたって使用された原資料や編集過程で下された判断についての情報なども十分に示されませんでした。またこの種の全集と平行して、「記念版

第7章　歌劇の「正しい」姿？──ワーグナー《タンホイザー》

159

全集」なるものも数多く刊行されましたが、そこには、ベートーヴェンやモーツァルトの作品を「ドイツ文化の栄光を物語るモニュメント」として世に広めようというナショナリズム的な動機も働いていると言えるでしょう。このような流れのなかで、これらの大作曲家が書いたオペラ作品が批判版全集に収録されていったのに対して、オペラを主な活躍の場とした作曲家の場合、19世紀のパリで不動の人気を誇ったジャコモ・マイアベーアですら、そのオペラ作品の批判版全集の刊行が始まったのはごく最近のことなのです。

3　オペラ作品をどのような形で出版すべきか

　それでもやはり、オペラ研究を深め、オペラ文化を批判的に継承していくためには、「信頼できる版」を制作し、出版することは絶対に必要です。では、その望ましい形態はどのようなものでしょうか。まず「本文」に相当するのが、言葉と音楽の響きを可能なかぎり完全に視覚的記号で再現するフル・スコアです。このようなスコアを編集するためには、残されている手書き資料（自筆譜や筆写譜）と印刷資料（既存のフル・スコア、ピアノ・スコア、パート譜）を網羅的に調査し、作品を最も妥当な姿に織りあげていく必要があります。その際に特に留意すべきなのは、「作成されたフル・スコアが演奏にも使われることを考慮すると、異読と本文をすぐ近くに併記するのは現実的ではない」こと、「作者は、実際に演奏された際の響きを聴いたうえで作品に手を入れることが多いので、オリジナルの自筆譜なるものを、本文確定の根拠として過大評価すべきではない」こと、さらに「かつては 2 次的な意義しか持たないとされていたパート譜やピアノ・スコアにも、作品の生成過程を把握するうえで重要なヒントがしばしば隠れている」ことでしょう。また、「本文」を確定する際に使用した資料のリスト、個々の資料の意味と価値（特に「本文」のベースとなった資料については、それを決定的に重要と見なす根拠も示さなければなりません）、資料同士の系統関係、作品の成立過程などの情報を収録した「批判資料」[*1]も、この種の全集には不可

IV　上演とは何か

欠です。実際、20世紀半ば以降に刊行された全集は、おおむねこのような構成になっています（これはオペラだけでなく、いわゆるクラシック音楽全般に当てはまる傾向です）。

ただ、文学研究という立場からひとこと言わせていただけるならば、台本は独立した形で読める方が望ましいのではないでしょうか。そうすればまず、台本を理解するうえで欠かせない、台詞の韻律構造を明示することができるからです。さらに、複数の歌い手が異なる台詞を同時に歌う場面や、同じ台詞を繰り返しながらクライマックスを形づくる場面など、楽譜だけだとオペラが持つ文学作品としての側面（台詞やト書きに含まれる劇的構造）を読み取りにくい箇所についても、このような措置が有効なのではないかと考えられます。ただし、台詞を「音楽の時間を表す楽譜」から、それとはまったく異なる時間構造を持つ「読み物」に転記するのは、意外に面倒な作業です[*2]。また、多くのオペラ作品では音楽と台詞の作り手が異なっているので、台本のみを「作曲家の名を冠した全集」に収録すること自体、実は微妙な問題なのですが。

4　ワーグナーの作品観

さて、19世紀のオペラが帯びていた娯楽性に対して、公然と反旗を翻したのがリヒャルト・ワーグナー（Richard Wagner：1813〜83年）です。彼は自分の作品がいわばベートーヴェンの交響曲と同じように真摯に体験されることを求めました。そのために彼は、作品の筋立てをお決まりのパターンから解放し、音楽と言葉の関係（特にオーケストラが劇の進行において果たす役割）を根本的に改革していきます。またすべての作品において、音楽のみならず台本までも自分で執筆したというのも、ワーグナーの音楽劇における際立った特徴になっています。さらに彼は、南ドイツの小都市バイロイトに、自作を理想的な形で上演するための劇場を建設しました。そこで開催されるバイロイト祝祭は、さまざまな紆余曲折を経て、現在ではドイツを代表する音楽祭になっていますが、今なおワーグナーの子孫によって運営され、ワーグナー作品のみを上演し

ているという点で異彩を放つ存在です。

　このようなエピソードを並べると、「ワーグナーは、自分の作品を理想的な形で後世に伝えるため、自分の作品全集をみずから編集し、出版したのではないか」と予想される人も多いのではないでしょうか。しかしこの予想は、なかば満たされ、なかば裏切られます。というのも、たしかに彼は自分の『著作全集』（*Gesammelte Schriften und Dichtungen*、全10巻、1871年に刊行開始）の制作にそれなりの熱意を持って関与しています。ただし、オペラ作品については台本のみ（自分の書いた台詞やト書きに独自の芸術的価値があると確信していた彼は、「劇詩」（Dichtung）という用語を用いています）の収録となっていますし、《さまよえるオランダ人》より前の初期作品が排除されています。さらに、若いころに書いた論文については、刊行年や内容が一部書き換えられているのです。その根底には、「音楽劇の改革者」というイメージに合わない部分を抹消したい、あるいは、過去の政治革命へのかかわりを小さく見せたいといった「好ましい自己像の演出願望」がありました。つまり、この著作全集を通じて読者が出会うことになるのは、自身の手で編集された「詩人・文筆家としてのワーグナー」だと言えるでしょう。

　しかし、作品を編集するという観点から見てより重要なポイントは、ワーグナーが「作品を楽譜によって固定化する可能性」に対して、強い疑念を抱いていたことでしょう。妻コジマが残した『日記』によれば「スコアは上演されるまでは存在しないも同然だが、本はできてしまえばとにかくそこにあるわけだから、その点、文筆はいい」と語ったこともある彼は、逆にベートーヴェンの交響曲を指揮する際には、「作曲家が欲しながらも、当時の楽器の性能ゆえに音符としては書けなかった音がある」と考え、それをかなり思い切って「復元」しています。

5　《タンホイザー》がたどった旅路

　《タンホイザーとヴァルトブルクの歌合戦》（以下、《タンホイザー》と略記）は、ワーグナーが「タンホイザー伝説」、「ヴァルトブルクの歌

合戦をめぐる伝承」、「聖女エリーザベトの物語」、「ヘルゼルベルクの言い伝え」という中世から伝わる物語を組み合わせ、さらに新たなモティーフを加えることで作り上げた音楽劇作品です。友人の文献学者ザムエル・レールスに紹介された「ヴァルトブルクの歌合戦について」という論文が、創作にあたって大きな役割を果たした、という興味深いエピソードがありますが、学問としての文献学が1つ1つの伝説の「オリジナルあるいは最良の姿」に関心を向けるのに対して、ワーグナーは伝説や神話の核心には「人間的なるもの」のエッセンスがあると考え、それを複数の伝説をぶつけ合わせることによって抽出しようとしました。これは後の《ニーベルングの指環》などにも通じる、ワーグナー独自の創作手法です。

さてこの作品、一見したところでは、「地下の王国ヴェーヌスベルク」と「山上にそびえるヴァルトブルク城」という2つの空間の対立に、「異教とキリスト教」、「ヴェーヌスとエリーザベト」、「官能的な愛と精神的な愛」といった内容面での対立がぴったりと重ねあわされ、主人公タンホイザーは両者の間を揺れ動いた末に、後者の懐に抱かれて死と救済の瞬間を迎える、というある意味わかりやすいお話のように思えます。また、第2幕の華やかな「入場行進曲」、第3幕の叙情的な「夕星の歌」、苦悩に満ちた「ローマ語り」など聴き所も多く、上演時間も比較的短いので、「ワーグナー入門」にうってつけとされる作品です。しかし実は、彼の音楽劇のなかで、《タンホイザー》ほど複雑な改作の過程をたどった作品は他になく、「信頼できる版」を作ろうとする研究者にとって、きわめて重い宿題になっているのです。

そこで、この作品の成立と改作のプロセス、そしてワーグナーが生きている間の出版について、まずまとめてみましょう。ほとんどの作品において彼はまず台本を、最初は散文で、そのあと韻文で執筆しています。《タンホイザー》の場合、1842年6月から翌年4月（ないし5月）にかけて台本が完成し、その年の夏には作曲がスタート、1845年4月にはスコアが完成しました。そして、ドレスデン宮廷劇場で行われた初演（同年10月）に先立って、スコア初版が制作・出版されました。ただし

第7章　歌劇の「正しい」姿？――ワーグナー《タンホイザー》

その際、製版用紙にワーグナーが直接書いた楽譜を、リトグラフ印刷用の原版に転写するという特殊な技術が使用されたため、版の基本になった自筆スコアは残っていません。またこの版は、わずか100部しか制作されていないため、どの程度パブリックなものと見なしうるかという疑問も残ります。しかも、初演までの準備を重ねる間に、ワーグナー自身が相当量の修正・追加・削除を行ったため、結局初演の前後に、スコア初演に書き込みを加えた版があらためて配布・販売されることになったのでした。

　さらに初演の直後から、ワーグナーは作品に手を入れ始めます。特に1847年に行われた変更は、作品の見え方を大きく変えるものでした。時間なき快楽の世界であるヴェーヌスの洞窟から、リアルな生の実感を求めて旅だった主人公は、愛するエリーザベトの住むヴァルトブルク城が硬直した道徳に支配されていることに苛立ち、歌合戦の席でヴェーヌスを賛美してしまいます。エリーザベトの取りなしで助命された彼は、聖地ローマに巡礼して教皇の赦しを得ようとしますが失敗し、打ちひしがれて城を見上げる谷間に戻ってきます。そこで主人公は、絶望のあまりヴェーヌスのもとに帰りたいと歌うのですが、初演（およびスコア初版）段階では、タンホイザーの台詞と音楽、「ヘルゼルベルク（＝ヴェーヌスの住処）が薔薇色に輝く」というト書きがヴェーヌスの存在を暗示するのみでした。この場面を見た当時の聴衆の目に、官能の女神の世界は、主人公の脳裏に浮かぶ夢か妄想のように映ったことでしょう。それに対して、変更後の同じ場面では、ヴェーヌスが実際に出現して、タンホイザーを迎え入れようとします。それに対応して、主人公が「ああ、心優しき女神ヴェーヌスよ／　あなたのもとへと心ははやる！」と呼びかける一連の台詞も追加されました。このようにして、主人公の内面で繰り広げられていた妄想は、生々しい舞台上の現実へと変貌したのです。

　もう1つこの時期の作者を悩ませていたのが、最終場面におけるエリーザベトの扱いです。ヴェーヌスの対極に位置し、純粋な愛を体現するとされるこの登場人物は、実は主人公のリアルな生への憧れを誰より

Ⅳ　上演とは何か

も理解しており、それゆえに自らの命と引き換えに主人公を救済へ導く存在です。「自己犠牲による救済」という主題を舞台化するにあたって、エリーザベトの死を弔いの鐘で暗示するか、はたまた彼女の遺体を収めた棺を舞台上に登場させるか、ワーグナーは大いに迷います。最終的に彼は、蓋の開いた棺を登場させ、エリーザベトのリアルな身体性を示す方を選びますが、これはヴェーヌスの場合と同様、舞台作品としてのインパクトを優先する変更と言えるでしょう。これらの変更はまず、ワーグナーの指示に基づいて、写譜師が上演当事者の手元にあるスコア初版に加筆するというやり方で記録・公開されていきました。それらを盛り込んで新たに制作されたスコア（製版スコア初版）がドレスデンのメーザー社から出版されたのは、初演から15年を経た1860年のことです。これによって《タンホイザー》という作品は、1つの終着点にたどり着いたように見えます。

　ところが、この出版に先立つ1850年代の末、ワーグナーは《タンホイザー》をパリで上演しようと計画します。若き日の彼は、グランド・オペラ作家としての成功を夢見てパリに出てきたものの、貧困のどん底に陥るという苦い経験をしていました。そのなかで彼は、当時のオペラが陥っていた商業主義や、その背後にあるブルジョワ資本主義を批判する視点を手に入れるのですが、それでもなおヨーロッパ随一の音楽都市であるパリで認められたいという欲求は断ちがたいものでした。この計画は、皇帝ナポレオン3世の支援を受けて具体化していきますが、ワーグナーは作品をドイツで上演されていた姿のまま持ちこもうとしたわけではありません。次々と翻訳者を変えながらも上演用のフランス語台本を作成し、オペラ座での上演慣習に合わせてバレエシーンを挿入するなど、さまざまな変更を加えています。ただしオペラ座では、好きな踊り子を見るために遅れて来る観客のために、バレエは第2幕に置かれることになっており、ワーグナーもそれに従うよう要求されましたが、最終的には第1幕第1場をバレエ用に拡大するということで妥協が成立します。

　このように、パリ上演に向けての改作は外的な要因によるところが大きいのですが、作品の内容という観点から見ても興味深いものです。第

第7章　歌劇の「正しい」姿？――ワーグナー《タンホイザー》

165

1幕に挿入されたバレエ音楽（「バッカナーレ」）において、ワーグナーは1840年代よりもはるかに洗練された作曲技法を駆使して、ヴェーヌスベルクの官能的な魔力を色彩感豊かに描き出しました（ただし、それが作品の音楽的な一貫性やバランスを損なったのも確かです）。台本面でも、バレエに続く場面でのヴェーヌスの人物造形にかなりの変化が見られます。現世の限りある時間のなかでこそ味わえる生の実感を求めて去ろうとするタンホイザーに対し、女神は最初は冷静にたしなめるような態度を取り、次に怒りを爆発させ、さらに甘い言葉で籠絡しようとしますが、それでも主人公の気持ちが変わらないので、最後は激しい呪詛の言葉を浴びせます。この場面、1860年までのヴァージョンでは、主人公を去らせまいと必死になりながらも、キリスト教の倫理観に対抗して「ならば人類全体を呪ってやる／　その時になって私の魔力を求めても無駄よ！／　世界は朽ち果て、英雄も奴隷となるがいい！」と言い放つヴェーヌスの誇りと怒りが強調されていました。それに対して、パリ上演に向けての変更では、「この愛の女王が／　慈愛あまねき女神が／大切なひとに尽くすことだけは／　許されないなんて。／　あの時私は、涙まじりの微笑を浮かべて／　あなたの声に憧れをつのらせ／　身近に聞けなくなって久しい／　誇り高き歌に聴き惚れた」といった台詞が追加され、ヴェーヌスの「生身の女性」としての側面が強調されています。その反面、「時間を超越した神話世界の女王」という側面は薄れ、場面全体がメロドラマめいた雰囲気を帯びてくることも否定できないでしょう。

　さて、ワーグナーはこれ以外にも多くの変更を加え、さらに150回以上のリハーサルを重ねたうえで1861年3月に上演に臨みましたが、皇帝に反感を抱く聴衆の妨害工作などもあって大騒動となり、公演はわずか3回で中止になりました。ちなみに、この公演で鳴り響いた音楽と言葉が、ワーグナー自身の手でスコアにまとめられ、刊行されることはついになかったということも、重要な事実として心に留めておきましょう（厳密な意味でのパリ上演版スコアは存在しない、ということです）。

　とはいえこの時の変更は、ワーグナーが《タンホイザー》にさらに手

Ⅳ　上演とは何か

を加えていく際の基礎となりました。そのかぎりにおいて、大失敗に終わったパリ公演は、この作品のたどった旅路における、大きな転換点となったと言えるでしょう。実際その後の彼は、ドイツ語圏を代表する音楽都市での上演を目指して、パリのために作成したフランス語台本をドイツ語に訳しなおし、「バッカナーレ」の音楽に合わせてト書きを増強する、というやり方で改作作業を進めました。パリ公演に向けての変更を撤回し、作品を1860年の姿に戻そうとは考えなかったのです。なお、前節でご紹介した『著作全集』はこの作業の最中に刊行されました。そこに収録された《タンホイザー》は、第1幕第1場のト書きが後のウィーン版スコアとほぼ同じなのに対し、台詞の方は随所に製版スコア初版の段階の姿を残しています（一部どちらの版とも異なる台詞もあります）ので、取り扱いに注意が必要です。

　結局、ワーグナー自身の立ち会いのもと新ヴァージョンが上演されたのは、1875年のウィーンでのことでした。そこでは、序曲の終盤をカットして第1幕に移行するという、（パリ公演時には検討されただけで実現しなかった）案が実行に移されました。この序曲は3部形式になっており、両端部で巡礼の歩みを表すモティーフを中心に荘重な音楽を、中間部ではヴェーヌスベルクを表す官能的な情熱にあふれた音楽を展開します。ところが、序曲直後の第1幕前半の舞台はヴェーヌスベルクなので、序曲の終盤の収まりがどうしても悪くなるという問題があったのですが、それがこの時の変更によって解消されました。

　このウィーン公演に先立って、ワーグナーはそれまで積み重ねてきた変更を盛りこんだスコアの版下を制作させ、それをベルリンのフュルストナー社に送りました。しかし、このウィーン版スコア初版の刊行は、版権料をめぐるトラブルのため、彼の没後にずれ込みます。その結果、このスコアは、作者による校正の機会を逸することになってしまいました。これは単なる手続き的な問題ではありません。というのもワーグナーには、上演時の体験を踏まえて、楽譜に手を入れるという習慣があったからです。

　ともあれ1875年以降、この作品がさらに修正されたという具体的な

第7章　歌劇の「正しい」姿？──ワーグナー《タンホイザー》

167

記録はないため、ウィーン版スコア初版を《タンホイザー》の最終形と見なす者も少なくありません。しかしコジマの『日記』には、作者が残した「自分はまだ世間に対してタンホイザーという借りがある」という有名な述懐だけでなく、「タンホイザーに手を加えようにもスコアがない」という言葉も見られ、出版社との軋轢さえなければ具体的な改訂作業に入りたいというワーグナーの意志がうかがえます。実際この時期の彼は、作品全体のバランスと様式的統一性を回復するために、第1幕第1場を短縮する可能性を検討しているのです。

6 バイロイトの遺産相続人たち

さてここまで、《タンホイザー》という作品が作者の生前にたどってきた紆余曲折に満ちた旅路を、(これでもかなり大雑把に)紹介してきたわけですが、ワーグナーの芸術を後世に伝えていこうとした人々が、この錯綜した状況にどのように立ち向かったのかを、次に見ていきましょう。

《タンホイザー》を含むワーグナー作品を保存・継承していくうえで、まず重要な役割を果たしたのは、何と言ってもバイロイト祝祭の運営に携わった人々です。まず祝祭総監督となったコジマは、1891年に初めて《タンホイザー》を取り上げ、自ら演出も行いました。彼女は「亡夫の作品を、彼が意図したとおりの姿で保存・継承すべきだし、それは可能だ」という信念にもとづいて行動しましたが、この作品についてはウィーン版スコア初版こそ作者の究極的な意志を体現したヴァージョンであるという立場を取り、この版に基づく上演が規範的なものだという考え方を、バイロイト祝祭における上演を通じて、定着させようと尽力します。たしかに、「ある作品が、作者の承認のもとに到達した最終的な形態こそが決定版だ」という立場にたてば、コジマの判断は正しいということになります。しかし、その形態がパリ・オペラ座の上演慣習という外的要因の影響を強く受けているという事実を重く見るならば、話は違ってきます。

たとえばコジマ総監督のもとで活躍した指揮者フェーリクス・モット

ルは、ワーグナー作品の編集にも精力的に取り組み、1914年には《タンホイザー》の楽譜を刊行したのですが、その際彼は、製版スコア初版を本編とし、そのなかにウィーン版スコア初版における変更箇所を挟みこみました。そして前者を「ドレスデン版」、後者を「パリ版」と呼んだのです。その後この名称は、《タンホイザー》の2つの代表的なヴァージョンの名称として、今にいたるまで広く流通することになりますが、作品の成立と変更の過程を正確に反映しているとはとても言い難いものです。にもかかわらず、モットルがこの名称を用いたのは、作品を初期形態と後期形態に2分したうえで、それぞれをゆかりの都市名と結びつけ、さらに1861年のパリ公演が作品の姿を決定的に変容させた転換点だということを打ち出そうと考えたからでした。その意味で、モットルが1860年という製版スコア初版の出版年には言及せず、あくまで「1845年（＝ドレスデン初演の年です！）のオリジナル・スコアに、ワーグナー自身がその後加えた変更を加味したものを底本とした」と述べているのは、なかなか巧妙な作戦と言えるかもしれません。ともあれ、彼が打ち出したこの名称はそれなりの説得力をもつため、多くの論文や事典類で相変わらず使われています。しかし、予備知識を十分に保たない読者にとって、これはやはり深刻な誤解の種になりうるのではないでしょうか。なお、このモットル版のスコアには、ワーグナーが1875年の上演の際に行ったさまざまな指示も収録されています。

　さて第4節でも述べたように、ワーグナー自身が自作の全集を楽譜のかたちで出版させることはありませんでした。その初めての試みとなったのが、ミヒャエル・バリングの編集による『リヒャルト・ワーグナー作品集：楽劇、若き日のオペラ、音楽作品』（*Richard Wagners Werke: Musikdramen-Jugendopern-Musikalische Werke*）と題された全集で、1912年から29年にかけてライプツィヒのブライトコプフ・ウント・ヘルテル社から刊行されました。バリングは、バイロイト祝祭にヴィオラ奏者として参加した後、モットルやコジマの勧めで指揮者に転向した人物です。ドイツが帝政期から第1次世界大戦を経てヴァイマル共和国に向かう激動の時期に推進されたこのプロジェクトは、結局計画の半分にも満たない

10巻を刊行したところで頓挫してしまいますが、幸いにして《タンホイザー》は世に出ました。バリングはウィーン版スコア初版（編集者自身の表現では「いわゆるパリ改訂版」）を決定版と評価しており、この点でコジマが示した見解に従っています。同時に彼は、上演時の経験を踏まえてさまざまに手を加えられたという点で、《タンホイザー》はワーグナーの全作品のなかでも特異な地位を占めると考え、その特異性を明らかにするために、この作品を「1847年稿」を主要な内容とする分冊と、ウィーン版スコア初版を収めた分冊とに分けて刊行するつもりでした。実は「1847年稿」そのものが刊行されたことはありませんが、前節でも述べたとおり、ワーグナーが初演後に行った変更は、上演を行う歌劇場や指揮者が持っていたスコア初版に写譜師の手で加筆されていました。バリングは、ヴェーヌスを幕切れに登場させるという例の変更が書き込まれたスコア初版を「1847年稿」と呼んだと考えられます。しかし不運なことに、この巻の出版準備が進められていた1920年代前半のドイツは、空前のインフレに見舞われるなど経済的に極度に不安定な状態にありました。そこでバリングは当初の計画をやむなく諦め、モットル版と似たやり方で、2つのヴァージョンを1冊に収めましたが、その結果ウィーン版スコアの優位性がよりはっきり打ち出されることになりました。

　その後ヴァイマル共和国が崩壊しナチス政権が成立すると、バイロイトはワーグナーの信奉者を自認するヒトラーとの関係を深めていきます。そのような状況下で1938年には彼の肝いりで「リヒャルト・ワーグナー研究所」が設立され、その初代所長となったオットー・シュトローベルの監修で史的批判版の出版が計画されました。しかしこれは第2次世界大戦の影響で、刊行に至らぬまま中止されています。さらに皮肉なことに、ヒトラーは終戦間際に自殺する際、所有していたワーグナーの自筆譜も道連れにしてしまったため、史的批判版の編集には欠かせない資料の継承に大ダメージを与えてしまったのでした。

7　ついに登場、待望の『批判版作品全集』

　ナチス政権下で禍々しき「ドイツ・ナショナリズムの偶像」に祀り上げられたワーグナーですが、第2次世界大戦後は負の遺産となってドイツの文化・芸術界にのしかかってくることになります。しかしそれは同時に、それまでとは異なったやり方でワーグナー作品と向きあうチャンスを生み出しました。

　作品出版の面でも、新たな作品全集がドイツ学術アカデミー連盟の支援のもと、音楽学者カール・ダールハウスを中心に企画され、1970年には最初の巻がショット社から刊行されました。『リヒャルト・ワーグナー作品全集』(*Richard Wagner Sämtliche Werke*) という控えめなタイトルを冠していますが、実質的には批判版作品全集と言えます。全体は2部構成になっており、第1部（A系列）には未完成のものも含む音楽作品の楽譜を、校訂報告や異読とともに、第2部（B系列）には創作過程についての資料（ワーグナーや関係者による書簡や著作）を収録しています。自らを詩人とみなしていたワーグナーにふさわしく、第2部には台本も、草稿段階での姿も含め、しっかり収録してあります（台本のみで終わった舞台作品も第2部に収録されています）。全体では、第1部が21巻57冊、第2部が10巻12冊という大規模な出版事業であり、いまだに完結していません。2014年末の時点で、第1部は《恋はご法度（恋愛禁制）》を残すのみとなりましたが、第2部には未刊の巻が多くあります。

　では、この作品全集のなかで《タンホイザー》はどのように編集されているのでしょうか。まず編集の前提として、非常に重要な指摘がなされています。「ドレスデン版」と「パリ版」という2種類のヴァージョンがあるという従来の見方を捨てて、作品が創作され変更されていく過程を、以下のように大きく4つの段階に分けて捉える必要がある、という指摘です（なお③以外の段階については、その総括となるフル・スコアが出版されています）。

第7章　歌劇の「正しい」姿？──ワーグナー《タンホイザー》

①ドレスデンにおける初演までの期間［スコア初版（ないしその書き込み版）］
②初演後の改作期間［製版スコア初版＝いわゆるドレスデン版］
③パリ公演に向けての準備期間
④パリ公演後、ウィーン公演までの改作期間［ウィーン版スコア初版＝いわゆるパリ版］

　この大きな流れのなかで、どの段階における作品の姿をいわゆる「本文」と見なすかが、編集者における具体的な問題になるわけですが、最終的に編集者は、①、③、④の終着点に平等な存在価値を認めました。とはいえ、③と④の間には第5節でも述べたとおり、強い連続性が見られます。そこでこの全集では、①を第5巻に、③と④を第6巻に収録しています（実は当初は④のみ収録する予定でしたが、計画が変更され③も「本文」として掲載することになりました）。そして、③と④の異同を読み取りやすくするために、対応する箇所を見開きページの左右に配するという手法が採用されたのです。たとえば第5節で、パリ上演時には序曲が最後まで演奏されたのに対して、ウィーン公演では序曲の中間部から切れ目なく第1幕第1場に飛んだという話をしましたが、その部分では片方のページが白紙になっています。

　さらに実際の編集にあたって、編集者は、「作者が推敲して練りあげた楽譜を、作品の決定的な姿として提示すること」よりも、むしろ「節目節目における上演において立ち現れた作品の姿を楽譜で再現すること」を目指すという姿勢を示しています。それを「パフォーマンス重視主義」と呼ぶこともできるでしょう。そのため、製版スコア初版に対する評価は相対的に低くなっており、たとえばヴェーヌスおよびエリーザベトの棺が舞台上に登場するヴァージョンは、第5巻の巻末に「異読」として収録されています。このような考え方は、この巻がドレスデン初演時の作品の姿を、スコア初版を底本（copy text）として再現する方針を決めた時点ですでに打ち出されていたものですが、第6巻にパリ上演時のスコアを収録する決断が下されるにいたって、さらに鮮明化します。

IV　上演とは何か

図2 『批判版作品全集』第6巻で再構成された、《タンホイザー》パリ上演版スコア（第3幕、第454-60小節［歌唱声部とヴァイオリン・パートのみ］）。

図3 同じ巻に収録された、《タンホイザー》ウィーン上演版スコア（図2と同じ箇所）。単に台詞や楽器名の表記がフランス語からドイツ語に書き換えられているだけでなく、トロンボーン・パート（舞台裏で演奏するよう指定）が追加されたり、ヴェーヌスの敗北宣言がパリ上演版よりも後ろにずらされたりするなど、2つのヴァージョンがドラマの内容においても大きく異なっていることが読み取れます。

第7章 歌劇の「正しい」姿？──ワーグナー《タンホイザー》

とはいえ前にも述べたとおり、パリ上演を準備する際に（あるいはこの公演を記録するために）、ワーグナー自身の手で作成されたスコアはそもそも存在しないので、第6巻の編集作業はかなり困難なものになりました。編者は、ワーグナーが製版スコア初版に変更部分を手書きで記入したもの、パリ公演の指揮者が用いた「ヴィオロン・プリンシパル用スコア」（オーケストラ部分を4〜5段程度に圧縮した簡略版スコア）、幸いにして大部分が残っていた当時のパート譜、上演後に複数の写譜師によって、おそらくオペラ座のアーカイヴに保存するため上演後に作られたスコア、歌手が練習用に用いた抜粋譜など、膨大な数の資料を調査し、パリ公演の初日に《タンホイザー》がどのような姿で聴衆の前に現れたかを、近似値的に再現しています。

それに対して、底本としうるスコアが現存する残り2つのヴァージョンについては、編集作業は比較的容易なのではないかと予想されるかもしれません。実際④について、編集者は各種資料を検討した結果、ウィーン上演を指揮したハンス・リヒターが用いたスコアそのものは失われているものの、1小節を除いてウィーン版スコア初版と一致しているという結論に到達しています。一方、①の段階に目を向けてみると、第5節でも見たとおり、スコア初版への加筆や修正には、初演の準備段階で行われたものと、初演後に行われたものの2種類があることから、資料の置かれた状況はより複雑です。さらに、初演を含む一連の上演において、前者に記録されていない変更が行われていたことも指摘されています。たとえば、第1幕第3場にはヴェーヌスベルクを去った主人公の前に不思議な牧童が現われ、シャルマイを吹き鳴らしながら春を讃える印象的な場面がありますが、その導入部で演奏される旋律は、スコア初版では3小節だったのが、初演時に18小節のものに差し替えられ、第3回上演で10小節に短縮されました。『批判版作品全集』は、長い方の2つをいずれも「異読」として巻末に収録しているので、「本文が初演時の作品の姿を再現できていないのではないか」という疑問が提起されています。

さらに、「《タンホイザー》の姿を、ドレスデン、パリ、ウィーンで初

めて上演された時の状態に復元して示す」という編集方針そのものについても、疑問を投げかけることができるでしょう。このようなパフォーマンス重視主義は、その没後からナチスの時代にかけて「ドイツの巨匠」へと祀り上げられたワーグナーの作品が、いわば記念碑のような扱いを受けてきたことへの一種の反動であるとも考えられ、そのかぎりで必然的な方向性と言えるかもしれません。しかし、ワーグナーの生前に限ってみても幾度となく行われた上演のなかで、これら3回を特別視する理由はどこにあるのだろうと考えてみた時、実は『批判版作品全集』の編集者が、作品のたどった旅路を「音楽の都として名高い3都市を舞台とするメリハリの効いた物語」として提示したいという誘惑に屈してしまっており、その点でモットルと同じ穴のムジナなのではないかと問わずにはいられないのです。

ワーグナーの全音楽作品を、過去の楽譜とは比べものにならないほど入念に編集し、重要な基礎資料と合わせて刊行しつつあるという点で、この『批判版作品全集』が、ワーグナーの受容史において一時代を画す業績であることは確かです。しかし、こと《タンホイザー》に関しては「まだ世間に借りがある」のではないでしょうか。

8 おわりに

ある作品が歴史のなかでたどった旅路のなかで、初演の瞬間というのは、何かと原点に回帰したがる文献学者や批判版編集者にとって、たしかに興味をそそられる節目ではあります。しかし、作品が初演時に最高の品質を示すのは稀だというのも、音楽史が教えてくれる事実です。演奏家が弾きこむことで作品への理解を深めていくのと同様に、作曲家もパフォーマンスのなかで見出したものをフィードバックすることで作品を練りあげていきます。なぜわざわざこの点を強調するかというと、オペラを含む音楽作品の批判版全集は、作品の姿を歴史資料として正確に記録する役割を担うと同時に、将来のパフォーマンスにおいて演奏家が使用する基礎資料にもなるからです。これら2つの役割を両立させるの

は、実はなかなか難しいことです。現行の『批判版作品全集』に収録された《タンホイザー》の編集者は、過去のパフォーマンスの再現に精力を傾注するあまり、未来のパフォーマンスへの責任を図らずも軽んじる結果になってしまったことで、あらためてこの困難を浮き彫りにしたと言えるでしょう。

　もちろん、《タンホイザー》がたどった複雑な変容の過程のなかで、作品が「最も練りあげられた姿」に到達した瞬間はどこかを見極めるのは、きわめて困難です。しかし、1845年の初演からワーグナーが15年近い歳月を費やして行った加筆と修正は、やはり「舞台作品としてバランスのとれた姿へと練りあげていく過程」と見なしうるでしょう。その到達点であり、ワーグナー自身による校正を経た唯一のヴァージョンでもある製版スコア初版を「一連の本文」として正確に編集することが、残された宿題の1つでしょう[*3]。「記念碑的傑作の唯一の正しい姿」を求めるあまり排他的権威主義に陥ることは避けなければなりませんが、作品内容を徹底的に読みこんだうえで、ある段階での作品の姿を、「最も妥当なものの1つ」と判断し、テクスト編集の出発点とするという発想も、やはり必要なのではないかと思われるのです。

[参考文献]
* 19世紀ドイツ市民社会における「バッハ・ルネサンス」を論じた著作ですが、音楽における学術版編集の発端となった『旧バッハ全集』の編集・出版に至るプロセスやこの全集の特徴についても比較的詳しく述べられています。
小林義武『バッハ復活――19世紀市民社会と音楽運動』(春秋社、1997年)。
* 文献学的アプローチを通じて(音楽においても)問い直されることになる、「作品」、「歴史」、「キャノン」、「オーセンティシティー」といった根本的な問題について、現代を代表する音楽学者たちが俯瞰的な考察を試みた論文集です。
ジョゼフ・カーマン、リチャード・タラスキン、ジャン゠ジャック・ナティエ他『ニュー・ミュージコロジー――音楽作品を「読む」批評理論』(福中冬子訳・解説、慶應義塾大学出版会、2013年)。

* 「作者と編集者」、「原典の扱い方」、「版の問題」、「編集と演奏実践」という4つの基本論点をめぐって、ドイツ語圏の音楽学者たちが執筆した論文集です。資料を引用しながらの考察が多いので、たとえば「編集における自筆譜の評価」といった問題について、より具体的なヒントが得られます。
Lühning H. (Hg.), *Musikedition: Mittler zwischen Wissenschaft und musikalischer Praxis*（Beihefte zu *editio*; Bd.17), Tübingen: Niemyer, 2002.

[参考 CD・DVD]
　人気曲だけあって CD や DVD は数多く出ていますが、スコア初版やパリ公演版に基づく演奏は筆者の知るかぎり皆無です。一方、製版スコアとウィーン版スコアを折衷させた演奏も少なくないので、版という観点から音源を選ぼうという場合には注意が必要です。1978 年にバイロイトで収録されたコリン・デイヴィス指揮による DVD［ユニテル］は、序曲の終盤がカットされてヴェーヌスベルクの音楽に続く所まではウィーン版に準拠していますが、タンホイザーとヴェーヌスの対話や第 2 幕の歌合戦は、製版スコアにもとづいて演奏されています（ただし、演奏と演出は素晴らしいものです）。「ドレスデン版」と書かれている音源は、本文でも述べた通り多くが製版スコアを使った演奏ですが、細部における異同はあります。映像付きで演奏の質が比較的高いものとしては、フランツ・ヴェルザー＝メスト指揮による DVD［EMI］が挙げられます。また一貫してウィーン版を使っている音源としては、ゲオルク・ショルティ指揮による CD［デッカ］が良いでしょう。

[註]
* 1　オペラを含む音楽作品の全集では、「校訂報告」（Kritischer Bericht）という名称がよく用いられます。
* 2　たとえば、楽譜内のト書きにしばしば見られる、特定の小節や拍を指す「ここで」という語は、台本を独立した形に編集する際、扱いに苦慮するものの 1 つです。
* 3　日本ワーグナー協会の監修で出版された対訳本（ワーグナー『タンホイザー』、三宅幸夫、池上純一編訳、五柳書院、2012 年）は、製版スコア初版に収録された台本を、本文として入念に編集しています。また訳文のベースとなる原文を確定するプロセスについてのくわしい解説に加え、詳細な音楽注・語注が付されており、単なる対訳の域を超えた仕上がりになっています。

V
作者とは何か

第 8 章
モダニズムのテクスト
―― フォークナー『響きと怒り』
中谷 崇

1　南部文学とモダニズム文学

　ウィリアム・フォークナー（William Faulkner：1897 〜 1962 年）は、「深南部」ミシシッピ州の片田舎で人生のほとんどを過ごしました。この地域は、奴隷制度をめぐって 19 世紀半ばにアメリカ合衆国を二分して戦われた南北戦争の敗戦の記憶と、それに伴ってさらにこじれた黒人差別の問題を抱えています。そのような条件と対峙せざるをえない南部の作家たちは、フォークナーが活躍を始めた 1920 年代頃から、公民権運動が一定の成果を収めた 1960 年代に至るまで、「南部文学」と呼ばれる、アメリカ合衆国の負の現実、人間が人間を序列化し所有する近代的奴隷制という「近代」の隠蔽された負の側面と向かい合う文学を作り出してきました。

　そのような作家であるフォークナーは、一方でアーネスト・ヘミングウェイと並んで 20 世紀前半のアメリカ文学を代表する小説家です。そして同時に、私たちが現在もおおむね踏襲している社会と文化のありようと価値観の原型が出来上がった 19 世紀西洋市民社会のさまざまな「当たり前」が最初の近代戦である第 1 次世界大戦によって崩壊した両大戦間期に、新たな文学と世界観を模索した「モダニズム」文学の軸となる作家の 1 人でもあります。

2 『響きと怒り』巻末の「付録」はどこへ行ったのか

　フォークナーの代表作の1つである『響きと怒り』の校訂版が1984年に、著名なフォークナー研究者であり、フォークナーのテクストの校訂にその後も継続的に取り組むことになるノエル・ポークによる校訂を経てランダム・ハウス社から刊行されました。その時多くの読者は、原文にせよ翻訳にせよ、それまで読んでいた本の巻末にあった「付録――コンプソン一族」がなくなっていることに違和感を覚えたことでしょう。

　『響きと怒り』という小説は、奴隷制の上に成り立ったプランテーションを所有する大地主として繁栄していた名家コンプソン家が、深南部の没落と軌を一にするかのように零落し崩壊する姿を扱っています。そしてこの「付録」では、小説中に出てくる登場人物のみならず、コンプソン家にゆかりのあるその他の人物たちや、南部の土地に白人が来る前からその一帯を支配していた先住民の長の家系に連なる人々、そしてさらには、コンプソン家の兄弟たちの関心の中心にありながら唯一語り手となっていない長女（第2子）キャディーの後の姿の痕跡などが描かれています。校訂版出版まで研究者の間で研究のための「標準的」なテクストと評価され、専門家以外の読者にも広く読まれてきたヴィンテージ版（旧版）でも、代表的な日本のフォークナー研究者大橋健三郎による翻訳でも、当然のようにこの「付録」は『響きと怒り』の一部として読まれていました。

　しかし、1929年の初版刊行時にはこの「付録」が付いていなかったことは、校訂版の出版を待つまでもなく、少しフォークナーに詳しい人の間では結構知られたことでもありました。この「付録」が最初に活字になったのは、フォークナーの知名度を高めるうえで大きな貢献をした批評家マルカム・カウリーが『響きと怒り』刊行から17年も経って刊行したアンソロジー『ポータブル・フォークナー』の一部としてです。その後まもなくフォークナーがノーベル文学賞を受賞したこともあって、このアンソロジーは次々と版を重ね、フォークナー理解のための基本的な書物となっています。『響きと怒り』を構成する4つの章のうち、最

初の3つの章で扱われる出来事の事実関係自体が、コンプソン兄弟（キャディーを除いた男の兄弟3人）それぞれの実験的な1人称の語りを通じてでは把握困難であること、そして3人称による最後の章でも事実関係に関する疑問の多くは解決されないままになっていること、そして一方、この小説が描くコンプソン家の崩壊が、単に一旧家の没落というだけでなく、先住民と土地との関係の崩壊と奴隷制を南部にもたらした白人支配階級の罪の歴史と密接に結びついていることを示してもいるということなどから、この「付録」は深南部を体現するコンプソン家の世界を理解するうえで不可欠の一部となっていました。

　その一方、コンプソン家にゆかりのある人々や、元々その一帯を支配していた先住民の族長たちは、この「付録」にのみ再登場しているのではありません。さまざまな短篇のみならず、たとえば、これもフォークナーの代表的な長篇で1936年に発表された『アブサロム、アブサロム！』では、『響きと怒り』の第2章で自殺する長男クェンティンが、名家コンプソン家と違って南北戦争の時代に一代で成り上がりを果たしたように見えながら滅びていったサトペン家の始祖トマス・サトペンにまつわる物語の聞き手および語り手として、全篇に渡って登場しています。フォークナーの故郷であるラファイエット郡のオックスフォードをモデルにしたヨクナパトーファ郡のジェファーソンという時空とその歴史を総体として文学の言葉で捉えることを通じて、先住民の文化の破壊と収奪および奴隷制という故郷深南部の「原罪」、ひいては現在のグローバリゼーションの下でのさまざまな格差と排除にまでつながる西洋近代主義の負の側面あるいは「ねじれ」を扱うための新たな方法として、フォークナーは「ヨクナパトーファ・サーガ」と呼ばれる連作群を書き続けました。つまり、個々の長篇や短篇は1つの「文学作品」でありながら、同時に「ヨクナパトーファ・サーガ」という巨大な文学世界の一部でもあるのです。

　編集文献学の立場から言えば、このような文学の言葉のありようは、どこからどこまでが1つの「作品」なのか自体が判断の対象になるという問題があります[*1]。

第8章　モダニズムのテクスト——フォークナー『響きと怒り』

これはフォークナーの場合、彼の執筆方法とも関係があります。『響きと怒り』は、少女時代のキャディーが木に登って窓越しに祖母の葬儀を見ている様子を他の兄弟たちが下から見ている光景から発展してきたものだと作家自身は述べています[*2]。それがどの程度本当のことなのかには疑問の余地もありますが、フォークナーは、ある光景や登場人物から縦横無尽に、彼に影響を受けた作家、中上健次の言葉で言えば「繁茂」するように言葉がわき出てくるという執筆過程をとります。その結果、当初は短篇で収まるはずの光景が長篇にふくれあがったり、副次的な登場人物になるはずだった人物が別のストーリーの主人公になるべく発展してきたりします。さらに、分量が増えた1つの物語だけでは充分でないと感じられて、他の人物を中心に据えた別の物語を書いてそれと組み合わせなければならないなどということも起こります。『響きと怒り』の場合[*3]、先のシーンから発展してきた物語が、キャディー自身でなく他の兄弟を語り手とした1つの章になり、しかしそれでは不充分だと考えた作家がさらに他の2人の兄弟が語る章も書き、それでもまだ不充分だと感じたので最後の3人称の語りによる章も書いて、やっと1つの小説ができたと納得したのだと言われています。これは作家自身の自己演出を含めて伝えられたエピソードかもしれません（フォークナーはインタビューで頻繁に「ほら」を吹き、しかもそのことを隠そうともしていません）。しかしフォークナーの思考がそのような展開の仕方をとる傾向が強かったことは、残っている原稿などでも確認できます。だとすれば、作家にとってとりわけ愛着のあったこの物語を発表してから十数年後に、やはりあれでは不充分だったと思って「付録」となる言葉をさらに書き連ねて、ちょうど良いタイミングで刊行が計画された『ポータブル・フォークナー』をその発表の場として使ったということも考えられます[*4]。
　しかし現在の「通説」はそのような解釈は採っておらず、「付録」はコンプソン家とヨクナパトーファ、そしてその土地と結びついた先住民たちの物語ではあるが、小説としての『響きと怒り』とは別個の「作品」あるいは「テクスト」であるという立場の下に編集が行なわれてい

Ⅴ　作者とは何か

ます。もともと「ヨクナパトーファ・サーガ」自体が複数の「作品」の
リンクを認めるという前提の下に成り立つ連作なのですから、そのよう
な判断には一定の合理性と説得力があります。しかし編集文献学の立場
からここで問題になるのは、それが唯一の「正解」ではないこと、そし
て、出来上がった校訂版のテクストだけを見てフォークナーを論ずる時、
そのようなゆらぎと可能性がフォークナー理解から抜け落ちたままに
なってしまうということです。

　現在フォークナーの作品を研究する時にはアメリカ最大手のうちの1
つランダム・ハウス社の一部門となっているヴィンテージ版（Vintage）
のペイパーバック、あるいはアメリカ文学の重要な作家の良質なテクス
トを継続的に比較的廉価で提供し続けることを目的とした非営利の出版
社ライブラリー・オヴ・アメリカ（Library of America）のシリーズに収め
られたフォークナーの著作集のテクストを底本（copy text）として使う
ことが慣例になっています。それでは現在『響きと怒り』のテクストに
おいて「付録」がどのように扱われているのでしょうか。

　ヴィンテージ版では、これが1冊の書物だということもあってか、初
版の構成を踏襲して「付録」は収録されていません。反対にライブラ
リー・オヴ・アメリカ版では廉価版のモダン・ライブラリー版（なぜ
「ポータブル・フォークナー」を底本としていないかの説明は示されて
いません）に基づいたテクストが「響きと怒り」の末尾（あるいはその直
後）に収録されています。結局「付録」は『響きと怒り』の一部なので
しょうか。それともこれ自体独立した「短篇」あるいはそれに類した
「テクスト」なのでしょうか。

3　『サートリス』／『土にまみれた旗』の「編集者」たち

　複数の「作品」が組み合わされて「連作」を構成し、それが1つの社
会や土地や時空を包括的に捉える試みとなるという文学上の方法は、19
世紀半ばのフランスの作家オノレ・ド・バルザックの「人間喜劇」がよ
く知られています。その他にも、同じくフランスの19世紀末の作家エ

ミール・ゾラの「ルーゴン゠マッカール叢書」など、さまざまな作家がこの方法を用いて、自分の生きる世界を包括的に捉えたいという欲望を追求しています。「小説」（novel）という西洋近代市民社会の成立と密接に結びついた文学ジャンル自体が、そのような欲望と結びつく思考を内包しているのかもしれません。

　19世紀リアリズムの範疇に属するバルザックやゾラと違って、アメリカ合衆国の深南部を20世紀にモダニズムの手法で捉えようとしたフォークナーの場合、自分流の連作という手法に行き着いたのは、複数の出版社に断られ続けた後、作家の友人で代理人（エージェント）でもあったベン・ワッソンの手によって分量を4分の3に短縮してフォークナー自身が選んだのとは別の『サートリス』というタイトルの下に1929年に出版した長篇第3作によってです（サートリスというのはこの小説の主人公の名前で、サートリス家は前述のコンプソン家と並ぶヨクナパトーファの名家です）。この小説によって自分の住む南部の片田舎の小さな土地を総体として捉えるため連作という方法を発見したのだと、フォークナー自身が『パリ・レヴュー』誌のインタビューで述べています[*5]。

　しかし現在の研究者がこの小説を扱う時には、『サートリス』というタイトルの初版を基本にした短縮版のテクストではなく、短縮前の原稿に基づいて1973年にダグラス・デイが刊行したときに復活した『土にまみれた旗』というタイトルを持つテクストを議論の根拠とするのが慣例です。現時点では、初版に基づいた『サートリス』の原本を新刊で手に入れること自体困難です（日本語訳は『土にまみれた旗』刊行以前に出た『サートリス』を底本にした翻訳が再刊され現在でも手に入りますが、これは、出版不況のため新しい訳を出す余裕がないためでしょう）。

　このように書くと当然多くの読者は、『サートリス』の編集者が「作者」フォークナーの「意図」を理解していなかったり無視したりして、信頼性の低いテクスト編集を行なってしまったからだと考えるでしょう[*6]。しかし事情はそれほど単純ではありません。別の言い方をすれば、短縮前の原稿に基づいた『土にまみれた旗』が決定版のテクストだとも言い

Ⅴ　作者とは何か

きれないのです。

　現在でこそフォークナーは20世紀文学とアメリカ文学を代表する作家だと評価され、1949年のノーベル文学賞も受賞していますが、当時はまだ名声も確立していない新人作家でした。『グレート・ギャツビー』を書いた同世代のF・スコット・フィッツジェラルドが最初の小説『楽園のこちら側』で1920年に華やかにデビューして一躍人気作家として時代の寵児（20年代はしばしば「ジャズ・エイジ」と呼ばれますが、元々この言葉は、1922年に出た彼の第2短篇集『ジャズ・エイジの物語』のタイトルからきています）になっていたのとは違い、フォークナーがそれまでに出した2冊の小説も当時の売れ行きは良くなく、出版社との力関係は作家側に不利な状況でした。こう書くと、やはり出版社が作家の意図に沿わない編集を行なったのではないかと思われがちですが、問題はそれだけではありません。深南部の田舎で、高いレベルの文化的、文学的環境に接する機会もほとんどなかったフォークナーの素養の問題、特に後にまで続く彼の「整理能力」の欠如にも問題があったのです。

　『響きと怒り』の項で触れたような、フォークナーの縦横無尽に「繁茂」する執筆方法は、この小説においては、彼の小説に頻繁に見られる「複数プロット」という形で現れています。これは、小説では通常1人の主人公すなわち中心となる登場人物が、始まりと終わりによって切り取られるひとつながりの出来事の連鎖としてのストーリーを生きる（厳密に言えば、その「ストーリー」の因果関係を表現するための作為を含んだ構成を「プロット」と呼びます）のに対し、フォークナーの小説ではその系統が複数あるということです。つまり、「中心人物」が複数登場し、その各々がそれぞれ自分自身のストーリーを生きているということです。

　こう書くと、人はそれぞれ自分自身の人生とストーリーを生きているという私たちの実生活の経験とも合致する気がしますし、複数の物語が連作として縦横無尽に「繁茂」するというフォークナー的な連作の方法とも整合性が高そうです。しかし、文学を専門にしている人でなければあまり意識しないことかもしれませんが、私たちが知っているいわゆる

第8章　モダニズムのテクスト——フォークナー『響きと怒り』

「普通の小説」は、「世界の中心」となる1人の「主人公」が、ひとつなが りの原因と結果の連鎖を「始まり」と「終わり」で区切ることで「原因」と「結果」を示すという形式が「当たり前」になっており、読者はそれに慣れきっているのです。だからこそ、フォークナー的連作の方法が、19世紀の先駆者たちの連作の模倣にとどまらず、20世紀の両大戦間期のモダニズムの一環をなす実験的な方法となったのだとも言えます。しかしそもそも、売れっ子というわけでもない駆け出しの作家が書いた、ベン・ワッソンの言葉によれば「6冊の本が詰め込まれた」長大で分厚い小説を、どうやって書店で一般読者に売れというのでしょうか。

　後世の読者にとっておそらく幸いなことに、フォークナーはそのような文学市場のニーズを低く見て自分の芸術世界に引きこもる「高踏的」な態度はとりませんでした。それは彼自身の資質の問題もありますし、自らのフィクションの世界で作り出したコンプソン家やサートリス家と同様に、南部の停滞を繁栄するかのように没落した没落旧家の末裔、しかも長男として、自分だけでなく周囲の人々の生活の心配をする必要もありました。金銭が芸術を堕落させるというのは、貴族に変わって台頭したブルジョワジーが新たな特権階級と化していった19世紀西洋市民社会の1つのイデオロギーに過ぎません。市民革命以来の近代文学の中で重要な位置を占め続けている「小説」は、大量に印刷され多くの一般読者に読まれるということを前提とするジャンルです[*7]。

　「長すぎる」上に「ストーリーの系統が多すぎる」という理由で11もの出版社に断られた末にフォークナーとワッソンは、有名な出版社ハーコート・ミフリンから、フォークナー以外の人が原稿を短縮するなら出版を考慮しても良いという条件を提示されました。どうもハーコート社側の編集者は、よほどフォークナーの「整理能力」、そしてそもそも整理しようとする彼の意思そのものを信用していなかったようです。それを受けてワッソンは、強硬に反対するフォークナーをなだめすかしながら短縮の作業を引き受けました。その内容は、6系統の（もちろんこの数は数え方によって変わってきます）、お互いの中心人物の間の人間関係が絡み合ってはいるが（これは、人口が限られていて人間関係が濃密な

V　作者とは何か

南部の田舎町を舞台としている以上、特に珍しい事情ではないでしょう）それぞれ別個のストーリーを、サートリス家の末裔で、無謀な空中戦によって目の前で弟のジョンを戦死させるという経験を抱えて第1次世界大戦から帰還したヤング・ベイヤード・サートリスを主人公としたストーリーに収斂させ、他のストーリーは大幅に削ってこのメインのストーリーに従属させるというものです。

大切なのは、ワッソンのこの短縮作業の結果に、フォークナー自身も納得したのみならず満足し、当初の態度を変えて自らも改編作業に参加するようになったということです。だとすれば、「短縮版」の『サートリス』は単に駆け出しの作家の妥協の果てに出版された不完全版とばかりは言えず、フォークナーの連作「ヨクナパトーファ・サーガ」の第一歩として積極的に評価する可能性も充分にありえます。なんと言っても、同時代の読者がフォークナーのこの第一歩に触れたのは、このワッソンとの共同作業の成果として生まれた改訂版なのです。もっともフォークナーのこの態度は、保存されている改編前の原稿に基づく『土にまみれた旗』が決定版とは言えなくなるという編集文献学上の問題をもたらしもします。

4 モダニズム文学における「作者」と「編集者」の共同作業

このような共同作業はモダニズム文学においては、これが突出した例外というわけではありません。フォークナーの『サートリス』の場合は、きっかけは出版社からの度重なる出版拒否という消極的なものでしたが、書き手の側がもっと積極的に他の人の関与を求めた例として、同時代のアメリカのモダニズム詩人T・S・エリオット（T. S. Eliot：1888～1965年）の初期の代表作『荒地』があります。

『荒地』執筆は、エリオットと同じアメリカ合衆国出身のモダニスト詩人兼批評家であるエズラ・パウンド（Ezra Pound：1885～1972年）との共同作業として行われています。パウンドはエリオットが書いた詩を文字どおりハサミと糊で「切り刻み」ながら大胆に手を入れ（これは、

当時はまだ新しいテクノロジーであったタイプライターがあったからこそです)、同時代の精神的な「荒れ地」的な状況の下での、断片の集積となってしまった世界観に対応する、断片の集積としての詩のありようを徹底させました。フォークナーとワッソンのコンビが、作家のバラバラのストーリー群を小説の体をなす方向で整理したのに対し、エリオットとパウンドのコンビは断片性を逆に増しているという違いはあります。しかし、私たちが何となく「当たり前」と思い込んでいる、「孤高の天才」としての「作者」の「神聖」な「作品」に他の何者も手を入れてはならないという、実は19世紀西洋市民社会起源の短い歴史しか持たない文学の疑似宗教化というイデオロギーを、これらモダニスト文学者たちの執筆過程は問い直す契機を示しています。エリオットの場合、彼の初期の代表的な批評「伝統と個人の才能」にも示されているように、「文学作品」あるいは「詩」は「天才」としての「個人」によって生み出されるものであるという19世紀的、ロマン派的な文学観、芸術観に対する批判が根底にあります。

　フォークナーの場合は、一方でロマン派的な心性をも持ち合わせていたということもあって、そこまで意識的な方法論として共同作業をしていたとは言えません。しかし、文学を語る相手が得がたい片田舎の南部の町でやっと得られた年上の知的な友人フィル・ストーン、代理人であり助言者でもあった友人ベン・ワッソン、そして批評家マルカム・カウリー、さらには出版人のハリソン・スミス、ロバート・ハース、ベネット・サーフなどが、「影響」という漠然としたものを超えて彼の執筆のプロセスに参加しています。混沌とした思考を文字によって紙の上に何とかして落とし込み、それを活字によって印刷された書物に仕立て上げるという小説家の営みに他人が具体的な形で関与してくることを常に拒絶するという原理主義的で狭量な態度をフォークナーはとっていません。奴隷制度と先住民の収奪、虐殺という、彼の故郷深南部どころかアメリカ合衆国全体、そして「新大陸」アメリカが体現する「近代」全体の暗部を丸ごと引き受けるような壮大、というよりほとんど無謀な試みを力づくにでも部分的にでも実現するためには、手段は選んでいられなかっ

たのでしょう。

　自国の文化的な主流からも隔たった環境にいたフォークナーにとって編集者とは、我流の力技で独自の文学を書き上げる際に、それを何とか書物として出版し世に出すために頼りになる存在でした。当時のアメリカ文学においては、アーネスト・ヘミングウェイやF・スコット・フィッツジェラルドといったスター作家を世に出したスクリブナーズ社のマックスウェル・パーキンズ、優れた短篇を掲載し続けることで『ニューヨーカー』誌を一流作家の登竜門といえるまでの地位に押し上げた編集長ハロルド・ロス、そしてアメリカ文学を代表する作家の多くの作品を出版し続けている最大手の出版社ランダム・ハウスの共同創立者であり、後にフォークナーとも深く関わることとなる前述のベネット・サーフといったスター編集者たちが同時代の新しい文学の動向を作り出してもいました。

　さて問題の『土にまみれた旗』のテクストは、刊行当初からこのような、結果的にワッソンとの共同作業となった書き直しの前の原稿に基づいているという点で、その不充分さが批判の対象となっていました。その批判に応えるように、ノエル・ポークは2006年に、『サートリス』出版に向けての書き直しを取り入れた校訂版をライブラリー・オヴ・アメリカから刊行しています。この版は2012年にヴィンテージ版のペイパーバックにも収められ、現在ではこれが研究者にとっての「標準版」となっています。しかし、書き直しの作業が完了した時点での原稿が現時点ではまだ発見されておらず、『サートリス』にある書き直しのどこをどのような理由で採用しどこを不採用としたのかの基準が検証できないという点で、ポークの校訂版はまだ「決定版」とは言えないように思われます。

　ポークは、デイの底本（copy text）に、『サートリス』刊行に向けてフォークナー自身が加えたと思われる修正を組み込んでいます。しかしこれは、「もの」として実在を確認、検証できない、ポークの考える「理想的な」テクストを「完成」させるため、実際にある原稿などの言葉を折衷的に組み合わせて「混成テクスト」を作っているということで

す。このような編集方針は、「標準版」を確定するというアングロ・アメリカ系の批評の指向には沿っている一方、現在のドイツ系の編集文献学では批判されているものなのです[*8]。

5 アングロ・アメリカ系批評における底本をめぐる事情

『響きと怒り』の項の最後で見たように、現在フォークナーの作品を研究する時にはヴィンテージ版、あるいはライブラリー・オヴ・アメリカのシリーズに収められたフォークナーの著作集のテクストを底本（copy text）として使うことが慣例になっています。これら2つのテクストは基本的に同一のもので、出版当初の初版からペイパーバックの廉価版に至るまでこれまで見てきたようにさまざまな問題を抱えてきたフォークナーのテクストを、研究の根拠として信頼するに足るものにしようと、1984年に『響きと怒り』の校訂版を手がけたノエル・ポークが中心になって80年代後半あたりから今世紀初頭にかけて、ほとんど彼の個人的な営みに頼りながら整備されてきたものです。

それまでは主に、その時点で現実に手に入るテクストの中では相対的に問題が少ない初版の複製版を主としたペイパーバックを前述のヴィンテージ版が提供しており、それを底本として用いてきました。それ以上のレベルでテクストの正確性を求める場合には、初版あるいは旧ヴィンテージ版の主な誤記等についての言及も含むカルヴィン・S・ブラウンの『フォークナー的南部語彙辞典』を併せて見るほかは、高価で画像も粗い白黒のグラビア印刷による原稿の写真版を用いたり、特別な許可を得て複数の大学の研究図書館に収蔵されている原稿などの一次資料を参照するしかありませんでした。その点では、特別な資格や潤沢な資金がなくても、良質なテクストを購入して研究の根拠として共有できる現状は、以前よりは格段に良くなっていると言って良いでしょう。

このような条件を主要な作家について整備していこう、いや、整備しなければならないというのは、アングロ・アメリカ系の批評／研究、特に北米の近現代文学研究者の多くが持っている共通認識です。現代批評

Ⅴ　作者とは何か

理論の源流の1つとして20世紀初頭、特に両大戦間期に力を伸ばし、第2次世界大戦後のアメリカ合衆国の好調な経済を背景にして高等教育が普及した50年代に最盛期を迎えたニュー・クリティシズムは、作家の伝記的事実や社会的、道徳的メッセージ性ではなく、実際にページの上にある言葉そのもののみを根拠として文学の批評を行うことで、文学研究を学問として必要不可欠な実証性、検証可能性を備えたものへと整備していくことを目指していました。その一方でさらに、作家と作品にまつわる伝記的事実や作品の成立事情など作品の言葉そのものにとって外的な知識の伝達や、有名な詩句の暗唱、あるいは「いわく言い難い」味わいに依存する「文学的感性」の師弟間での「秘教的」な伝達などとは一線を画した、明確に内容が提示され検証可能な読解の方法論（「技術」と言っても過言ではないでしょう）の伝授、習得という形での文学教育の刷新をもこの流れは目指していました。

　言葉を駆使するプロパガンダの応酬を主要な「武器」とする冷戦体制の下で、高度な言葉の使い方に対しても適切に対応できる批評的、批判的な能力を身につけた学生を養成することは、当時の社会的なニーズと合致していたという側面もあります。アングロ・アメリカ系の近現代文学研究においては、検証可能な根拠となる情報をオープンにし共有することで、文学とその研究を「民主的」に開かれたものにしていかなければならないという、いかにも冷戦期の自由主義圏のリーダーたろうとし続けたアメリカ合衆国の広い意味での政治的風土とプラグマティズムの影響が感じられます。

　そのような社会的合意の下で、アングロ・アメリカ系、特に北米の文学研究においては、テクストの言葉を根拠とした実証的文学研究を可能にするための「インフラ」の整備、共有に向けての圧力が強力に働いていきます。その1つが先に触れたライブラリー・オヴ・アメリカを中心としたアメリカの「正典」（canon）の選定、共有の流れであり、もう1つがアメリカ、というより世界最大の近現代文学関係の学会である現代語学文学協会（Modern Language Association）、略称MLA内に設けられた「学術版委員会」（Committee on Scholarly Editions）と、そこで定められた

ガイドライン*9、およびそれに基づいた認定学術版（CSE Approved Editions）のリストを学会のウェブサイトなどで公開するという活動です。

　そのような観点から見るとフォークナーとその作品のテクストは、その文学史上の位置づけにもかかわらず、アングロ・アメリカ的な標準化が充分に進んでいるとは言い難い部分があります。前述のCSEは申請された版を審査するという体制をとっており、かつそのガイドラインに対しても異論が、著名なテクスト文献学者からも数多く出されています。そういう事情もあってか、ポークが中心となって編集した一連のヴィンテージ版／ラブラリー・オヴ・アメリカ版は、CSE認定版のリストには含まれていません。また、それに代わる他の版がフォークナーに関して認定を受けているということもありません。逆に言えば、そうであるにもかかわらず、ポークの版が研究におけるデ・ファクト・スタンダードの底本として認知されているということです。しかしなぜそうなのかと問われれば、現実問題としてそれに代わるテクストが現時点で見当たらないという消極的なこと以上は言えないような気がします。

　アングロ・アメリカ系のテクスト編集全体について包括的なことを言うのは困難なので、とりあえずフォークナーのテクスト編集に即して言うとすれば、ドイツ系のテクスト編集にくらべてポークの編集の方法は、彼自身が述べているように*10、第三者の検証の入り込む余地が少ない主観的なものであり、かつ、他の作家のテクストに対しての応用性が少ない、悪く言えば科学的な方法論を欠くものになっています。ポークはそのような方法論を採る根拠として、作家と自分の感性が似ていることをエッセイの中で上げていますが、そのような感覚は考えてみれば、研究対象となる作家に愛着を持っている研究者の多くが感じる思いあるいは願望なのかもしれません。少なくとも、2人の感性が似ているかどうかを検証可能な根拠によって実証することは原理的に困難です。

　2つめの違いとしては、ポークの編集した版にはごく大雑把で短い批判資料（criticus apparatus）しかつけられておらず、どのような資料を照らし合わせたうえで、どのような根拠をもって彼が本文にあるような読

Ⅴ　作者とは何か

みを採用したかのプロセスがほとんど見えないということです。ドイツ系の編集では逆に、そのプロセスを詳細に記述する方法を模索していった果てに、専門の研究者しかアクセスできない、あるいは専門の研究者ですら把握困難な状況に陥っているという問題があるようです。しかしそれでもアングロ・アメリカ系テクスト編集、少なくともフォークナーの場合には、ポークの判断に同意して良いのかを研究者が自ら判断するための材料が事実上提供されていないという不満が残ります。その不満を解消するためには、昔と同様にさまざまな研究図書館に特別な許可をもらって多額の費用と時間をかけてアクセスするしかなく、これは、研究のための根拠となるテクストに等しくオープンにアクセスできる環境が整備されるべきだという、「開かれた」文学研究の必要性というテーゼと相反するものです。

　総じてアングロ・アメリカ系の文学研究とテクスト編集においては、制度的に共通の「信頼できるテクスト」を認定し（あるいはそれを「信頼できるテクスト」として共有することを仮の合意事項とし）、そこを共通の出発点として議論を進めていこうという発想が顕著なようです。著名なテクスト文献学者であるピーター・シリングスバーグは、自分の研究の基盤となる事項を他人の判断に委ねるということは他の学問分野では考えられないことだと述べていますが（シリングスバーグはポークと親しい友人関係にあります）[*11]、そのような認識、あるいは危機感は充分に共有されているとは言えません。

　その結果逆に北米では、テクスト編集を研究領域とする研究者たちが特殊領域としていくつかの閉じた世界を形成し、「標準化」されたテクストの読解、解釈に専念する研究者たちと対立関係になるということもしばしば起こっています。また、そのような研究者同士の間でも流儀の対立があり、お互いに根拠をぶつけ合ってより応用性のある編集理論を構築するため共同作業をするという姿勢もあまりありません。

　フォークナーのテクストにしても、ヴィンテージ版あるいはライブラリー・オヴ・アメリカ版が「標準」の底本になっているのは、現時点でおそらくこれが総合的にはもっとも問題の少ない版だという消極的な判

断と、他の研究者も皆これを使っているという「標準化」への指向のゆえだと思われてなりません。しかし、対象となる事物を100パーセント過不足なく捉えることのできる「透明な言葉」があり、作家はそれを見いだすべきであり、それは可能な目標であるという、19世紀リアリズム小説を支えてきた「言葉」と「もの」の対応関係への信頼が崩壊したのがモダニズム文学の時代なのです。人間は言葉によって事物を捉えられないかもしれず、それを正確に記憶し伝達することもできないかもしれないという恐れがもたらす、「語り」の問題のモダニズムにおける再発見の下では、他の研究者が編集し提供してくれたテクストの言葉をそのまま受け入れるだけでは、作家とその言葉の充分な研究、検討ができないかもしれないのです。

6　モダニスト作家のテクスト編集の困難と必要

　多くの読者が「普通の小説」として思い描く広義のリアリズム小説は、啓蒙主義的合理主義およびそれに基づく自然科学への信頼と人間中心主義を体現するものとして、市民革命後の19世紀西洋市民社会を基盤として急速に文学の花形ジャンルとなった、実は比較的新しい形式です。私たちが「当たり前」と思っている、すべての人間は平等であり（だから神々、英雄、王侯貴族といった「高貴」な存在でなく、私たちと同じような「卑小」な現実生活をおくる「一般市民」こそが書くに値するものになる）、自然科学で実証できない「神聖」な存在（神や王や貴族など）や人の「貴賤」や超自然的な魔術や「運命」は幻想である（だから『ハリー・ポッター』シリーズは今のところ文学史の主流には組み入れられていません）といった一連の価値観は、市民革命後の社会の思潮と文学が相互に影響し合いながら徐々に定着させてきたものなのです。しかし現実に私たちが生きている世界はそれだけで割り切れるものではありません。
　そして、最初の近代戦、つまり一般市民の大多数が否応なしに巻き込まれ、戦士の武勇ではなく科学技術が勝敗を左右し、高度なテクノロジーによって大量殺戮が可能になってしまった第1次世界大戦と、その

ような問題が何倍にも拡大した第2次世界大戦（原爆による大量殺戮はその代表的なものです）に挟まれた時代、つまり、19世紀西洋市民社会とリアリズム小説の体現するさまざまな「当たり前」が現実に対応しきれなくなった状況に対応するための新たな文学を求める実験的な試みがモダニズム文学です。19世紀市民社会の輝かしい進歩と「当たり前」の背後に隠されていた負の側面が一気に表面化し、「近代」が避けがたい「野蛮」を伴っていたことが明らかになったのです。

　「すべての人間は平等なものとして創造されている」と宣言して独立革命を果たしたアメリカ合衆国で奴隷制が長らく維持されてきたことは、奴隷が「人間ならざる者」とされてきたことを抜きにしては説明ができません。これは、「市民」を平等なものと定義した欧米の列強が、植民地の非白人を劣った者として扱い収奪してきたことに通じます。この問題は現在のグローバル化経済の下で、私たち「先進国」の「市民」の豊かな生活の背後に、「第三世界」の人びとの多くが強いられている劣悪な環境下での低賃金労働があるという現実にもつながります。

　特権階級が独占していた文化と文学を「一般市民」に解放する近代文学とリアリズム小説が想定する「人間」は、自由にものを考える理性を備えた自立的な存在でした。そのような「個人」が、19世紀の「国民国家」の成立の下で急速に普及した初等教育を通じて全国共通の「国語」の読み書き能力を身につけたことが[*12]、産業革命の下で印刷技術と流通が発展したことと相まって、「小説」を時代の花形ジャンルの地位に押し上げました。

　しかし、市民革命とそれに続く「国民国家」の成立の下で「国語」の読み書き能力が普及し「国民文学」を「国民」が共有するという状況が広まったことは皮肉なことに、その「普通」の「人間」の範疇から排除された奴隷や植民地人をはじめとする「人間ならざる者」と、初等教育と識字能力を充分身につけられない社会条件に置かれた「不充分にしか人間でない者」、つまり「不可視化」された人間と現実を大量に生み出してしまいました。現代文学の主要な課題は、そのような人々をふたたび人間の範疇に取り戻し、そういった人びとの生きる「現実」を捉え社会

第8章　モダニズムのテクスト——フォークナー『響きと怒り』

197

的に共有するための「言葉」を新たに作り上げることにあります。広く認知されない人間と現実は、いわば社会的に抹殺されてしまっているからです。

　かつて奴隷を所有していた旧家の末裔であるフォークナーのテクストは、そのような「近代」と「近代文学」の「ねじれ」を体現しています。生身の奴隷やその末裔の現実を言葉によって捉えて共有しない時、旧南部は農本主義的に調和のとれた世界として、旧南部の特権階級の子孫だけでなく「普通」の「市民」のノスタルジアをかき立てる世界となります。それに対し、奴隷などの現実を共有する言葉を模索する時、旧南部が罪に基づいた世界であることがあらわになります。

　人間は、リアリズム小説が前提とするような「言葉」と「もの」の十全な対応関係が成り立つどころどころか、知らず知らずのうちに都合の悪いものは見ないで済ませ、過去は都合良く改ざんして「世界」を捉えたつもりになっているのです。フォークナーは作家としての欲望あるいは業によって、旧家出身の白人としての自分にとって都合の悪いことも書くための「言葉」を模索しないではいられません[*13]。だから、直接経験しえない過去や自分と縁遠い世界の「現実」はもちろんのこと、自分が経験したはずの「過去」でさえも、「言葉」を介してしか思考の対象にすることができないという、モダニズム的な問題に否応なく巻き込まれていくのです。それは、同時代にジグムント・フロイトが提唱した精神分析の示す人間観でもあります。

　『アブサロム、アブサロム！』では、『響きと怒り』にも登場したクェンティン・コンプソンをはじめとする20世紀初頭の登場人物たちが、あたかも探偵小説のように、19世紀半ばに突如ジェファーソンに現れて大地主に成り上がったが跡継ぎの息子を失って滅びていった謎の人物トマス・サトペンの物語の真相を断片的な情報から明らかにしようとします。しかしこの小説では、19世紀に生まれたジャンルである探偵小説がリアリズム小説と共通する原理に基づき、「もの」という形をとる情報を理性が読み解くことによって真実が明らかにされるという展開にはなりません。語り手たちは、それぞれの思い込みや偏見によってその

ような断片のつじつまを合わせ、人種混交を最大の悪としそれが世界崩壊のヴィジョンにつながる、旧南部の悪しきイデオロギーを体現する物語を作り上げてしまいます。ここで整合性は真実性を保障せず、「言葉」を駆使する語り手の思考と思い込みを助長しています*14。

　『響きと怒り』の「付録」に関しては、内容が小説本体にある事実関係と矛盾する部分があることが指摘されています。だからヴィンテージ版ではそれを本に含めず、ライブラリー・オヴ・アメリカ版においても、本体と同様の校訂は施さずにリプリント版のテクストを再現するにとどめたのでしょう。『アブサロム、アブサロム！』の校訂版でもポークは、巻末の『系譜』の年号の一部などを整合性の観点から「修正」しています。しかし、矛盾や不整合自体はフォークナーの単なる勘違いによるものだったとしても、そのこと自体が人間の記憶の不確かさと、それにもかかわらずそれを「言葉」によって不完全ながらもあえて復元しないではいられないという、フォークナーの作品世界に満ちあふれた営みを体現しているのかもしれないのです。

　「もの」が「言葉」の真実性を保障してくれない領域にまで踏み入り、「不可視化」された人間と現実を捉えて社会的に共有しなければ、20世紀初頭の新たな状況に対応できないという問題にモダニズム文学は向かい合いました。そこでは作家自身も、自分が何を書こうとしているかを前もって把握できないことが頻繁に起こります。問題だらけだが唯一使用可能な「言葉」という媒体の力を極限まで引き出しながら少しづつ紙に書き付け修正するという試行錯誤を繰り返すしかないのです。

　そのような「言葉」の力の酷使においては、市民革命後の「国民国家」形成の過程で中央集権的に整備され全国に押しつけられていった人工言語としての「国語」とその「正書法」、つまり確立されたはずの「正しい」言葉の使い方は当てにはできません。ですから、テクストの外の「事実」と広く認定されている認識も、整合性も、「国語」と「正書法」も、モダニスト作家たちのテクストを「正しく」修正するための基準になってはくれないのです。

　さまざまな思い違いやミスなどをしながら書き連ねた作家自身の残し

第 8 章　モダニズムのテクスト――フォークナー『響きと怒り』

た言葉の痕跡をたどるための、検証可能で科学的な編集理論が、モダニズム文学がやらなければならなかったことを考えるための基礎を手に入れるために必要なのです。作家の思考と「言葉」の揺らぎをも含めて把握できるような詳細な批判資料（criticus apparatus）をも含めた新たなテクストが不可欠なのです。ポークが残してくれた現在のデ・ファクト・スタンダードの版でもまだ不満だという欲深いことを、テクスト中心のアプローチを採る研究者とハイレベルの一般読者に考えさせてしまうのが、モダニズムの文学のテクストなのです。

［参考文献］
* 「国語」の基盤となる「国民国家」が、たかだか2世紀ほど前に作られたものでしかないことを明らかにした基本的な文献です（註12も参照してください）。
  ベネディクト・アンダーソン『定本　想像の共同体──ナショナリズムの起源と流行』（白石隆、白石さや訳、書籍工房早山、2007年）。
* フォークナーおよびT・S・エリオットと並んで重要なモダニストであるジェイムズ・ジョイスに即して、実験的なテクストだという先入観からモダニズムのテクストに起きていた「ごたごた」を紹介しています。
  大澤正佳「*Ulysses*新版を読む」『英語青年』（第130巻第10号、1985年1月）、478〜80頁。
* フォークナーに関する個々の事項、および作品の原題と出版年を知るには、この事典が便利です（註1も参照してください）。
  日本ウィリアム・フォークナー協会編『フォークナー事典』（松柏社、2008年）。
* 日本語にとどまらず広く「国語」に関して私たちが持っている「思いこみ」を、具体的な事例を通じて解きほぐしてくれます（註12も参照してください）。
  蓮實重彦『反＝日本語論』（ちくま文庫、筑摩書房、1986年）。
* 文学、およびその作り手と社会の関係は、18世紀末から19世紀にかけて大きく変わりました。現在の私たちにとって「当たり前」のように思われる文学のありようが、この時代にどのように作られてきたのかを、当時メディアの最先端にあったパリの状況を通じて示しています。
  山田登世子『メディア都市パリ』（ちくま学芸文庫、筑摩書房、1995年）。
* 英語圏のモダニズム文学のテクスト編集にまつわる問題を作家ごとに扱っています。

Bornstein, G. (ed.), *Representing Modernist Texts: Editing as Interpretation*, Ann Arbor: The University of Michigan Press, 1991.

＊Ｔ・Ｓ・エリオット『荒地』がパウンドとの共同作業によって成立した過程と、それにまつわるテクスト編集の問題を扱っている Gordon と Torrens の論文を収録しています。

Cuddy, L. A. and D. H. Hirsch (eds.), *Critical Essays on T. S. Eliot's The Waste Land*, Boston: G. K. Hall, 1991.

＊『荒地』の原稿に残っているさまざまな痕跡から、この詩の成立過程を読み解いています。

Gordon, L., *The Waste Land* Manuscript, *American Literature* 45 (January 1974), pp. 557-70; Rpt. in Cuddy and Hirsch, pp. 176-87.

長い間失われたものと思われていた『荒地』の原稿がたどった経緯を通じて、編集文献学における「モノ」としての原稿の問題を見ていきます。

Torrens, J. S. J., The Hidden Years of the *Waste Land* Manuscript, *The Santa Clara Review* 76 (1989), pp. 36-42; Rpt. in Cuddy and Hirsch, pp. 60-65.

［註］

＊１　このような問題の一例として、『行け、モーセ』は長篇小説なのか短篇集なのかという問題があります。この本が最初に出版された時は題名に「およびその他の物語」（*and the Other Stories*）という言葉がついていました。しかしフォークナーは1949年に版を改める時に、これは全体で１つの小説を成しているのだからこの文言は削除することを要求し、以後はそのようになっています。その言葉を根拠として、これは短篇が連作となることで長篇を構成しているという見方が通説になっていますが、フォークナー自身も当初は判断が付いていなかったのではないかという見方も残っています（『フォークナー事典』の『行け、モーセ』の項を参照してください）。

＊２　たとえば Meriwether, J. B. and M. Millgate (eds.), *Lion in the Garden: Interviews with William Faulkner,* Lincoln: University of Nebraska Press, 1968, p. 245 など。

＊３　たとえば *Lion in the Garden*, pp. 244-45 など。

＊４　フォークナー自身はさらに10年ほど後の『パリ・レヴュー』誌のインタビューでそう述べています（*Lion in the Garden*, p. 245）が、それも後から思いついた自己演出かもしれません。

＊５　*Lion in the Garden*, p. 255.

＊６　そのような不適切な編集の例としては、『野生の棕櫚』の初期のペイパーバック版があります。この小説は医学生と人妻の姦通と駆け落ちを描く同名の「野生の棕櫚」というパートと、ミシシッピ地方で頻発していた

第８章　モダニズムのテクスト──フォークナー『響きと怒り』

洪水を背景とした「オールド・マン」（ミシシッピ川の俗称）というパートが交互に出てきますが、出版社はそのような構成の意義を無視して、2つを別の小説として刊行してしまいました。
* 7　たとえば、山田『メディア都市パリ』を参照してください。
* 8　この例に関しては、本書第2章42頁を参照してください。またアングロ・アメリカ系とドイツ系の編集理論の違いについては、たとえばピーター・シリングスバーグ『グーテンベルクからグーグルへ』（本書の序 ix 頁の参考文献参照）の第9章を参照してください。
* 9　ルー・バーナード他編『人文学と電子編集』（本書の序 ix 頁の参考文献参照）の422〜60頁にCSEのガイドラインの翻訳があります。そこにはガイドライン自体だけでなく、そこで使われている編集文献学の基本的な用語とその訳語、さらにはテクスト編集理論の文献リストも示されています。
* 10　Polk, N., Where the Comma Goes: Editing William Faulkner, *Representing Modernist Texts*, ed. G. Bornstein, pp. 241-58; Rpt. in Polk, *Children of the Dark House: Text and Context in Faulkner,* Jackson: University Press of Mississippi, 1966, pp.3-21.
* 11　Shillingsburg, P. L. *Scholarly Editing in the Computer Age: Theory and Practice*, Third ed., Ann Arbor: The University of Michigan Press, 1996, p.4.
* 12　「国語」と「国民国家」が近代の新たな産物であることと、それによって起こる問題については、アンダーソン『想像の共同体』および蓮實『反＝日本語論』中の「文学と革命」を参照してください。
* 13　中谷崇「フォークナーの「モダニズム」と戦争」『英語青年』（第143巻第8号、1997年11月）、432〜34頁でこの問題について触れています。
* 14　中谷崇「リアリズム小説という思考とフォークナーの「不謹慎」な語り手たち──『アブサロム、アブサロム！』における近代小説の再演」『フォークナー』（第12号、2010年）、92〜104頁でこのような語り手たちのありようについて論じています。

第 9 章
遺稿編集の問題
―― ニーチェ『権力への意志』

トーマス・ペーカー（矢羽々崇訳）

「私が『名を残す』ためには、10 の作品があればよい、それ以上は不要だ。」
（1886 年の出版者宛の手紙［批判版書簡集、第 3 部門、第 3 巻、226 頁[*1]］）

1　ニーチェ編集の歴史

20 世紀から現代に至る文学と思想に多大な影響を及ぼしたドイツの哲学者フリードリヒ・ニーチェ（Friedrich Wilhelm Nietzsche：1844 〜 1900 年）編集の歴史は 3 つの時期に区分されます。

①第 1 期：ニーチェの作家としての活動期間から精神的な崩壊にいたるまでの時期で、1871 〜 88 年まで。

②第 2 期：妹エリーザベト・フェルスター゠ニーチェ（Elisabeth Förster-Nietzsche：1846 〜 1935 年）のもとでのニーチェ作品集の出版の時期。彼女はヴァイマルにニーチェ・アーカイブを創設し、1894 年からその死にいたるまでアーカイブの唯一の所有者でした。これは、ニーチェ編集において根本的に「テクスト操作と改竄」が特徴的な時期でした。

③第 3 期：第 2 次世界大戦後の批判的な編集作業が始まった時期で、とりわけ 1960 年代の初めに批判版全集の出版でその傾向が明確となり、今日まで続いています。

以下、この 3 つ時期をより詳しく検討したいと思います。

①第1期

彼が自作の出版に携わっていた1871〜88年のあいだ、ニーチェ作品の売れ行きはひどいものでした。たとえば、彼の哲学的な処女作である『音楽の精神からの悲劇の誕生』は、1872年にライプツィヒの出版社から初版800部で売り出されましたが、1878年までに売れたのは、625部にすぎませんでした[*2]。

1889年、トリノで精神的に崩壊してからニーチェがヨーロッパで次第に広く知られるようになります。それからようやく彼の著作に対する関心が高まってきました。

②第2期

1889年にニーチェが発病して禁治産宣告を受けてからの第2期では、彼の作品と1888年末までに出版されずに残っていた(『ニーチェ対ワーグナー』のような)遺稿をめぐって、さまざまな利害のぶつかり合いが起こるようになりました。当初はニーチェの母親であるフランツィスカ・ニーチェの同意のもとで、彼の友人フランツ・オーファーベクやハインリヒ・ケーゼリツ(ペーター・ガストとして知られる)が遺稿を管理していました。しかし、1893年にニーチェの妹が遺稿の管理を引き継ぎ、1894年にナウムブルクにあったニーチェ家にニーチェ・アーカイブを設立しました。アーカイブは1896年にヴァイマルに移転しています[*3]。彼女によるニーチェ崇拝と編集活動は、ニーチェ研究を二極化し、そのためオーファーベックはニーチェ・アーカイブから距離を取ることにもなりました。彼はニーチェに関する資料(たとえばニーチェと彼の書簡)をアーカイブに渡さずに、手元に残しておきました。これらは後にオーファーベックの弟子であるカール・アルブレヒト・ベルヌリによって編集出版されました。このベルヌリは、バーゼル・アーカイブ(ヴァイマルのアーカイブに対して「反アーカイブ」(Gegenarchiv)とも呼ばれます)とこれに連動する批判的なニーチェ研究の拠点を築いたのです。とはいえ、1931年まではニーチェの著作物にまつわる諸権利が妹の手元にあったために、ニーチェ編集の歴史はまずもってヴァイ

マルのニーチェ・アーカイブと妹とつながっています。彼女は編者を選びながら、個別の出版とならんで1895〜97年に最初のニーチェ作品集を編集させ、さらにはより広範でより完全なものを目指した19巻の大オクターブ版（GA）を1899〜1913年に出版させました。このなかには『力への意志』（*Der Wille zur Macht*）と呼ばれる、ニーチェの遺稿を改竄したことで悪名高いものも含まれています。この遺稿は、編者ペーター・ガストと、今日では文献編集の歴史の中でもっともひどい改竄者のひとりとして名をとどめるニーチェの妹によって、文献学的に見て問題の多い介入（たとえば省略や新たな組み合わせ、小見出しの追加など）がなされたうえで出版されています。『力への意志』は、ニーチェが書こうとしながらも病気のために完成できなかったものですが、このタイトルのもとにエリーザベトは自分の考えるニーチェ体系に基づいてテクストを選択していきます。この版は1950年代にいたるまで学問的にしっかりした作品集とみなされ、これによりニーチェ受容は、50年ものあいだまったく方向性を違えてしまったのです。

　1930年にニーチェの著作権が切れたのち、遺稿寄せ集め版が無数に出版され、その中には当時のニーチェ像を決定したものもありました。その例としては、ナチスのイデオローグであったアルフレート・ボイムラーの編集によって、ニーチェの遺稿がクレーナー出版から『生成の無垢』（*Die Unschuld des Werdens*）と『力への意志』というタイトルで出版されました。今日でもいまだにクレーナー出版から発売されているこれらの作品集[*4]を、重要な哲学者たちが彼らのニーチェ理解の土台としてきました。たとえばマルティン・ハイデガーは、ボイムラー編の版を「推薦に値する」[*5]といい、ニーチェの妹に従うかたちで『力への意志』をニーチェの主要作に祭り上げています。

　1933年から1942年までの間ニーチェ・アーカイブは、ともに1933年からナチ党員であったハンス・ヨアヒム・メッテとカール・シュレヒタを責任者として、ニーチェの史的批判版（BAW）を計画します。これは戦争のせいもあって未完のまま放棄されました。ナチ政権の時代には、ニーチェ・アーカイブはナチ幹部と非常に接近します。ヒトラー自ら

第9章　遺稿編集の問題——ニーチェ『権力への意志』

205

アーカイブを数回にわたって訪問しました。こうした接近のために、哲学者で文芸批評家のゲオルク・ルカーチがすでに1943年に宣言していたように、ニーチェが「国家社会主義の精神的先駆者」と誤解されたのです[*6]。1945年、アーカイブはソヴィエトの軍政部によって閉鎖され、収蔵品はヴァイマルのゲーテ・シラー・アーカイブに移され、今日もそこにあります。

③第3期

　ニーチェ編集の第3期は、第2次世界大戦の後に始まります。1954～56年までの間、ヴァイマル・ニーチェ・アーカイブのかつてのスタッフで、戦後西ドイツで暮らしていたカール・シュレヒタは、3巻のニーチェ作品集（SA）を出します。そのなかで彼は、『力への意志』の従来のテクスト配列を離れて編集しました。さらに、他の著作におけるエリーザベト・フェルスター＝ニーチェの改竄を非難したのです[*7]。これは当時、大きな反響を巻き起こしました。1958年、ドイツの週刊誌『シュピーゲル』（Der spiegel）では、表紙とメインの記事がニーチェ関連となり、シュレヒタによる作品集とフェルスター＝ニーチェによる特に手紙の改竄が詳細に報道されたのです。

　ニーチェの遺稿を公刊するにあたって、年代順を編集の基本に据えたことはシュレヒタの功績です。しかし彼の編集に対しては、厳しい批判がなされました。特に、『力への意志』における寄せ集め状態を解消したにしても、使われているのは『力への意志』と同じテクストであり、それを別の順番に配列しているにすぎないというものでした。シュレヒタは自らの編集によるニーチェの作品集を出すために、ヴァイマルに保管されているオリジナルの手稿を参照せずに仕事をしていたのです。これにより、批判はさらに厳しいものとなりました[*8]。

　新たなニーチェの批判的著作集の計画は、2人のイタリア人、哲学者のジョルジョ・コーリ（Giorgio Colli：1919～79年）と彼の弟子マッツィーノ・モンティナーリ（Mazzino Montinari：1928～86年）によって実現しました。彼らはそもそもニーチェのイタリア語訳を作ろうとして、

Ⅴ　作者とは何か

信頼できるドイツ語の版を探したものの、見つけることができなかったのです[*9]。1961年にはじめてモンティナーリはヴァイマルのニーチェ・アーカイブに行き、これまでの諸版とオリジナルの手稿を比較しました。1967年、批判版全集（KGW）の第1巻が出版され、1975年にはニーチェ書簡集（KSA）第1巻、1980年には批判版全集（KGW）に依拠した学習版（KSA）、1986年には書簡集学習版（KSB）が続きました[*10]。

今日までに批判版全集（KGW）ではおよそ40巻が出され、残る数巻の注釈巻の出版が待たれているところです。

ニーチェの遺稿、より正確に言うと1885年春以降の後期ニーチェの遺稿の編集は、批判版全集（KGW）の第9部門において、2001年より手稿編集というかたちで出されています。それはニーチェの読解が困難なメモをさまざまな字体で再現しており、オリジナルの手稿も付属のCD-ROMでファクシミリとして読むことが可能になっています。これによってテクストが再現されたというよりも、必ずしも特定のテクストのまとまりに至るわけではないエクリチュールの過程が保存されたのです[*11]。こうした変更は、モンティナーリの死後になされ、これまでの編集原則が完全にひっくり返されました。それまで厳密に年代順に、すなわち、さまざまなノートにさまざまな時期に書き込んでいたメモ書きがノート内部のコンテクストから切り取られ、（場合によっては仮定されたにすぎない）時間順に並べられ、テーマの関連性をもとに編集されていたものが、今度はあるがままのすがたでノートを編集する「場所原則」が採用されたのです[*12]。これによって、遺稿の一部はすでに「古い」時間原則にもとづいて編集されていたため、ある種の重複は不可避となりましたが、双方を比較する可能性も生まれたのです。実際に確認してみましょう。

第9章　遺稿編集の問題──ニーチェ『権力への意志』

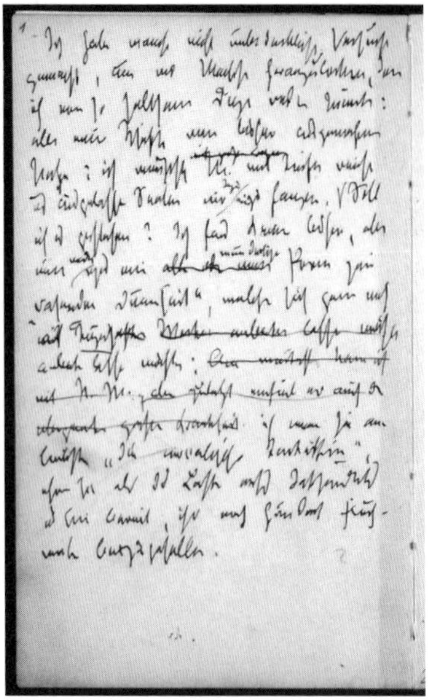

図 1 （IX 1 Faksimlies, 8）

```
       ○  Ich habe manche nicht unbedenkliche Versuche
          gemacht, um mir Menschen heranzulocken, denen
          ich von so seltsamen Dingen reden könnte:
          alle meine Schriften waren bisher ausgeworfene
                              mit großer Begier
          Netze: ich wünschte M. mit tiefen reichen
                                    dazu
          und ausgelassenen Seelen mir einzu fangen. |Soll
          ich es gestehen? Ich fand Keinen bisher, aber
                wieder           wunderliche
          immer irgend eine alte oder neue Form jener
          "rasenden Dummheit", welche sich gerne noch
mit t     als Tugendhaften Worten anbeten lassen möchte
          anbeten lassen möchte: Am weitesten kam ich
          mit R. W., aber zuletzt verfiel er auch der
          ebengenannten großen Krankheit. ich nenne sie am
          liebsten "die moralische Tartüfferie",
          ehre sie als das Laster unseres Jahrhunderts
          und bin bereit, ihr noch hundert Fluch-
          worte beizugesellen.            ○
```

図 2 （KGW IX, 1：図 1 の活字による再現）

V　作者とは何か

まずは、書籍版に付録として付けられたCD-ROMで見ることのできるニーチェ手稿のファクシミリです（図1）。

この手稿が、そのまま模倣されるかたちで、印刷したものへと「反・訳」されます（図2）。

同じメモは、遺稿が年代順に配列され番号を振られた「古い」版では、次のようになります（図3）。

April—Juni 1885 34[250—256] 227

nomistisch, welcher einsam lief und nie daran glauben mochte, daß — — —

34[255]

NB. Eine neue Denkweise — welche immer eine neue Meßweise ist und das Vorhandensein eines neuen Maaßes, einer neuen Empfindungs-Scala voraussetzt, welche immer ein ächter Gl⟨aube⟩ ist — will sich durchsetzen und sagt mit ihrem Feuer der ersten Liebe zu allem, was ihr widerstrebt: „das ist falsch". In diesem Kampfe verfeinert sie sich, lernt sich vertheidigen und hat nöthig, um zu besiegen, dem Gegner seine Waffen abzulisten und seine Kunst abzulernen. „Das ist falsch" heißt ursprünglich „ich glaube nicht daran"; noch feiner zugesehn „ich fühle nichts daran, ich mache mir nichts daraus".

34[256]

Ich habe manche nicht unbedenkliche Versuche gemacht, um mir Menschen heranzulocken, denen ich von so seltsamen Dingen reden könnte: alle meine Schriften waren bisher ausgeworfene Netze: ich wünschte Menschen mit tiefen reichen und ausgelassenen Seelen mir dazu einzufangen.

An wen sich wenden? Meinen längsten Versuch machte ich an jenem vielfachen und geheimnivollen Menschen, dem vielleicht von den Menschen dieses Jahrhunderts die meisten guten und schlimmen Dinge über die Seele gelaufen sind, an R⟨ichard⟩ W⟨agner⟩. Später gedachte ich die deutsche Jugend zu „verführen" — denn es ist mir gut bekannt, wie gefährlich es in den Zwanziger Jahren in einem Deutschen zugeht. Noch später machte ich mir eine Sprache für verwegene Mannsköpfe und Mannsherzen zurecht, die irgendwo in einem Winkel der Erde auf meine wunderlichen Dinge warten mochten. Endlich — doch man wird es nicht glauben, zu welchem „endlich" ich gelangte. Genug, ich erdichtete „Also sprach Zarathustra".

図3　（KGW VII 3, 227（34［256］））
中央から下が当該テクスト

それぞれの表現方法の違いは明らかです。場所原則による配置では、メモはニーチェのノートの最初という意味を持ち、年代順の配置では1つのメモにすぎません。さらにこのメモは、編集者から「断章」と呼ばれることで、ある種の決定性と固定性を獲得してしまいますが、それはこのメモの手稿でも場所原則の編集でも存在していなかったものです。

この編集実践に対してなされるべき批判的な問い——批評家がすでに行ったものでもありますが——は、この年代順の遺稿出版がそもそも意味のつながりを持つような断章「テクスト」を生みだしているのではないか、それによって、「ニーチェの著作が持つ本来の作品の境界」をぬぐい去り、「テクストを過剰に生産」*13 しているのではないか、という問いです。

もう1つは、手稿を印刷本へと移しかえる際の問題であり、これによって手稿の独自性が常に失われてしまうわけです。2つの例を挙げましょう。

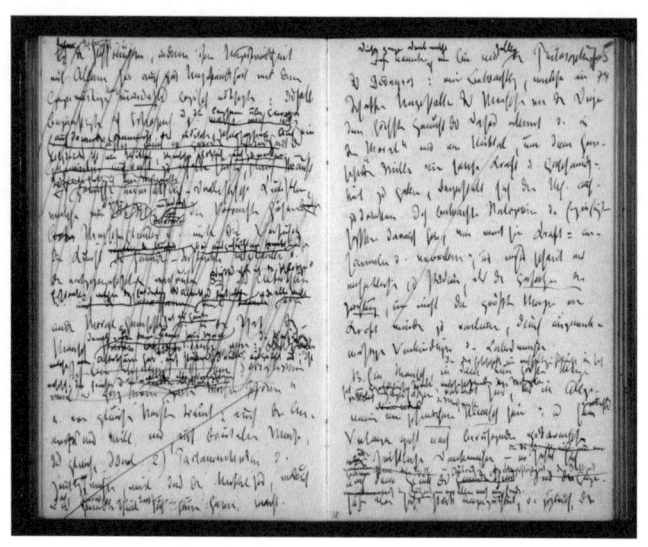

図 4 （KGW IX 1 Faksimiles, 44）

図 5 （KGW IX 1, 73f：図 4 の活字による再現）

V 作者とは何か

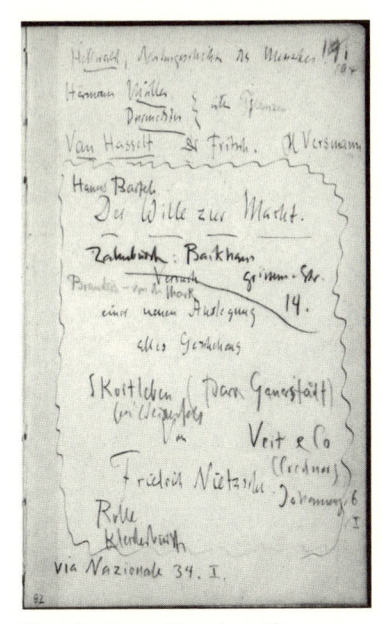

図6　（KGW IX 2 Faksimiles, 208）

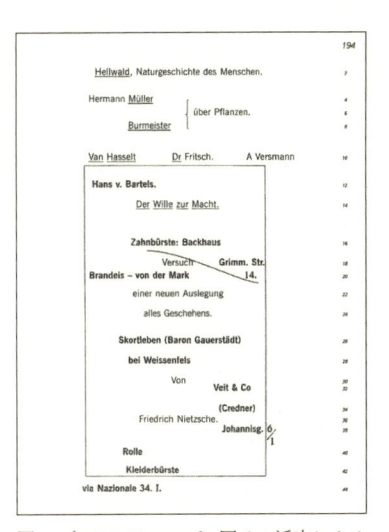

図7　（KGW IX 2, 193f：図6の活字による再現）
左ページのほぼ中央に「歯ブラシ」（Zahnbürste）という語がはっきりと読みとれます。

　場所原則による印刷は、たしかに抹消線やさまざまな書き込みのエネルギーを再現しようとしていますが、しかし、印刷技術という限界によって部分的にしか成功していません（図4, 5）。
　とはいえ、活字による再現はやはり不可欠であって、ファクシミリで複製された手稿だけではほとんど読解不能だからです。
　次のページを見てみましょう（図6）。ここでニーチェは、彼がよくしていたように、本のタイトル（ページ）を書いています。
　「力への意志。あらゆる出来事の新たな解釈の試み」と題したタイトル（ページ）のなかに、おそらく後の段階で、ニーチェは非常に些末なメモを書いています。たとえば彼がおそらく買おうと思っていた「歯ブラシ」などです。この「力への意志」が「歯ブラシ」によって「抹消」される様は、場所原則による編集本には残されています（図7）。

第9章　遺稿編集の問題——ニーチェ『権力への意志』

211

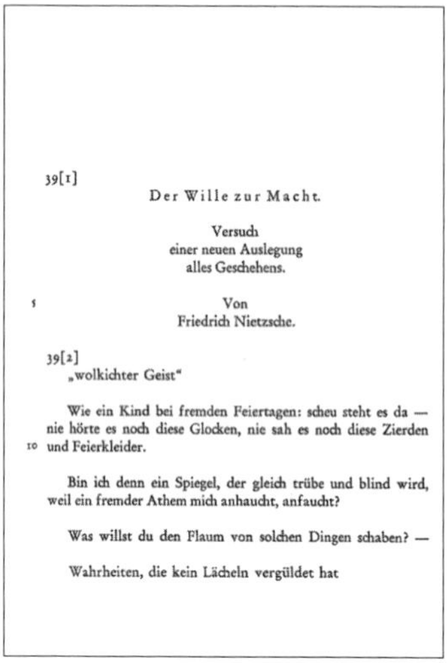
39[1]
Der Wille zur Macht.

Versuch
einer neuen Auslegung
alles Geschehens.

Von
Friedrich Nietzsche.

39[2]
„wolkichter Geist“

Wie ein Kind bei fremden Feiertagen: scheu steht es da — nie hörte es noch diese Glocken, nie sah es noch diese Zierden und Feierkleider.

Bin ich denn ein Spiegel, der gleich trübe und blind wird, weil ein fremder Athem mich anhaucht, anfaucht?

Was willst du den Flaum von solchen Dingen schaben? —

Wahrheiten, die kein Lächeln vergüldet hat

図 8　(KGW VII 3, 349)＊14

しかし、年代順による編集本では、歯ブラシは消されています。「歯ブラシ」の些末さが「力への意志」というパトスを抹消するという、まさにコミカルな連関は、年代順で編集された印刷本では失われてしまったのです（図 8）。

現在、重要性を増しているのはデジタル版のニーチェ編集です。批判版全集（KGW）はデジタル化され、批判版書簡集（KGB）とともに、eKGWG としてインターネット上で見ることができます＊15。このインターネット版では、印刷版に対して 6,000 以上の訂正がなされています。ニーチェのテクストは、自由に利用可能であることがはっきりと謳われ、自由にダウンロードしたり、組み合わせたり、印刷したりすることが可能なのです。テクストの総体（つまりニーチェの作品、書簡、遺稿）は単語や文にもとづいて検索可能です。ただし、この版を引用する際に出典箇所を表記するのが比較的面倒で複雑なため（そのたびに引用された箇所の正確な URL を明記しなければなりません）、印刷された版を併用するのが現実的だと言えるでしょう。

他にニーチェのテクストのいくつかは、ドイツ語圏の文学をデジタル化してまとめたものとしては最大の「プロジェクト・グーテンベルク」で読むことができます。これらのテクストは出典が不明であるために、学術的な研究では使うことができません。

他にもニーチェのテクストを読むための手助けとなるウェブサイトがあります。たとえばニーチェ発とニーチェ宛の書簡で残されているものすべてが、批判版書簡集（KGB）に依拠したかたちで、ヴァイマルのゲーテ・シラー・アーカイブによってインターネットで公開されていま

す。このアーカイブは、さらにニーチェの生涯や作品、影響に関する書誌も提供しています。

　さらに2001年には、「ハイパー・ニーチェ」というプロジェクトが始動しており、ニーチェのテクストすべてを紹介し、ニーチェ哲学にかんするすべての知識をまとめることを目的に、ハイパーテクスト構造を作ることが目指されています。しかしこのプロジェクトはまだ実現していません。

2　「力への意志」の問題点

　コーリとモンティナーリがニーチェのテクストの批判版を編集しようと思った決定的な動機は、とりわけ国家社会主義者たちによって推進されたニーチェ崇拝やニーチェ像のもととなったヴァイマル・ニーチェ・アーカイブによる『力への意志』の改竄を「最終的に無害化する」ことでした[*16]。

　ニーチェは1880年頃から、哲学的な問題としての力への意志と取り組んできました。1883年、文学的かつ哲学的著作である『ツァラトゥストゥラはこう言った』において、より厳密に定義しています。

> 私が生き生きとしたものを見いだした場に、私は力への意志を見いだした。……生命があるところにのみ意志もある。君に教えよう、しかしそれは生命への意志ではなく、力への意志なのだ！（批判版全集、第6部門、第1巻、143、145頁）

　とはいえ、ニーチェが意識し続けたこの力への意志という「哲学的問題」は、『力への意志』というタイトルの本を出版したいという彼の文学的なプロジェクトとは区別されるべきものです。

　ニーチェの遺稿では、『力への意志』というメインタイトルをもつ考察は、1885年の晩夏から秋にかけてはじめて登場します。しばらくして次のような本の扉絵の構想が見られます。

第9章　遺稿編集の問題——ニーチェ『権力への意志』

213

　　　　　　力への意志
　　　　　　すべての出来事の
　　　　　　新たな解釈の試み
　　　　　　フリードリヒ・ニーチェ
　　　　　　　　　作
　　　（批判版全集、第 8 部門、第 1 巻、15 頁（1［35］））

　1888 年までニーチェのメモには、繰り返し『力への意志』の出版計画が登場します[*17]。そして 1888 年 8 月 26 日、モンティナーリの見解[*18]に従えば、ニーチェは「力への意志」の最後のプランを書き記します。

　　　　　　『力への意志』に関する
　　　　　　　計画の概要
　　　　　　あらゆる価値の転倒の
　　　　　　　　試み
　　　　　　──シルス・マリアにて
　　　　　　　1888 年 8 月
　　　　　　　最後の日曜日
　　　（批判版全集、第 8 部門、第 3 巻、337 頁（18［17］））

　このメモに続いて、この計画の内実となる 4 冊の本が比較的長めにリストアップされます。モンティナーリはこのニーチェのメモのなかで彼の計画が「決定的に転換した」と言います。ニーチェは『あらゆる価値の転倒』というタイトルの新たな計画を立て、それが前掲の概要のなかでもサブタイトルのかたちで告知されていると言うのです。
　少したってからニーチェは次のように本のタイトルを列挙します。

　　　　　　『あらゆる価値の転倒』
　　　　　　フリードリヒ・ニーチェ
　　　　　　　　　作

　　　　『明後日のための思想』
　　　　　我が哲学からの抜粋

　　　　『明後日のための叡智』
　　　　　　我が哲学
　　　　　　　抜粋

　　　　『マグヌム・イン・パルヴォ（小のなかの大）』
　　　　　　　ある哲学
　　　　　　　　抜粋
　（批判版全集、第8部門、第3巻、344頁（19［2f］））

　総タイトルである『力への意志』は、「この計画のなかではすでに消えさって」おり、そのことでニーチェは遅くとも1888年9月には「『力への意志』を書く計画を、この新たな仕事のプロジェクトのためにしまい込んだ」というのがモンティナーリのテーゼです（モンティナーリ、1991年、119頁）。この新たな仕事のプロジェクトのはじまり、つまり『あらゆる価値の転倒』[*19]と題された本の執筆は、「力への意志」の終わりであり、ニーチェの手紙を根拠としてその日付をモンティナーリは1888年9月3日としています[*20]。彼はニーチェの「母のような」女友だちであるメタ・フォン・ザーリス宛の1888年9月7日の書簡を根拠としています。ニーチェは記しています。

　　9月3日は非常に奇妙な1日でした。朝早く私は自分の『あらゆる価値の転倒』のまえがきを、これまでに書かれたまえがきのなかで最も意気軒昂たるまえがきを書きました。それから外出しました。なんたること！　エンガディーンで見た最も美しい日でした。あらゆる色の輝き出す力、湖や空の青、空気の透明さ、まったくもってありえないほどでした……。……来年、私は『あらゆる価値の転倒』という、これまででもっとも独立独歩たる本を印刷させること

第9章　遺稿編集の問題——ニーチェ『権力への意志』

215

を決心するでしょう。(批判版全集、第3部門、第5巻、410頁〜)

　この手紙の高揚した口調、熱狂的な風景描写、そして具体的な出版計画を見ると、実際にニーチェがここでまったく新しい仕事のプロジェクトを生みだしたと理解したくなります。『あらゆる価値の転倒』は、モンティナーリによれば、『力への意志』の「文学的な否定」と見なしうるのです。

3　結語

　ニーチェの遺稿を批判的に編集することで明らかになったのは、そこに隠された主著『力への意志』なるものが存在しないことです。とはいえ同時に、他の主著、すなわち『あらゆる価値の転倒』を書こうとしていたというモンティナーリの主張も疑問視されるべきでしょう。ニーチェの仕事のしかたは、体系的に段階を追って漸進的に哲学的著作をものする、というものではありませんでした。特に晩年になると、彼はたいていは散歩の途上で頭に浮かんだままに、ありとあらゆる思いつき、引用、ことわざ、名前をさまざまなノートにメモしていったのです。これらのメモは、「複雑な言語マトリクス」[*21] と見なすのがもっとも妥当でしょう。つまりそれは、まだテクストになる前のもの、後に「作品」の名に値するテクストに生成するか、場合によってはそうならない純粋にポテンシャルとしてのテクストなのです。コーリとモンティナーリが彼らの遺稿編集で行ったように、「断章」形式でこのマトリクスを出版することは、このマトリクスのもつ現実化していないポテンシャルとしての性格を見落としてしまいます。つまり、テクストとは呼べないものから断片集というテクストを創り出し、それがニーチェの「いわゆる独立した作品」[*22] として姿を現すことになったのです。ニーチェの遺稿が量として見ると批判的作品集として出版されるものの約3分の2にあたる以上、このニーチェ・テクストの「過剰」が彼の「作品」の理解を歪めるばかりでなく、ニーチェの思索を必要以上にいわゆる「断章」中

心に固定化する危険があるのです。

　この危険を乗り越えるために、一方ではニーチェ自身があまりに熱狂的に捉えていた「作品」概念を、たとえば実際にニーチェ自身が「作品」と呼んだテクストを出版することでふたたび光を当てて活性化しようとする試み[*23]がなされています。他方では、すでに論じた批判版全集（KGW）の2001年以降における編集実践によって、いわゆるテクストが構成されることなく、筆記のプロセスが記録されることになります[*24]。これによりニーチェのメモの持つ未完性やポテンシャルとしての性格が保存されるのです。それを読むことで、ニーチェのクリエーティブな思考や筆記プロセスを垣間見ることができますし、そうしたニーチェの筆記の風景を読む、というよりも観照することで、自らのクリエイティブな思考のために刺激を得ることもできるでしょう。

[参考文献]
* 現在のスタンダードとされるニーチェ作品集は次のものです。
　批判版全集（KGW）：Nietzsche, F., *Werke. Kritische Gesamtausgaben*, hrsg. G. Colli u. M. Montinari, Berlin/New York: de Gruyter, 1967ff.
　批判版にもとづく学習版全集（KSA）：Nietzsche, F., *Sämtliche Werke. Kritische Studienausgabe in 15 Bänden*, hrsg. G. Colli und M. Montinari, München/New York: dtv Taschenbücher Bd. 59065, 2. durchges. Aufl., Neuausg., 1999.
　批判版書簡集（KGB）：Nietzsche, F., *Briefe. Kritische Gesamtausgabe*, hrsg. G. Colli und M. Montinari, Berlin/New York: de Gruyter, 1975-2004.
　批判版に基づく学習版書簡集（KSB）：Nietzsche, F., *Sämtliche Briefe in 8 Bänden. Kritische Studienausgabe*, hrsg. G. Colli und M. Montinari, München/New York: dtv Taschenbücher Bd. 59063, 2003.
* グロイター版をもとに翻訳したものが次の全集です。
　『ニーチェ全集』（白水社、第1期全12巻、1980～81年：第2期全6巻、1982～87年）。
　『ニーチェ全集別巻』（高松敏男他編、白水社、1982年）。この巻には文献リストが出ています。
* 本文中で言及されている、ペーター・ガストとニーチェの妹による『力への意志』。
　Nietzsche, F., *Der Wille zur Macht. Versuch einer Umwertung aller Werte*, ausgewählt

第9章　遺稿編集の問題――ニーチェ『権力への意志』

und geordnet von P. Gast unter Mitwirkung von E. Förster-Nietzsche, 13., durchges. Aufl. mit einem Nachwort von W. Gebhard, Stuttgart: Kröner, 1996 [1930].

＊モンティナーリ自身によるニーチェや批判版編集についての論集。訳者の解説も充実しています。

マッツィーノ・モンティナーリ『全集編者の読むニーチェ――グロイター版編纂の道程』（眞田収一郎訳、未知谷、2012 年）。

[註]

* 1 　ニーチェの手紙や作品の略号については、参考文献リストを参照。
* 2 　1867 〜 70 年のあいだ、ニーチェはホメロスやヘシオドスに関する文献学的な著作をいくつか出版していました。
* 3 　ニーチェ・アーカイブの歴史については、1991 年のホフマンによる大部の研究を参照。Hoffmann, D. M., *Zur Geschichte des Nietzsche-Archivs*, Berlin/New York: de Gruyter, 1991.
* 4 　1996 年に出版された第 13 版の編者であるヴァルター・ゲープハルトは、テクストを批判版全集と比較しながらも、「配列とテクスト選択」については古い（ボイムラーによる）版を維持しています（Gebhard, W., Nachwort, in Nietzsche, F., *Der Wille zur Macht. Versuch einer Umwertung aller Werte*, Stuttgart: Kröner, 1996, S. 705.)。
* 5 　Heidegger, M., *Nietzsche. Erster Band*, 7. Aufl., Stuttgart: Klett-Cotta 2008, [1961/1936-37], S. 8.
* 6 　ルカーチの論文「ドイツのファシズムとニーチェ」（1943 年）では、ニーチェは「反動の哲学的指導者」と呼ばれています（Lukács, G., Der deutsche Faschismus und Nietzsche, *Internationale Literatur* 13（1943），13-12 (1943) S. 55.)。
* 7 　Schlechta, K., *Der Fall Nietzsche. Aufsätze und Vorträge*, München: Hanser, 1958. を参照。
* 8 　Groddeck, W., Werkkomposition und Textgenese. Betrachtungen zur ‚Varianz' von Nietzsches Nachlaß, *Varianten – Variants – Variantes*（Brihefte zu editio, Bd,）, hrsg. Chr. Jansohn und B. Plachta, Tübingen: Niemeyer, 2005, S. 190.（以下、この文献からの引用は、Groddeck, 2005 とし、頁数とともに引用。)
* 9 　この版の成立史については、Montinari, M., *Nietzsche lesen*, Berlin/New York: de Gruyter, 1982, S. 10-21. を参照（以下、この本からの引用は、Montinari, 1982 とし、頁数とともに引用)。
* 10 　学習版（KSA）は、学術的な注釈部は簡略化されていますが、テクス

トは批判版全集（KGW）と同一です。批判版書簡集（KGB）はニーチェからの書簡もニーチェ宛の書簡も収録していますが、書簡学習版（KSB）はニーチェ自身からの書簡のみが収録されています。

* 11　Kohlenbach M. und W. Groddeck, Zwischenüberlegungen zur Edition von Nietzsches Nachlaß, *Text. Kritische Beiträge* 1 (1995), S. 34ff.（以下、この論文からの引用は、Kohlenbach/Groddeck とし、頁数とともに引用。）
* 12　テクストは場所原則によって（topographisch/topologisch）、「すなわち、テクストがメモ帳にあるがままに、筆記の時期や内容のテーマ的な関連を無視して」（K. Pestalozzi, Vorwort, KGW IX 1, 2001, S. V.）印刷されます。この方法は、たとえばカフカのような他の作品集では「筆記基盤の原則」（Schriftträgerprinzip）と呼ばれています（J. Schillemeit, Editorische Vorbemerkung, *Franz Kafka. Nachgelassene Schriften und Fragmente II. Apparatband*, hrsg. Ders., Frankfurt am Main: S. Fischer Verlag, 1992, S. 7.）。この原則に関しては終章註 8 も参照してください。
* 13　Groddeck, 2005, S. 191.
* 14　歯ブラシは「注記」（Nachberichte）巻でのみ登場します（批判版全集、第 7 部門 4／2 巻、641 頁、註 195 参照）。
* 15　インターネット・アドレスの主なものは次のとおりです。
  eKGWB（ニーチェ作品書簡集）
  　http://nietzschesource.org（26.11.2014）
  グロイター出版によるニーチェ作品集の全体像
  　http://www.degruyter.com/view/serial/16016（26.11.2014）
  ヴァイマル・ゲーテ・シラー・アーカイブのニーチェ書簡
  　http://ora-web.swkk.de/swk-db/niebrief/index.html（26.11.2014）
  ヴァイマル・ゲーテ・シラー・アーカイブのニーチェ書誌
  　http://ora-web.swkk.de/swk-db/niebiblio/index.html（26.11.2014）
  ハイパー・ニーチェ：プロジェクトの告知
  　http://www.hypernietzsche.org/events/lmu/index.html（26.11.2014）
  シュトレームフェルト出版のニーチェ作品集（作家によってオーソライズされた最終完成作品集）
* 16　http://www.stroemfeld.de/StroemfeldFJ2013r.pdf（30.10.2014）
  Pestalozzi, K., Vorwort, M. Montinari, *Friedrich Nietzsche. Eine Einführung*, Berlin/New York: de Gruyter, 1991, S. Ⅶ.「無害化」が問題になるのは、編集や出版によって改竄された『力への意志』であり、哲学的な主題ではないことはあらためて述べるまでもないでしょう。
* 17　たとえば批判版全集、第 8 部門、第 1 巻、92 頁（2［74］）、同 107 頁（2［100］）を参照。

第 9 章　遺稿編集の問題──ニーチェ『権力への意志』

* 18　Montinari, 1982, S. 113.

* 19　続くニーチェのメモでは、「あらゆる価値の転倒」というプロジェクトの 4 冊の本のタイトルのアイディアが書かれていることも参照してください。すなわち、『アンチクリスト』、『自由な精神』、『反道徳主義者』、『ディオニュゾス』（批判版全集、第 8 部門、第 3 巻、345 〜 47 頁（19 [7f]))。

* 20　Montinari, 1982, S. 115 参照。

* 21　Groddeck, W.‚Vorstufe' und ‚Fragment'. Zur Problematik einer traditionellen textkritischen Unterscheidung in der Nietzsche-Philologie, *Textkonstitution bei mündlicher und schriftlicher Überlieferung*, hrsg. M. Stern und B. Grob, Tübingen: Niemeyer, 1990, S. 173. ニーチェの遺稿に対する他の名称としては、「旋回する思考の墓碑銘」（E. Heftrich, *Nietzsches Philosophie. Identität von Welt und Nichts*, Frankfurt am Main: Klostermann, 1962, S. 31）もあります。

* 22　Kohlenbach/Groddeck, S. 29.

* 23　シュトレームフェルト出版は、これまでヘルダーリンやカフカの手稿のファクシミリ版を出版してきましたが、いわばそうしたこれまでの手法に逆行するかたちで、出版者の宣伝文句によれば、『ニーチェによってオーソライズされた最終完成作品集』が計画されています。この作品集では『ツァラトゥストゥラ』が 2013 年に 2 巻で（1885 年および 1886 年の旧版のリプリント版として）出されています（*Also sprach Zarathustra. Ein Buch für Alle und Keinen. In drei Theilen*, hrsg. L. Lütkehaus und D. M. Hoffmann, Frankfurt am Main: Stroemfeld, 2013 [Nachdr. der Ausg. Leipzig, 1886]; hrsg. L. Lütkehaus und D. M. Hoffmann, *Also sprach Zarathustra. Ein Buch für Alle und Keinen. Vierter und letzter Theil*, Frankfurt am Main: Stroemfeld, 2013 [Nachdr. d. Ausg. Leipzig 1885 (Privatdruck)].)。

* 24　Kohlenbach/Groddeck, S. 34ff.

終章
テクストとは何か
——カフカの遺稿
明星聖子

1　カフカはなぜ読まれるのか？

　おそらく本書をここまで読んでくださった方は、大いに困惑していることでしょう。
　いままであると思っていたテクストがじつはなかった。あるいは、1つあると思っていたのにたくさんあった。そんな話ばかりなのですから。
　いったい本当に「正しい」テクストとはどれなのか。
　いや、どれが正しいとは尋ねない。そもそも1つの正しさにこだわらないというところから、私たちは出発していました。いくつもの正しさがあってもいい。むしろ、それらの複数の正しさを余すところなく提示していくことが、これからの正しいテクスト編集だ。単純に言ってしまえば、各章の検討で、それがあらためて確認されたと言えるでしょう。しかし、何度繰り返されようが、大方のみなさんは、何か腑に落ちない感じがしているのではないでしょうか。
　いくつもの正しさがあるということは、どれか1つを読んでも満足してしまってはならないということです。貪欲にいくつものテクストを求め、それらを相互に比較しながら読んで理解していかなければならないということです。
　そこまでしなければならないのか。そこまでして初めて「読む」と言えるのか。本格的に研究者を志す人ならともかく、みなさんの多くは、ため息をついてしまったのではないでしょうか。

その心情は十分に理解できるものの（正直に言ってしまえば、途方に暮れているのは専門の研究者とて同じです）、しかし、今後はやはりできれば、その複雑なところ、面倒なところから逃げないでほしいと願っています。
　どうしてそう思うのかを最後にもう一度、私が専門とするカフカを例に、できるだけ簡単にお話しておきます。
　フランツ・カフカ（Franz Kafka：1883〜1924年）については、いまさら説明する必要はないでしょう。世界でもっとも著名な作家の1人といっても過言ではありません。
　カフカは、なぜこれほど読まれているのか。その答えとしてよく言われるのは、彼の描くものは現代社会の縮図だというものです。謎めいた彼の世界は、混沌として矛盾だらけの現実世界を映している。人間社会の複雑さ、不条理さを丸ごと表現している。だから非常に難解であり、しかし同時に、だから世界を知ろうとする人々にとっては非常に魅力的である。
　そうだと私も思います。カフカの世界の難解さを1つの深い闇として捉えながら、私たちは現実にも同じ闇があることを認識し、そして身震いします。カフカの洞察は徹底しているのです。透徹した目で、彼は人間社会の構造を細部まで分析し、言葉でもってそれを再構築した――そう言いきってしまってもいいでしょう。
　私はさらにもう一歩踏み込んで、カフカの洞察力はきっとテクストをめぐる社会構造、もっといえば文学という社会システムのからくりまで見事に見抜いていたのではないかと思っています。文学と呼ばれる書き言葉の織物が人々の間に流通していくにあたってのもろもろの複雑な条件を、カフカはおそらく熟知していたのではないでしょうか。だからこそ、彼のテクストは、本書で考えてきた編集という問題に関して、ある意味もっとも深刻な、もっとも先鋭的な例の1つとなっている。
　どう深刻であり、どう先鋭的なのか。まずはこの点を解きほぐすことから始めましょう。

2 「読まずにのこらず焼いてくれ」

　これまで本書で扱われてきた作家のテクストとカフカ・テクストのもっとも大きな違いは、作者自身の作品公表をめぐる意図という点です。
　ムージルにおいても、フォークナーにおいても、作家本人の自作の出版に向けた悪戦苦闘ぶりが話題になりました。複雑に混乱してしまった手書きのテクストを、いかに公表できる作品に仕立てていくか。作者たちのみならず、彼らの意志を引き継ごうとした編集者たちもまた未完成の過程的なテクストを、いかに印刷可能なテクストに整えるかで苦闘しました。
　ところが、カフカの場合、問題なのは、はたして作家自身にそんな希望があったのかという点です。彼も、断片的な原稿をなんとか完成させて、活字にしようとしていたのでしょうか。
　カフカ好きであれば、すぐにあの遺言を思い出すことでしょう。「読まずにのこらず焼いてくれ」。彼が自分の遺稿を完全に消滅させるよう指示したメモを遺していたことは、よく知られています[*1]。
　カフカはただ書きたいから書いていたのだ。彼にとって、人に読まれることなどどうでもよかった。ただ純粋に書くためだけに書いていたのだ。カフカにとっての書くことについては、しばしばこう言われてきました。その理解は、長年カフカのもっとも身近にいた友人マックス・ブロート（Max Brod：1884～1968年）による証言──カフカがいかに厳しく自作を断罪し、それらの公表を拒んでいたかを伝える文章によって裏付けられてもいました。
　確認しておくと、従来よりカフカの作品として知られているものの大半は、彼の死後遺稿から編集されて出版されたものです。彼が生前に自ら活字にしたのは、『変身』や『判決』などの短いものばかり。『審判』や『城』といった長編小説やその他多くの中短編小説は、彼の遺した大量のノートや紙束から、先述のブロートによっていわば切り出され、整えられて出版されました。
　ちなみに「焼いてくれ」という遺言を託されたのは、その当のブロー

終　章　テクストとは何か──カフカの遺稿

トです。つまり、ブロートは、カフカ本人から名指しで、遺稿の完全な抹消処分を頼まれていたにもかかわらず、まったく反対に、それらを全部保存し、多大な労力をかけて人びとが読める形に編集して出版したということです。

　ブロートのこの行為は、一面では明らかな裏切り行為といえるでしょう。実際、彼の行ったカフカの遺稿の出版事業については、これまで何度も厳しい非難が浴びせられました。

　しかし、というなら、ブロートは命ぜられたままに、焼いてしまえばよかったのでしょうか。これは難しい問いです。1つ確実に言えるのは、もし彼がそうしていたら、現在のカフカのここまで大きな名声はなかったということです。

　さて、ここで少しいじわるな見方をしてみましょう。考えてみれば、そもそもなぜ友人のブロート個人に宛てた遺言が、人々の知られるところとなったのでしょうか。いうまでもなく、ブロート自身が公表したからです。つまりは、ブロートは、自らを裏切り者と糾弾される危険を冒してまでも、「焼いてくれ」というカフカの言葉を公けにしたということです。

　では、その意図はどこにあるのか。

　ブロートが遺稿から最初に出版した『審判』のあとがきには、その遺書、正確には2枚のメモ書きが全文引用されています。このことは、夭折の作家の幻の長編小説の傍らには、読んではならないという作家自身による強い禁止の言葉が添えられていたということを意味します。

　ようするに、禁じられたテクスト。禁断の果実ならぬ禁断のテクストです。

　もしかしたら、だから人々は激しくそそられたのかもしれない。こう言ってしまうと、邪な見方が過ぎるでしょうか。

　皮肉なことに、作者が読むことを禁じたはずの彼の個人的な書き物は、のちに、どんな小さなものも、どんな断片的なものもことごとく人々の目に曝されていくことになります。ブロートは、未完の長編小説3作を次々世に出したあと、中短編小説集も出し、さらに日記や手紙も抜粋し

て公表しました。

　カフカの名声が高まっていくにつれ、カフカの遺稿からは、さらに未発表のテクストが発掘され、とくにカフカがもっとも読まれることを拒んでいた交際していた女性たちにあてた手紙が大量に追補されることになりました（遺言メモのなかには、女性たちの実名を挙げながら彼女たちの手元にある手紙を回収するようにと指示する箇所がありました）。

　ブロートが編集を主導したカフカ全集、通称ブロート版カフカ全集は、初版当時（1937 年）は全 6 巻だったのが改訂ごとに嵩を増し、1974 年にはじつに 11 巻に及んでいます。この 11 巻のうちの 1 巻だけが、生前に刊行されたテクストを集めたものです。長編小説やら日記や手紙ののこりの 10 巻は、ようするに全部、カフカの意図に従えば、焼かれていたはずのテクスト、存在していてはならないテクストで占められているということです。

3　カフカの意図を汲んだテクスト？

　テクストの「正しさ」を問題にするとき、もっともよく判断の根拠とされるのは「作者の意図」です。作者は、結局どのような作品にしたかったのか。物故作家のテクストの編集者は、それを綿密に検討しながら、できるかぎり作者の意図に沿った作品に仕上げようと苦心します。

　ところが、この基準をカフカにあてはめようすると、最初に壁にぶつかってしまいます。なぜなら、本人によって明言されている意図は、そもそも作品化してはならないというものだからです。

　いや、じつは、〈本当〉の意図は、その言葉の裏にある——これは、ブロートがその遺言を公表した際、さりげなく加えていた可能性です。ブロートがいうには、記憶にあるカフカの態度は、実際にはかなり矛盾していた。自作の公表を激しく拒否していたにもかかわらず、いざ出版が決まると積極的に本作りに関与していた。あの遺言についても、カフカには面と向かって拒絶の意志を伝えてあったのだとブロートは書いています。死の数年前、自分に対して、彼が紙切れを見せながら、ここに

終　章　テクストとは何か——カフカの遺稿

は遺稿は全部焼いてくれと書いてあるのだと言ったとき、自分はそんな指示には絶対に応じないと告げた、と。だから、本心から焼いてほしいと願っていたのなら、自分ではなく、他の人を遺言執行人に指名し直していたはず——。このようにブロートは、カフカの遺言についてのうがった解釈をほのめかすことで、自らの表面上の裏切り行為を正当化しています。

　それが妥当かどうかは、とりあえず置いておきましょう。確認したいのは、やはり意図を正しく解釈することの絶望的なまでの難しさです。たとえ、書かれた言葉であっても、言葉どおりに受け取ってはならない場合がある。言葉は、その裏の意味を意味しうることを、いまのエピソードは如実に伝えています。

　作家自身が明らかに書き記した言葉でも、それをうのみにしてはならない。もし、そうなのだとしたら、作者の意図を汲んだ正しいテクストの作成などとうてい実現不可能だということになるでしょう。

　しかし、そこまでつきつめてしまってはならない。その手前で踏みとどまって、なんとかそれ、すなわち、作者の意図にもっとも近いと思われる正しいと言いうるテクストを作っていかなければならないとも言えるでしょう。なぜなら、カフカ研究というものがあるかぎり、私たちにはそれが必要だからです。間違っているテクストを基に、真実の探求などできるはずがないのですから。

　ブロートの編集したテクストが正しくないことは、1950年代から繰り返し指摘されていました。ブロートは、未完結で断片的な手書きテクストに、過剰に手を入れて完結を装わせてしまったのだ。あるいは、ブロートは、カフカ独自の言葉の用法や句読点や綴りを規範的なものに直して、書き方の特徴を見えなくしてしまった。あるいは、テクストの取捨選択において、自らのカフカ観に適しているかどうかに従い、さらには日記や手紙の編集では、一種の検閲を施したのだ——。

　カフカの遺稿がブロートの元を離れ、公的機関（オックスフォード大学及びドイツ文学研究資料館）に移管されて以降、ようやく正しいテクスト作り、研究者たちの手による学術版のカフカ全集の編集プロジェクト

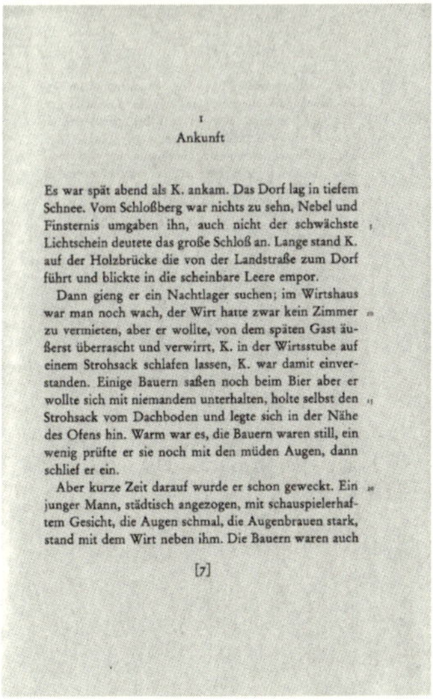

1
Ankunft

Es war spät abend als K. ankam. Das Dorf lag in tiefem Schnee. Vom Schloßberg war nichts zu sehn, Nebel und Finsternis umgaben ihn, auch nicht der schwächste Lichtschein deutete das große Schloß an. Lange stand K. auf der Holzbrücke die von der Landstraße zum Dorf führt und blickte in die scheinbare Leere empor.

Dann gieng er ein Nachtlager suchen; im Wirtshaus war man noch wach, der Wirt hatte zwar kein Zimmer zu vermieten, aber er wollte, von dem späten Gast äußerst überrascht und verwirrt, K. in der Wirtsstube auf einem Strohsack schlafen lassen, K. war damit einverstanden. Einige Bauern saßen noch beim Bier aber er wollte sich mit niemandem unterhalten, holte selbst den Strohsack vom Dachboden und legte sich in der Nähe des Ofens hin. Warm war es, die Bauern waren still, ein wenig prüfte er sie noch mit den müden Augen, dann schlief er ein.

Aber kurze Zeit darauf wurde er schon geweckt. Ein junger Mann, städtisch angezogen, mit schauspielerhaftem Gesicht, die Augen schmal, die Augenbrauen stark, stand mit dem Wirt neben ihm. Die Bauern waren auch

[7]

図 1　批判版『城』本文篇の冒頭ページ

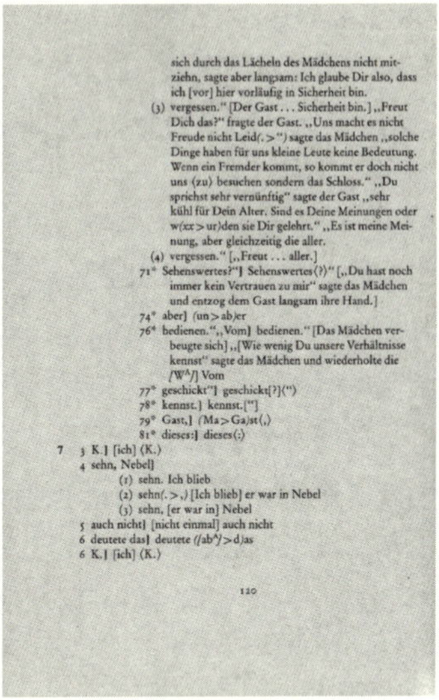

sich durch das Lächeln des Mädchens nicht mitziehn, sagte aber langsam: Ich glaube Dir also, dass ich [vor] hier vorläufig in Sicherheit bin.
(3) vergessen." [Der Gast . . . Sicherheit bin.] „Freut Dich das?" fragte der Gast. „Uns macht es nicht Freude nicht Leid(. > ") sagte das Mädchen „solche Dinge haben für uns kleine Leute keine Bedeutung. Wenn ein Fremder kommt, so kommt er doch nicht uns ⟨zu⟩ besuchen sondern das Schloss." „Du sprichst sehr vernünftig" sagte der Gast „sehr kühl für Dein Alter. Sind es Deine Meinungen oder w(xx > ur)den sie Dir gelehrt." „Es ist meine Meinung, aber gleichzeitig die aller.
(4) vergessen." [„Freut . . . aller.]
71* Sehenswertes?"] Sehenswertes⟨?⟩" [„Du hast noch immer kein Vertrauen zu mir" sagte das Mädchen und entzog dem Gast langsam ihre Hand.]
74* aber] (un > ab)er
76* bedienen.",,Vom] bedienen." [Das Mädchen verbeugte sich] „[Wie wenig Du unsere Verhältnisse kennst" sagte das Mädchen und wiederholte die /W^/] Vom
77* geschickt"] geschickt[?]⟨"⟩
78* kennst.] kennst.["]
79* Gast,] (Ma > Ga)st⟨,⟩
81* dieses:] dieses⟨:⟩
7　3 K.] [ich] ⟨K.⟩
4 sehn, Nebel]
(1) sehn. Ich blieb
(2) sehn(. > ,) [Ich blieb] er war in Nebel
(3) sehn, [er war in] Nebel
5 auch nicht] [nicht einmal] auch nicht
6 deutete das] deutete (/ab^/ > d)as
6 K.] [ich] ⟨K.⟩

120

図 2　批判版『城』資料篇の対応ページ

が始まりました。その成果として、1980年代より刊行が続いている第2のカフカ全集、批判版カフカ全集は、出版開始から30年（編集開始からは40年）以上たった現在12巻に及び、あとおそらく1巻で完結というところまで至っています。

この批判版カフカ全集は、カフカが書き残したテクストをできるだけ正確に再現しようとして、基本的に各巻が2冊組となっています。本文篇（Textband）には通常の活字テクストが、資料篇（Apparatband）にはそのテクストを確定する基となった手稿資料の各種情報（「伝承」「成立」「編集上の手入れ」「ヴァリアント」）が収録されているのです。特筆すべきは、この全集で初めて詳細に公表されたヴァリアント（異読）です。ヴァリアント、すなわち手書き原稿上の削除や加筆の跡が、数字と記号を駆使した形で、網羅的に記述されています。

写真を見ていただいたほうがわかりやすいでしょう。図1は、『城』の巻の本文篇の冒頭ページです*2。また、図2はそれに対応するヴァ

リアントのページです[*3]。図2の左下に「7 3」という数字が見えますが、それが本文篇（図1）のページ数と行数を表しています。そして、そこにある［ich］は最初に書かれていたのが、ich（私）であってそれが削除されたということ（［ ］は削除を示す記号です）、そして右隣の＜K.＞は代わりにK.という語が書き込まれたこと（＜ ＞は書き込みを示す記号です）を表しています。このように、本文篇のテクストと資料篇のヴァリアントの対応ページを照らし合わせて読むことで、原稿上の推敲の様子を知ることができるのです。

　この批判版カフカ全集の刊行が始まった当初、研究者の多くは諸手を挙げて歓迎しました。その全集が新しく人々に提供したのはヴァリアントの情報だけではありません。その本文篇のテクスト自体が、語句や句読点の細かなレベルはもちろん、タイトルや章立てといった外枠の大きなレベルまで、さまざまな点で従来のものと違いを見せていました。

　たとえば、ブロート版で『アメリカ』と題されていた長編小説は、批判版では『失踪者』です。この訂正に際して根拠とされたのは、カフカの日記や手紙における記述です。ようするに、カフカ自身が、執筆中のその小説を『失踪者』と呼んでいたから、というわけです。

　また、ブロート版では20章立てだった『城』は、批判版では25章立てになりました。批判版の解説によれば、編集者は、カフカの手稿上に書き込まれた横線やKapitel（章）という語を章の区切れを示すものと解釈し、分け直したということです。

　しかし、おそらく本稿を読んでくださっている方は、いまの説明で早くも不安に思われたでしょう。横線だろうが、章という語の書き込みだろうが、それがカフカの「意図」を示すものだとなぜ確定的にいえるのか。作品名についてもそうです。カフカが日記でそう呼んだということは、その時点では彼はそう意図していたのかもしれませんが、しかしそれはあくまでそのときの意図であって、最終的にどうなったかはわからない。

　たとえ書かれている言葉であっても、その言葉を完全に信じることはできない。なぜなら、言葉はその言葉の裏を意味することがあるのだか

ら。先にそこまで徹底した懐疑に行き着いてしまっていた私たちにとっては、精鋭の学者チームによって正しいとお墨付きを与えられたものであっても、その批判版のテクストに、間違いの可能性を感じてしまわざるをえないと言えるでしょう。

4　カフカの書いたままのテクスト？

　1枚の写真が、それこそその間違いの可能性が間違いではないことを明白に裏付けています。

　次に挙げるのは、図1の冒頭部分の元となった手書き原稿の写真（図3）です[*4]。どうでしょう。この原稿からきれいに整えられ仕上げられたのが、図1の印刷テクストだということです。

　念のため確認すれば、図3の手書き原稿には、どこにも批判版のそのテクストに見える章のタイトルは書き込まれていません。また、図1のテクストだとまるで、その小説がまさにそこから始まっていることは自明であるかのように見えますが、しかし、図3の原稿の様子は、はたして本当にそこでいいのかという不安をかきたてます（図1の冒頭の一文は、図3の写真で言えば、真ん中より少し下に引かれた太い横線のすぐ下に書かれています）。

　もしかしたら、カフカの手稿から活字のテクストを作り上げてしまうこと自体、間違いなのではないか。本当に正しいカフカのテクストを求めるのだとしたら、彼の手書き文字の並ぶ生々しい原稿そのものを読むしかないのではないか。そう思う人がいても当然と言えるでしょう。

　実際、1998年より、カフカの手稿をそのまま写真（ファクシミリ）で複製した全集が刊行されています[*5]。この全集の編集者ローランド・ロイスは、刊行開始に先立つ論文のなかで、批判版の編集を中途半端だと厳しく批判し、手稿の写真でこそ読むべきだと強調しました[*6]。

　図4がその写真版カフカ全集の『審判』の巻の見開き頁です[*7]（本来なら比較のために、『城』の巻から例に挙げるべきでしょうが、しかしじつはこの全集の『城』の巻はまだ出ていません。全集の刊行開始からすで

終　章　テクストとは何か──カフカの遺稿

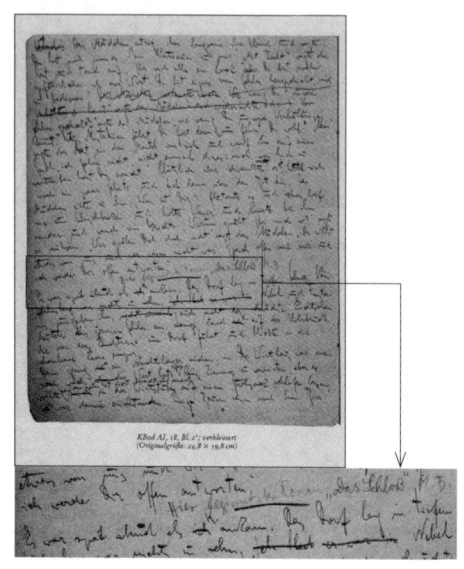

図3 『城』の冒頭部手書き原稿

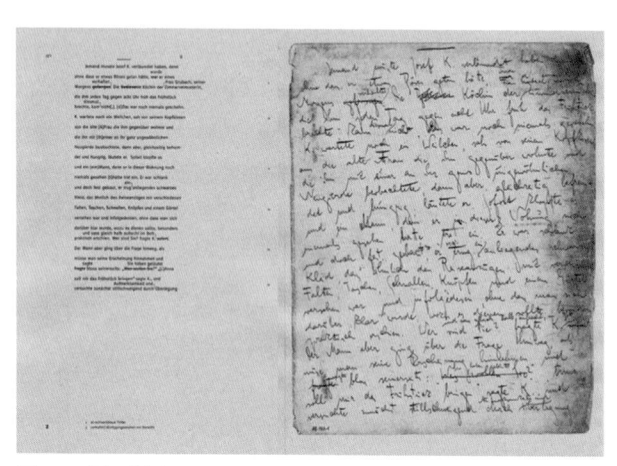

図4 写真版『審判』の見開きページ

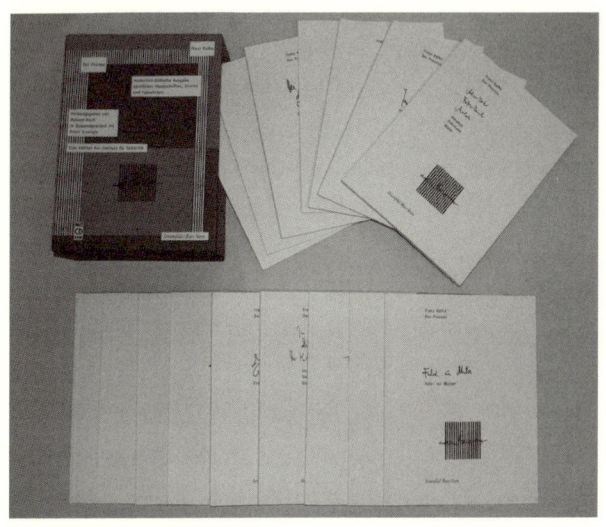

図5 写真版『審判』の外観

に20年近くが経過しているにもかかわらず、です。写真版全集の出版事業は大幅に遅延しているのですが、これについてはあとでふれます)。

　ごらんのように、この最新の全集では見開きページの片側に原稿の写真が、そしてもう片側にはそれを二次元的に活字や記号で転写したものが掲載されています。そして、それだけです。それ以上に整えられたテクスト、一次元的に直線的に読めるテクストは提示されていません。

　図5もごらんください。これが、この写真版『審判』の外形です。それは1冊の本でもありません。この小説の手書き原稿は、16に区分けされたルーズリーフの束としてのこされているのですが、そのそれぞれが冊子にされて、16冊の冊子が1つの函に収められた形になっているのです。

　言い遅れましたが、『審判』については1950年代より、その章の配列が活発な議論の的になっていました。その小説の章の順番は本当にそれでいいのか。ブロートがカフカの原稿から編集した際、順番づけを間違えたのではないか。正しい順番はどうなのか。

終　章　テクストとは何か——カフカの遺稿

ところが、この写真版の編集者は、その議論自体が間違いだと判断したのです。正しい順番がどうかという以前に、順番が付けられていないものに順番を付けようとすること自体が間違いだ。カフカの原稿は、徹底してその姿のままで提示すべし。なるほど、それはそれで正しいと言えるでしょう。

　ここで確認しておくべきは、この場合における正しさの根拠は、これまでのそれとは位相が異なっているという点です。批判版においては、それこそカフカの意図が根拠でした。カフカの意図をできるかぎり汲み取って、1つの正しいテクストが作成されていました。ところが、写真版での根拠は、意図といった実体のない仮象ではなく、現実に存在しているモノです。目指されているのは、実在物であるそのモノをできるかぎり忠実に再現して提示することです。

　さて、私がここで指摘したいのは、この写真版の編集の中途半端さです。モノに忠実な再現こそ正しい。繰り返しますが、これがこの編集が基づく理念です。それに従って、手書きの原稿はそのまま写真で提示されました。

　しかし、その写真は残念ながら白黒です。忠実こそ正しいというのであれば、カラーにするべきでしょう。いや、カラーであっても物足りない。モノに忠実と言うのであれば、現物はばらばらの紙であるそれを、あんなふうに冊子として綴じてしまっていいのでしょうか。

　前述のとおり、編集者ロイスは、現物がばらの状態であるにもかかわらず、解釈を加えて順番をつけてはならないと言って、1冊の本にまとめることを拒否しました。16セットの紙の束は、そのまま16冊の冊子になりました。

　1冊の本の形にすることすら、現物への忠実さを侵害するとして、冊子を函に入れる形にしたこと。ロイスの判断は、非常に画期的でしたが、同時におそろしい矛盾を内に抱えることになったのです。

　序章でもふれたように、現在では、手書き原稿や写本を写真で提示することは当たり前のように行われています。その方向の正しさについては広くコンセンサスが取られており、本書の各章でも最近の動向として

必ずと言っていいぐらいファクシミリや画像データのことが話題になっていたかと思います。

あらためて言えば、写真版『審判』が刊行されたのは約20年前ですから、それはいわばこの潮流の先駆けと言えます。手書き原稿の写真提示という点で先端的な実践例であったそれは、さらにそこから一歩踏み込んだ地点での先端性を有していました。ようするに、その編集例には、モノに忠実と言うのであれば二次元ではなく、三次元的に徹底して忠実にすべしという主張が暗黙のうちに含まれていたのです。

だとすれば、その先行き着くところは、現物の複製品を作ることでしょう。

実際、カフカの写真版全集は、10年ほど前から複製品を提示する枠組みとしても展開し始めました。2003年に出された『変身』の巻は、その函のなかに、原稿の写真と転写を載せた冊子の他に、『変身』の初版本の復刻本を収めています。三次元的にも忠実に再現したものを示しているというわけです。

前に写真版全集の出版は、大幅に遅延していると言及しました。計画が発表された当初は、30数巻に及ぶと謳われていたにもかかわらず、20年以上が経過した現在（2015年）でもわずか8巻しか出版されていません。

この遅延の理由として考えられることはいくつかあるのですが（たとえば編集を担当しているのがロイス1人だけであるという点など）、1つまだあまり気づかれていませんが、私が大事だと思っているのが、先にふれた矛盾です。

5 テクストの境界と名付け

再度言えば、この写真版の全集では、ノートや紙束といった現物資料にとことん忠実であろうとして、1冊の本の形であることが断念されています。ばらばらなものはばらばらなままに、冊子になって函に入れられているというわけです。

しかし、「冊子」、それから「函」、それらにしたって、結局は「本」という容れ物同様に、編集者の解釈によって「境界」が見つけ出され、形作られているものなのではないのでしょうか。

　じつは、『審判』の現物資料は、函に入れることが簡単なものでした。どういうことかと言えば、それらの 16 の紙束はそれらだけで独立して保管されていたのです。『審判』の手書き原稿は、生前カフカが自らの手でブロートに渡していました。したがって、それはブロートに所有権があるとみなされ、他の遺稿——それらの所有権は当然カフカの遺族にあります——とは別のルートで伝承されてきました。

　現在『審判』の原稿は、ドイツのマールバッハの文学研究資料館にありますが、その他の大半のカフカの遺稿資料は、オクスフォード大学のボドリアン図書館で管理されています。そちらのオクスフォードにあるノートやルーズリーフ群については、どう函に入れていけばいいのでしょうか。つまり、どのノートとどのノートを組み合わせて函に入れればいいのか。あるいはどの紙とどの紙をまとめて、冊子を作ればいいのか。いいかえれば、それらの資料に、どのような「境界」を新たに付けていけばいいのか。

　オクスフォード大学に保管されている資料に基づいて初めて出された写真版の巻には、以下の名前が付けられていました。『オクスフォード大学所蔵 4 折判ノート 1 & 2』(2001 年)。すなわち、その函には、大型のノート 2 冊分の原稿の写真を掲載した冊子が収められているというわけです。それらのノートに書かれているテクストは、従来は「日記」と見なされて、ブロート版でも批判版でも『日記』の巻に収められていたものですが、モノレベルの忠実を目指す今回の全集では、「日記」のような形而上的な概念の名前ではなく、モノそのものの名前が付けられたというわけです[*8]。

　これだけお伝えするとさほど問題はないように思われるかもしれません。このまま順調に「ノート」の「3 & 4」「5 & 6」と出していけばいいだけではないか、と。しかし、それですむのでしょうか。

　現実には、その次に出されたのは、『オクスフォード大学所蔵 4 折判

ノート17』（2003年）と名前の付けられた函でした。いや正確には、その名前には「変身」という言葉も並記されていました。いい直せば、『オクスフォード大学所蔵 8 折判ノート 17／変身』がタイトルです。ようするに、その函には、朝起きたら虫になった男の物語が書かれているノートの写真の冊子と、カフカの生前に出版された先述の初版本の復刻本が収められています。

　そして、その次に出されたのは、『オクスフォード大学所蔵 8 折判ノート 1 & 2』（2006年）でした。カフカは 1916 年から 18 年ごろ、小型のノートをいつも持ち歩いており、そのノートにはいくつもの小説断片が思いつくままに記されていました。それらの習作群から、カフカは自ら選んで仕上げて 1919 年に短編集『田舎医者』を刊行しました。写真版のその「『8 折判ノート 1 & 2』の函には、2 冊の冊子のほかに、『田舎医者』初版本の復刻本も収められています。「8 折判ノート」については、その後順調に、『8 折判ノート 3 & 4』（2008 年）『5 & 6』（2009 年）『7 & 8』（2011 年）と続けて刊行されました。

　これらの刊行順序を見ると、この全集が、（『4 折判ノート 1 & 2』は例外として）一般読者に広く名前の知られた作品から、優先的にその原稿写真を提供していることがわかるでしょう。それはそれで別の観点からの検討課題を示唆しているのですが、いまは置いておきましょう。

　確認しておきたいのは、次の点です。おそらく、みなさんは、いまの説明で、函に入っているノートの冊子は、現物のノートと内容が一致していると思われたでしょう。しかし、じつは違います。冊子には、現物のノートにはない、ノートとは分けて保管されている紙の写真も収められているのです。その処置の理由としては、その紙に書かれていることがノート本体のテクストと内容的に深く関連しているので、同時に提示すべしと編集者が判断したことが推測されます。

　さて、この判断、これはこれで納得できるものであり、読者に対しても親切だとも言えるのですが、しかし考えてみれば、それこそモノへの忠実を侵したことにはならないのでしょうか。「ノート」と名の付けられた冊子は、現物のノートとは、結果として同一の内容を含んでいない

ことになるのですから。

　編集者のこの親切心は、思うに、これから深刻な影を落とすことになることが懸念されます。おそらく次に出されるのは、知名度からいって、『城』であり『失踪者』でしょう。たとえば、『城』は6冊の4折判ノートにわたって、主に書かれています。ところが、それらにとどまらず、関連する断片は、その他のノートやルーズリーフにも散見されます。もし、『城』が刊行されるとしたら、その際には、そうした関連テクストが全部拾い上げられて、冊子に収められるのでしょうか。

　しかし、一口に関連といってもその関連のレベルはさまざまです。物語の一部に相当するような文章もあれば、物語の進展から明らかにインスピレーションを受けて書かれた別のストーリーの断片もあります。どこまでの関連を〈重要〉と見なし、現物のノートの写真と一緒の冊子に綴じて、そしてどの冊子とどの冊子を同じ函に入れるのか。

　また、よく考えてみれば、その函にはどんな名前が掲げられるのでしょうか。他の4折判ノートと同じく、「ノート」に番号だけが付けられた形になるのでしょうか。

　もう一度図3の原稿写真をごらんください。あの真ん中より少し下のところにある短い横線、その上に、明らかに他とは違う文房具で別の筆跡で次のように書かれているのが読み取れるでしょう。Hier beginnt der Roman „Das Schloß". M.B. 訳すと、「ここから長編小説『城』が始まる。M・B」。このM・Bは、Max Brod（マックス・ブロート）のイニシャルです。つまり、その小説を『城』と名付けたのはブロートであり、その小説の始まりが「ここ」だと決めたのも、カフカではなくブロートなのです。

6　テクスト編集とカフカの『夢』

　誤解のないように付言すれば、本稿の主眼は、写真版の編集の中途半端さを指摘することではありません。そうではなくて、伝えたいのは、編集の正しさをめぐる思考のあまりの困難さです。

テクノロジーの発展は、これからもモノのさらに忠実な再現を、さらに精細なレベルでの複製を可能にしていくでしょう。きわめて高精細な画像データが瞬時に世界をかけめぐることのできる現代、カフカの原稿の高精細な複製画像を集めたデジタル・アーカイブも、近い将来いずれ企画され、実現されていくでしょう。また昨今の3Dプリンターの普及をみるに、2次元の複製にとどまらず、ノートのルーズリーフといった手書き資料そのものの複製品も、世に出されることになるかもしれません（実際、前述の写真版全集の枠内での復刻本以外にも、カフカの手書きの手紙や葉書、また小学校時代の成績表の複製品を収めた「本」いや「函」が出版されています）。

　ただし、押さえておくべきは、どんなに忠実な複製がどんなメディアで現実化されようが、結局のところ、その複製物の集積体には、なんらかの境界付けがなされ、名付けがなされなければならないということです。名付けの機能と社会的存在の関係性のことを語り始めているわけですが、複雑になりすぎるのでそこに踏み込むのは控えます。ようするに本であろうが、函であろうが、モノであろうが、デジタルネットワーク上のシステムであろうが、その存在を社会へ流通させるためには、構造化が必要であるということ。その構造化の過程、すなわち編集の過程には、必ず解釈が加えられざるをえないということです。

　この解釈をどう正しく行えばいいのか。その基準はどこにあるのか。

　この問いは、つまりはあの難しい問いに直結していると言えるでしょう。文学研究とは、いったい何なのか。いったい何を明らかにしようとしているのか。何を明らかにするために、どんなテクストが必要なのか。

　本稿の最初で、カフカ研究があるかぎり、私たちには信頼のおけるテクストが、正しいと言いうるテクストが必要だと言いました。だからこそ、長い年月をかけて、多くの研究者たちが、カフカ・テクストを〈進化〉させ続けてきたわけです。

　ブロート版から批判版へ、そして写真版へ。

　ブロート版では、改版が重ねられるたびに日記の巻が膨らまされ、手紙の巻が増やされました。批判版では、前述のように、ノート上に読み

取れる削除された語句や書き加えられた文章が、詳細に記述されることになりました。また、批判版では、日記や手紙がさらに増量されているだけでなく、ここではふれませんでしたが、昼間の勤め先の役所でカフカが職務のために書いた公文書まで集めた巻も加えられています。続く写真版では、ノートやルーズリーフ上のテクストが、ありのまま生々しく写真で提示され、その結果、ノート上のさまざまなイラストやら落書きまで、私たちに見えるようになりました。

　カフカが生前に公表した小品に『夢』（1917年）と題されたものがあります。ほんの数頁ほどの短いその作品がいつ書かれたかは正確にはわからないものの、おそらく1915年の春頃ではないかといわれています。それは彼が前年の1914年8月から書き続けていた長編『審判』を最終的に放棄してしまったすぐあとの頃にあたります。
　この小品の1行目は次のものです。「ヨーゼフ・Kは夢を見た」[*9]。すなわち、この主人公の名前は、『審判』の主人公と一致しています。ヨーゼフ・Kの見た夢として語られる内容を簡単にまとめれば、こうです。
　散歩に出たKは、なぜかすぐに墓地の中にいて、そしてある塚の前に引き寄せられる。男が2人現れて墓石を突き立て、そのうちの1人が、石に文字を書き始める。その彼が金色の文字を書きあぐんでいる様子を見て、Kは何かを納得して自分の手で土を掘る。大きな深い穴に仰向けにされて引き込まれていくなか、石の上には彼の名前が堂々とした飾り文字で刻まれていく。「この眺めにうっとりとして、彼は目を覚ました」[*10]。
　Kは、墓穴に深く引き込まれていきながら、自分の名前が完成され輝いていくのを「うっとり」見ています。彼を恍惚とさせているのは、繰り返しますが、死後に石に刻まれて輝きを放つ金色の名前です。その墓石の上で永遠に光り続ける名前とは、死後の自らの名前にもたらされる途方もない栄光を表していると解していいでしょう。
　カフカはもしかしたら、すべてお見通しだったのではないでしょうか。
　生前ほんの少しだけ彼は、作品を公表しました。そして、膨大な量の未完の原稿、個人的な書き物については、決して読むなかれと禁じ、死

にました。彼の厳しい禁止の言葉にもかかわらず、彼のプライベートなテクストは、次から次へと、彼が有名になればなるほど、微に入り細に入り暴かれていきました。

　秘密、名声、そして真実。これらをめぐる人間社会の欲望のからくりを、カフカはもしかしたらよく知り尽くしていたのかもしれません[*11]。

7　テクストと生き残ること

　文学研究とは何かという問いは、いまかなり困惑せざるをえない地点にたどり着いています。と同時に、本書の出発点であるテクストとは何かも、相当に混乱する答えに行き着いてしまっています。

　カフカのテクストとして、読まれるべきものは何なのか。カフカを本当に理解するために、手にするべきテクストはどういうものなのか。正しいカフカ・テクストとは何なのか。

　その答えが、本人がもっとも秘匿したかった（はず）のプライベートな書き物なのだとすると、正しさという言葉は、きわめてねじれた、歪んだ様相を見せてしまうことになります。正しいとはおよそ口にできないようなものが、正しい。

　しかし、だから、カフカは読まれているのではないでしょうか。ここまで途方に暮れざるを得ない地平を見せてくれるからこそ、読みたい。

　正しいとは、非常に重要な、厳しく、重い言葉です。人々の思考や行動を律し、あるときは自由と対立してしまう言葉です。だから、わかりたいし、わからなければならない。けれども、簡単にわかってしまえるほど単純なものであってはならない。私たちはたぶん、そう思っているのではないでしょうか。

　おそらくはだから、わからないカフカを読むのです。あまりにもわからないからこそ、そこからいつかようやく本物の正しさが、どんな矛盾をも生き残るしたたかな正しさが読み取れると信じているのかもしれません。

　テクストを読み、解釈する困難と喜びは、社会で生きる難しさや楽し

さと同じといってしまっていいでしょう。人が人と言葉や仕草を交わして理解し合おうとするときに味わう危うさと確かさ。疑いながらも信じ、信じながらも疑う。互いの人間らしい矛盾を受け止め、認め、慈しみ合うことで、互いが生き残っていく。

　先に『夢』の一行めは、こう始まると伝えました。「ヨーゼフ・Kは夢を見た」
　この一行は、ただし、カフカがこの物語をノートに記したときには、おそらくまだ書かれていなかったものでした。この物語の手書きの原稿は残っていませんが、初稿を直接タイプで書き写したものと見なされるタイプ原稿は現存しています。そして、そこにはその冒頭の文はありません。その文は、カフカが出版を決意したときに書き加えたと推測されます*12。
　『夢』のこの文以外のテクストでは、ファーストネームは使われず、主人公はすべてKとだけ称されています。とすれば、あとから書き加えた理由は、夢を見ているKとはヨーゼフ・Kのことだと読者に明示するためだったといえるでしょう。
　カフカは何を考えていたのか。
　注意すべきは、現代の読者であれば、あの『審判』のヨーゼフ・Kと同じ名前だとすぐに気づけますが、当時の、カフカ自ら『夢』を発表した当時の読者にはそれはけっしてわからないという点です。なぜなら、『審判』は彼の死後に公表されたのですから。
　とすれば、もしかしたら彼ははるか未来の読者にヒントを送ろうとしたのでしょうか。遠い、果てしなく遠い未来に、すべては生き残っていて、すべては読まれると予見していたのでしょうか。
　『審判』の「終わり」と題された章のおしまいで、ヨーゼフ・Kは、2人の男に石切場につれていかれます。ナイフで心臓をえぐられたKが「犬のようだ」と口にし、そして次の最後の一行が続きます。「まるで恥辱が生き残っていくかのようだった」*13。
　たしかに恥辱が生き残り、そして彼の名前も生き残りました。

途方もない夢を見ていたのかもしれないと私は夢想します。夢というより、賭け、壮大な規模の無謀な生き残りゲームを彼は楽しんでいたのかもしれないとも想像します。

　テクストはなぜ生き残るのか。カフカの謎は、もしかしたらテクストの運命をめぐるこの謎と深く結びついているのかもしれません。

[参考文献]
＊本稿で言及したブロート版全集、批判版全集、写真版全集とは、順に以下の3種類の全集を指しています。
　Kafka, F., *Gesammelte Werke*, hrsg. von Max Brod. New York/Frankfurt a. M.: Schoken Books Inc./S. Fischer Verlag, 1950-74.
　Kafka, F., *Schriften Tagebücher Briefe. Kritische Ausgabe*, hrsg. von Malcolm Pasley et.al., Frankfurt a. M.: S. Fischer Verlag, 1982-
　Kafka, F., *Historisch-kritische Ausgabe sämtlicher Handschriften, Drucke und Typoskripte*, hrsg. von Roland Reuß, Frankfurt a. M.: Stroemfeld/Roter, Stern, 1997-

＊ブロート版全集の邦訳としては次のものが挙げられます。
　『決定版カフカ全集』（第1巻〜第12巻、川村二郎、円子修平他訳、新潮社、1980〜81年）。

＊批判版全集の一部（創作テクストを収めた6巻）の本文篇のみを訳したものとして次のものが挙げられます。
　『カフカ小説全集』（第1巻〜第6巻、池内紀訳、白水社、2000〜02年）。

＊カフカの遺稿の編集の難しさは、翻訳の難しさに直結しています。また、批判版テクストの学術性をいかに翻訳で再現するかは、日本でのカフカ受容を考えるとき、とても重要かつ深刻な問題です。興味のある方は、以下の拙論を参考にしてください。
　明星聖子「境界線の探究――カフカの編集と翻訳をめぐって」『文学』第13巻・第4号、2012年、112〜26頁。

[註]
* 1　カフカの遺書をはじめ、本稿で概説する遺稿の伝承や編集の歴史については、以下の拙著で詳述しています。明星聖子『新しいカフカ──編集が変えるテクスト』(慶應義塾大学出版会、2002 年)。ただし、これは 10 数年以上前に書かれたものであるため、その後の状況にはかなり大きな変化が生じています。また私自身の見解にも、当時から大幅に変化している部分があります。最近の事情や私の新しい見解については、参考文献として挙げた拙論や以下の拙論等をご参照ください。明星聖子「カフカ研究の憂鬱──高度複製技術時代の文学作品」松田隆美編『貴重書の挿絵とパラテクスト』、(慶應義塾大学出版会、2012 年)、1 〜 28 頁。なお、本稿の内容は、上記の拙著や拙論とかなり重複したものであることをおことわりしておきます。
* 2　図 1 は次の文献より引用。Kafka, F., *Das Schloß*. hrsg. von M. Pasley., Bd. Ⅰ: Text., (*Schriften Tagebücher Briefe, Kritische Ausgabe*, a. a. O.,), S.7.
* 3　図 2 は次の文献より引用。Kafka, F., *Das Schloß*, a. a. O., Bd. Ⅱ: Apparat, a. a. O., S.120.
* 4　図 3 は次の文献より引用。Kafka, F., *Das Schloß*, a. a. O., Bd. Ⅰ: Text, a. a. O., S. 34.
* 5　この第 3 のカフカ全集を、本稿では写真版全集と呼んでいますが、その各巻の「函」には「史的批判版」という言葉が掲げられています。そのため註 1 で挙げた 10 年以上前に出した拙著では、それを史的批判版と呼んでいました。しかし、草稿の写真とその活字による転写を見開きで並べた頁だけで構成されているその版(私が写真版と呼ぶそれ)は、史的批判版という概念が要請している厳しい諸条件を満たしているとはいいがたい作りのものです(たとえば、史的批判版であれば、従来の版との異読等を収めた詳細な「批判資料」が付されなければなりませんが、この写真版には数十頁の薄い解説冊子が添えられているだけです。史的批判版の概念に関しては、第 2 章の註 3 を参照してください)。にもかかわらず、それが自称しているとおりに史的批判版とそれを呼び続けることは、まだ日本ではさほど知られていない史的批判版という用語の受容と理解という点から問題であると判断し、6 年ほど前から呼称を変えました。この判断については、以下の文献で一度詳述しています。明星聖子「編集の善悪の彼岸──カフカと草稿と編集文献学」『文学』第 11 巻・第 5 号、2010 年、188 〜 222 頁。なお、この写真版を史的批判版と日本語で呼んだまま、カフカ作品の「〈草稿〉に忠実な最新の〈史的批判版〉から」の新訳を謳った文庫本が 2007 年と 2009 年に 2 冊出版されています。それらの文庫本に収められている邦訳テクストは、ただしなぜかきれいに整えられた一次元的に

読めるテクストです。手書き草稿の写真という点で価値のある原語テクストがなぜそのように均(なら)された形に翻訳されうるのか非常に疑問であるため、それらの紹介は控えます。原語テクストと翻訳テクストとの学術的等価性という点でいえば、批判版全集の邦訳として参考文献に挙げた『カフカ小説全集』も大きな問題を孕んでいます。参考文献として挙げた拙論では、これらの問題(学術的に編集されたドイツ語の批判版および写真版のテクストと日本語訳テクストとの関係)を主に論じていますので、関心のある方は参照してください。

* 6　Reuß, R., Franz Kafka „genug Achtung vor der Schrift"? Zu: Franz Kafka, Schriften Tagebücher Briefe. Kritische Ausgabe, *Text: Kritische Beiträge* 1 (1995), S. 107-26.

* 7　図4は次の文献より引用。Kafka, F., *Der Process.* hrsg. von R. Reuß unter Mitarbeit von P. Staengle, (*Historisch-kritische Ausgabe sämtlicher Handschriften, Drucke und Typoskripte*), a. a. O., 1997, "Jemand musste Josef K. verläumdet haben," S. 2-3.

* 8　『日記』が話題になった機会に、批判版テクストがブロート版に比べて示している〈進化〉について、これまでふれていなかった重要な点について若干の説明を付け加えておきます。それは、批判版の『日記』また『遺稿集』においては、ノート上のさまざまな断片テクストがノートごとにノート上での順序のままに提示されているという点です。批判版『日記』では、その結果として各文章が日付順には並んでいません(カフカには、日記風の断片をいくつかのノートに並行してランダムに書く傾向がありました)。また『遺稿集』でも、短編や中編の小説断片が書字(エクリチュール)の流れに〈埋め込まれた〉ままで提示されています。従来のブロート版では、日記はむろん日付順に、また短編小説は流れから〈切り出されて〉、タイトルが付されて並べられていました。カフカの執筆過程の解明という点で、批判版のこの編集方針は、手書きテクストの未完結で流動的な実相をより忠実に再現しており、画期的な意義があるといえるでしょう。ただしその意義は、批判版全体に適用されている基本の編集方針によって残念ながらかなり減じられてしまっています。本文中で述べたように、批判版では確定されたテクストとヴァリアント(削除箇所や訂正の跡)が分けて掲載されているのですが、その分けられる時点ですでに書字の流れは分断されてしまったと言えます(カフカによって削除されたと見なされた断片は、大小問わずすべて異読として本文とは別の場所に示されています)。また、その流動性重視の編集方針は、中短編や日記風の断片群に適用されたものの、『城』や『失踪者』といった長編小説には当てはめられていません。長編小説の各巻には、ノートごとではなく、ブロート

版と同じく章がきちんと分けられ、タイトルも付された長編小説らしい体裁のテクストが収められています。さらにいえば、ここまであたかもテクストのカテゴリー分け（「日記」や「小説」）が明白に可能であるかのように書きましたが、しかし実際のカフカのノートでは日記風の文章と創作的な文章は混在しており、どれを日記、どれを小説断片と見なすかの判断は困難です（したがって、写真版の各巻のタイトルが「日記」ではなく「ノート」になったというのは、この観点から見ても必然的な流れといえるでしょう）。批判版の編集に関するこのような問題点は、註1で挙げた拙著で詳述しています。なお付言すれば、流動性重視の方針としていま解説したことは、本書のニーチェを扱った第9章では「場所原則」として紹介されています。そこの註12で言及されているように、その原則はカフカの編集者によっては「筆記基盤の原則」と呼ばれていますが（拙著ではそれを「帳面丸写し主義」と訳しました）、理念としては同じものです。ニーチェの遺稿に関して検討されている内容とカフカの遺稿でのそれが示す数々の共通点は、近現代テクストの編集を考えるうえでの、「遺稿」という存在にまつわる問題の難しさと重要性を示しています。

* 9　Kafka, F., *Drucke zu Lebzeiten*, Hrsg. von Wolf Kittler et.al. Bd. Ⅰ: Text. New York/Frankfurt a. M, 1982（*Schriften Tagebücher Briefe, Kritische Ausgabe*）, S. 295.

* 10　Kafka, F., *Drucke zu Lebzeiten*, a. a. O., S. 298.

* 11　このような解釈が伝えるカフカ像は、従来のカフカ像とはかなり齟齬をきたしているように感じられるかもしれません。しかし、カフカが抹消を望んだ（が、望まなかった、とも言えるでしょう）彼の個人的なテクストは、彼が人間のまさに人間らしい欲望の精通者であった可能性を示唆しています。この〈読み〉に関心のある方は、以下の拙著をご参照ください。明星聖子『カフカらしくないカフカ』（慶應義塾大学出版会、2014年）。

* 12　Kafka, F., *Der Proceß*. hrsg. von M. Pasley. Bd. Ⅰ: Text. New York/Frankfurt a. M., 1990, S. 312.

* 13　Vgl. Kafka : Drucke zu Lebzeiten, Bd. Ⅱ : Apparat, a. a. O., S. 357-58.『生前刊行集』「資料篇」の解説によれば、件の一文は、2度めのタイプ稿で初めて加えられたらしいということがわかります。なお、ここで示唆している『夢』と『審判』の関連、さらに本稿では言及できませんでしたが、それらと短編『法の前で』との関連をめぐる解釈については、註1で挙げた拙著及び以下の拙論でもすでに論じています。明星聖子「夢のからくり──カフカにおける「全体と部分」考」『アウリオン叢書14　全体と部分』（井上隆史編、弘学社、2015年）55〜64頁。

結

テクストを読み解く技法
納富信留

　「テクストとは何か」という主題のもと、本書では10の作品を取り上げて、テクスト成立の事情について見てきました。それらは西洋文明を代表する文献であり、ここで示された編集文献学は人文学を学ぶ上で必須の知識と言えるでしょう。ですが、テクストをめぐる問題は、けっしてそれらの学問分野に限られるものではなく、むしろ現代の社会のあらゆる領域に及びます。すべての人が日常において、テクストとは何かを弁えておく必要があるのです。

　本書のまとめとして、ここでは、テクストを読み解く技法の現代における意義を示したうえで、その要点を確認し、最後に「テクストを疑え！」という心得を提示します。

情報社会におけるテクスト

　現代には、必ずしも紙媒体――本や新聞など――だけではなく、より広い場面で情報があふれています。とりわけ、インターネット上では時事問題や学術情報から個人の日々の感想まで、さまざまな文字と画像が閲覧できる状態にあります。私たちはかつて、なにかわからない事項があるとまず図書館に行って百科事典や辞書を繙き、そこに記載されている説明を理解の基本にしました。また、書棚や書店で入門書や概説書を手に取って、それを手がかりに必要におうじてさらに本格的な文献に挑んだものです。その情報検索の様は一変しました。

たしかに情報の入手については劇的な変化があります。しかし、私たちがテクストを見て、そこからなにかを理解するという基本は変わっていません。以前には、執筆者や出版元の権威で信頼されていたテクストが、今日では同列の情報としてあふれている、そんな違いはあります。むしろ現在こそ、「テクストとは何か」という問いを真面目に受け止めるべき状況にあるのです。

　あるテーマについて調べる時、今は、インターネットの検索でヒットした上位のサイトに目をとおして、そこに書かれていることを受け売りにして済ませるようです。そこで著作の一部や全部が「公開」されていることもあり、その文字列は簡単にコピーできるかもしれません。しかし、出典や信頼度を確認する人はすくないのではないでしょうか。そんな状況だからこそ、自分でテクストの出所や質を吟味し、注意深く選択して読み解かなければならないのです。

　この状況は多くの問題を含んでいます。今日、情報は雑作なくふんだんに手に入り、一見なんでも読めるかのように錯覚してしまいます。しかし、電子媒体上の資料はむろん一面的なものであり、編集の手が加わっています。情報検索サイトではユーザーに応じた優先情報を提示するようプログラムされており、検閲など、情報はつねに操作されていることを意識する必要があります。また、電子情報は断りなく修正や撤回されるものであり、テクストとしての検証に耐える安定性が欠けているのも特徴です。誰がいつ編集して掲載したテクストなのか、その確認と参照がより慎重になされるべきです。

　流布するテクストの編集根拠や原則が何なのか。流布していないテクストはないか。そこに現れている文字列は何を表したものなのか。これらを意識して情報を取り扱うこと、現代社会で必要とされる「情報リテラシー」の習得が、編集文献学の役割の1つです。

テクスト成立の3契機

　私たちはテクストについて、本書の考察をつうじて、何を了解したの

でしょうか。テクストを扱う技法について、成立、種類、読者という3つの点から整理してみます。

最初に確認すべきは、「テクストには成立事情がある」という点です。

私たちに与えられているテクストは、無時間的で平面的な文字情報に見えます。しかし、それを成立させた歴史と条件を了解することが、テクストを読み解く第一歩です。そこに時間と奥行きが見えた時、テクストがいきいきと語り出します。

1つのテクストがそこにあるということは、少なくとも原著者（時にその協力者）、編集者、出版元の3者が介在していたことを意味します。著者自身が編集したり、編集者が出版元となったりすることもありますが、同じ人が行っていても、それらの役割は截然と区別されます。その3つの役割が複雑に絡み合い、協力しあって1つのテクストが提示されます。

まず、著者の役割は明瞭に思われるかもしれませんが、その実質は複雑です。著者が自分の思索や創作物を意図どおりに「最終版」として提示することは必ずしも多くなく、自身の死や各種の事情によって、作品を中途の形で残すことがあります。ニーチェやカフカの遺稿はその典型です。

著者の意図という意味では、フォークナーのように作品がどんどん変化・生成していく「繁茂」も稀ではありません。ムージルのように、意図された「終り」が本当にあったのか、疑問になる場合もあります。著者が自分で作成した文書であっても、必ずしも信用できるとは限りません。正字法や整合性に頓着しない人もいるからです。

著者自身による改訂も難しい問題をひき起します。ゲーテのように本人が定めた版を「決定版」と見なして済むのか、おおきな疑問が残ります。哲学でも、似た例があります。イマヌエル・カントの『純粋理性批判』には第1版（A版、1781年）と後年にカント自身が改訂した第2版（B版、1787年）があり、一部の議論が大幅に変わっています。それは哲学の核心に関わる論証部にあたり、研究者の評価も完全に二分されています。そのため、2つの版を同時に上下段で（ドイツ版）、あるいは

結　テクストを読み解く技法

ページの見開きで（日本語訳）対照的に印刷する工夫がこらされます。それは読者に両テクストを比べさせる便宜にもなります。

　次に、著者が残した原テクスト（通常は手書き原稿）には、編集者の手が加わります。編集は補完的なこともあれば、元の意図を損なうこともあります。また、著者が了解のうえで手直しする場合も、まったく与り知らない場面で（とくに没後に）編集作業が行われることもあります。読解が難しい書き込みをテクストとしてどう印字するかという技術的な問題もありますが、編集という恣意的な？介在をいっさい排除してテクストを示そうとすれば、カフカの手稿のように「写真版」で出すという方策しかなくなります。

　編集で生じる問題は、多くの場合、出版の事情に絡みます。近代社会で書物の形で流布させる「出版」は、経済行為であると同時に社会的に大きな影響力をもちます。出版元は営利的に成り立つ原稿を求め、フォークナーの場合のようにそれが作品成立の重要な契機になることもあります。また、手稿を管理する親族や団体の意向がつよく反映することも多く、編集や出版には国家や社会や宗教といったより大きな圧力が加わることもあります。新約聖書が教会の管理下に置かれてきたことは言うまでもありませんが、ニーチェとナチズムの関係も不幸な例です。シェイクスピアやゲーテが「国民文学」そして「世界文学」になった経緯も、時代の要請から説明されます。

　テクストは時代に対応し、時代とともに生きています。著者が生きた時代から離れればそのぶん、テクストが辿る道は変遷の度を加えます。他方で、テクストは時代を越える側面をもつことも忘れてはなりません。それらを見極めるうえでも、テクスト成立事情を知る必要があるのです。

テクストの多様性

　次に、「テクストには異なる種類がある」という点を見ていきましょう。
　本書の第1, 3, 4章とそれ以外の違いで明瞭になったように、西洋では15世紀にグーテンベルクが開発した活版印刷によって、テクストをめ

ぐる事情は一変しました。写本で伝承されてきた古代ギリシア・ローマの文献（西洋古典）と中世の文献は、その機に印刷本へと校訂・編集し出版されます。その段階で新たな問題が生じたことは、プラトン著作集の例で見ました。他方で、近現代では印刷された書籍での流布が最初から想定されています。チョーサーはちょうど両時代の境界に位置しますが、現代ではカフカが「遺稿の破棄」という指示によってこの前提を逆手にとった様は、終章が論じています。テクストの種類を考えるうえで、印刷という形態との関係は決定的に重要です。現代ではこれに電子出版という新たな形態が加わるでしょう。

　また、演劇やオペラといった上演に関わるテクストは、劇場、役者・歌手、観客など個別事情に応じた可塑性を本質とし、出版という形で世に出るのはその後のことです。シェイクスピアの戯曲やワーグナーのオペラ譜は、実際の上演・演奏と編集・出版の間で複雑な経緯をへて成立してきました。これは必ずしも舞台芸術にだけ関わるものではありません。古代ギリシアでホメロスの叙事詩は人前で朗唱されるもので、文字テクストで最初に編集されたのは前6世紀アテナイでのことと言われています。プラトン対話篇も人々の前で読み上げられたと推定されており、アリストテレスの現存著作は講義のために準備された草稿、あるいは講義記録です。書き物は外の世界、語りや上演と切り離されてはいないのです。中世の俗語文学テクストも、個々の話の配列を状況や読者におうじて作り替える可変性や流動性を特徴とし、上演と近縁の性格をもっています。この特徴は「受容」という、読者との関わりから捉え直されなければなりません。

　対照的に、宗教の「聖典」や西洋文明の「古典」として固定される傾向にあったテクストもあります。新約聖書はキリスト教の聖典として、神の言葉という絶対性を前提されてきたテクストです。権威によって1つのテクストが認定され、それとの対抗で批判的な編集文献学が展開されてきた様は、第3章が追っています。そこには原テクスト（神の言葉としての聖書）が1つだけあり、それに遡ることが文献学の仕事だという理念があり、西洋古典の扱いでも共有されてきました。ですが、近現

結　テクストを読み解く技法

代の編集文献学は、多様なテクストから純正のオリジナルを復元するという素朴な理想主義に疑問を投げかけます。テクストは最初から多様であり、可変的であった可能性も高いのです。

　テクストのこの多様性は、文学研究で「ジャンル」と呼ばれる問題を含みます。現代では文学といえばまず「小説」が想起されますが、これは西洋近代社会の産物でした。ですが、編集文献学が扱うテクストは、狭義の文学の諸ジャンルを越えて、哲学・歴史・公文書・芸術作品といったあらゆるものに開かれています。テクストの多様性はそれ自体大きな研究テーマです。

テクストの受容

　第3に、「テクストは読者が読み解くものである」という点を考えます。
　言うまでもありませんが、テクストは読まれることで初めて意味をもちます。古代においては、読まれないテクストは書写されず、写本伝承が途絶えるという物理的連関がありました。近現代でも、テクストは読者を想定し、それに向けて編集・出版されるのがつねです。他方で、一つのテクストは時代や状況におうじて異なった仕方で読まれます。「受容」とはそこからテクストを見直す視点であり、そこで「読者」の役割が再考されます。
　中世の俗語文学のように、テクスト自体が読者との関係で成立したものもあります。他方で、著者の意図をこえて、編集者が読者との関係でテクストを改編することもしばしばあります。テクストは成立時における想定読者との関係、ならびに、テクストがその後に辿った受容の歴史という2つの観点からこの問題を扱う必要があります。
　提示されたテクストをどう読み解くかは、それが最初から問題含みであることが明瞭な西洋古典の文献学が尖鋭に追求してきた技法です。複数の写本を校合して校訂された1つのテクストは、読者にたんに決定版として与えられるのではなく、その成立経緯を示すことで判断されることを促します。そのための道具が、本書でたびたび登場する「批判資

料」（criticus apparatus）です。本文の補足として添えられる批判資料（古典作品ではページの下段に印刷されます）では多種の記号が用いられ、西洋古典文献では慣例上ラテン語で指示されるなど、一般の読者には取りつきにくい部分です。しかし、この道具に精通することが、読者がテクストを読み解く鍵となります。

　批判資料では、本文として提示されたテクストとは異なる文字列が写本や手稿や諸版にあることが示されます。この「異読」（「異同、ヴァリアント」とも呼ばれます）は、テクストについて適切に判断するために編集者が読者に提示する材料です。異読には基本的に2種類あり、著者本人や編集者が手を加えて生じた「生成ヴァリアント」と、書写や印刷の過程で生じた「伝承ヴァリアント」が区別されます。編集者が本文テクストを優先的に提示していても、読者には別の判断の余地があり、編集者はそれを認める開かれた根拠を提供しているのです。これらを扱う学問的方法が、古くから「文献学」といった名で呼ばれてきた編集文献学なのです。

　テクストが重層的なものであるとすると、それを読み解く私たち読者にはより多くの労力や集中力が求められます。それが面倒くさいと思うのではなく、そこにこそ文化の豊かさがあると、知的な興奮を感じるのが人文学の醍醐味です。テクストが受容によって意味を担う以上、時代ごとに変わる読み方はテクストそのものを変容させていくからです。

　他方で、テクストの多様性や流動性にばかり目を奪われると、テクストへの信頼が失われ、読者の側に無政府状態（アナーキズム）が生じかねません。しかし、学問的な吟味は、どのテクストがより信頼できるか、それらのテクストの違いは何かを明瞭に示します。成立した複数のテクストのなかでの優先指示は、アングロ・アメリカでは信頼できるテクストの「認定」という形で行なわれています。ですが、そういったテクスト標準化の試みを専門家に任せてしまうことも、おおきな問題をはらんでいます。読者が主体的にテクストに関わっていくこと、それが編集文献学の目標です。

テクストを疑え！

　3つの点からテクストの技法を考察しましたが、最後に、「テクストを疑え！」という編集文献学の心得を紹介します。

　プラトンは弁論術を論じる『パイドロス』篇で「書かれた言論」を検討して、それをむやみに信じてはいけないと書いています。ソクラテスは哲学において、ひたすら相手と生きた対話を展開しました。しかし、話し言葉なら信用できる、という訳でもありません。また、「書かれた言葉を信じてはいけない」というこの言葉自体が、対話篇というテクストに書かれていることが重要です。プラトンは、自分が書き残す著書をいっさい信じるな、などと言っているのではなく、それを疑いなく受け入れて、あたかも知った気になる思いこみに警告を発しているのです。

　一度成立したテクストは、それ自体が一人歩きして、あたかも確固とした権威をそなえているかのように錯覚させます。それらは、どれを用いても大丈夫なように見えます。しかし、テクストとはそもそも何かを意識し、心得をもって臨まないかぎり、私たちはテクストに裏切られ、使いそこなってひどい目にあうことでしょう。その結果、どんなテクストも信用できない、意味がない、などと過剰な嫌悪を抱いても、なんの得にもなりません。むしろ「テクストを疑う」という健全な態度をもって技法を培いながら、それぞれのテクストに向かっていくしかないのです。

　印刷されたテクスト、情報で検索されたテクストはそのまま受け取ってはならず、読者として主体的に読み解く必要があります。そこでは、複数の接し方、読み方の可能性が現れることでしょう。しかし、相対主義に立って、どんな読みをしても構わないということにはなりません。開かれたテクストへの接近をつうじて、一定の作法にのっとった蓋然性、つまりもっともな解釈へと進むことが、テクストを読むということなのです。

　最後に、その先の問題にも触れておきましょう。海外で成立したテクストを扱う場合、今までの話題に加えて「翻訳」というやっかいな問題があります。日本語の文献でも、明治以前のものにはおそらく「現代語

訳」が必要となるのでしょう。日本語訳では、それがまずどの「底本」（copy text）、つまり校訂版を使って翻訳を行っているか、それを確認する必要があります。新しい訳だからといって、古い校訂版やあまり信用できない校訂版を使っていないとは限りません。また、日本では、西洋古典を翻訳する際には、1つの底本に依拠しながらも他の校訂版を広く参照しつつ独自のテクスト判断をして翻訳に反映させるという、貴重な態度も続けられてきました（これは、もう1つのテクスト編集と言えるかもしれません）。ですが、翻訳の問題をきちんと論じるのは、また別のプロジェクトになるでしょう。

　私たちが日々目にし取り扱うテクストは、宏大な世界として私たちの文化や生き方を豊かにしています。その状況に正しく向き合い、各テクストを正しく読み解く学問が編集文献学なのです。

・━・━・━・━・━・━・━・

　本書は、編者である明星聖子が代表となり、埼玉大学を拠点に展開した日本学術振興会の科学研究費補助金基盤研究（A）「編集文献学に関する総合的研究」（2011〜15年度、課題番号 23242016）の研究成果の一部です。人文系の学問に社会から期待がかかるなかで、本格的な学問を大学生や一般の方々にすこしでも身につけ、実践してもらえれば幸いです。

　出版にあたっては、慶應義塾大学出版会の上村和馬氏にお世話になりました。心より感謝申し上げます。

人名索引

〔本論で扱われた主要な実在の人物。「新約聖書」を含める〕

ア行

アヴェロエス（イブン＝ルシュド）　18
アウグスティヌス　97
アダム、ジャイムズ　16, 18
アーラント、クルト　68-75
アリストテレス　8, 22, 24, 249
アリストファネス　8
アルクイン　57
アルド、マヌーチオ　8-10
アンゲリス、エンリコ・デ　127
ヴァッラ、ロレンツォ　58-60
ヴィア、エドワード・ド（オクスフォード伯）　134
ウィルキンス夫妻　113-14, 126
ウィルソン、ジョン・ドーヴァー　151
ヴィンケルマン、ヨハン・ヨアヒム　26
ウェストコット、ブルック・フォス　67-68, 72, 74
ウェルギリウス　82, 97
ウォルトン、ブライアン　64
エティエンヌ、アンリ（ラテン語名：ステファヌス、ヘンリクス）　10, 62
エティエンヌ、ロベール（ラテン語名：ステファヌス）　62-64
エッカーマン、ヨハン・ペーター　31, 33
エラスムス、デジリウス　59-62
エリオット、T・S　189-90
エルセヴィル、アブラハム　63
エルセヴィル、ボナヴェントゥーラ　63
オウィディウス　82
オーファーベック、フランツ　204

カ行

カウリー、マルカム　182, 190
ガスト、ペーター　→　ケーゼリツ
カフカ、フランツ　81, 106-07, 219-20, 221-244, 247-49

カルヴァン、ジャン　53
ガワー、ジョン　98
カント、イマヌエル　24, 247
キトリッジ、G・L　94
キャクストン、ウィリアム　91, 100
ギューティング、エーバハルト　74
グーテンベルク、ヨハン　vi, 8, 58, 62, 84, 248
グリースバッハ、ヨーハン・ヤーコプ　65-67, 72
グリーン、ロバート　132
グレッグ、ウォルター・W　150
クレメンス8世　63-64, 67
ケーゼリツ、ハインリヒ（通称：ガスト、ペーター）　204-05
ゲットリング、カール・ヴィルヘルム　34, 36
ゲーテ、ヨハン・ヴォルフガング　vi, 25-46, 51, 247-48
ゲープハルト、ヴァルター　218
兼好法師　27
ケンプ、ウィリアム　150
コッタ、ヨハン・フリードリヒ　32-33
コーリ、ジョルジョ　206, 213, 216
コルタサール、フリオ　102
コンスタンティヌス帝　55, 58
コンデル、ヘンリー　146, 149

サ行

サイード、エドワード　ix
サクソ・グラマティカス　135
サーフ、ベネット　190-91
ザーリス、メタ・フォン　215
シェイクスピア、ウィリアム　vi, 39, 81, 83, 131-55, 248-49
シクストゥス5世　63
篠田一士　105

シュトローベル、オットー　170
シュレヒタ、カール　205-06
ジョイス、ジェイムズ　105, 200
ジョンソン、ベン　145
シラー、フリードリヒ　25-28, 32-33, 45
シリングスバーグ、ピーター　xi, 195
新約聖書　13, 20-21, 49-78, 97, 248-49
スキート、W・W　92
ステファヌス　→　エティエンヌ
ストーン、フィル　190
ズニカ、ディエス・ロペス・デ　61
スミス、ハリソン　190
ズムトール、ポール　87-88
スリングス、シモン　14, 16-20
セルキリーニ、ベルナール　88
セルバンテス、ミゲル・デ　83
ゾフィー（ザクセン大公妃）　34
ゾラ、エミール　185-86

タ行

田川建三　76-77
タンセル、G・トマス　151
ダンテ、アリギエーリ　82-83
チョーサー、ジェフリー　74, 81-104, 249
デイ、ダグラス　186, 191
ティッシェンドルフ、フリードリッヒ・コンスタンティン・フォン　66, 68
テイラー、ジョセフ　131
ティンパナーロ、セバスティアーノ　15
ドイル、A・I　95-96
ドライデン、ジョン　82
トラシュロス　5
トルンツ、エーリヒ　35

ナ行

中上健次　184
夏目漱石　25, 27
ナポレオン3世　165
ニーチェ、フランツィスカ（ニーチェの母）　204
ニーチェ、フリードリヒ　xii, 203-20, 244, 247-48
ネストレ、エルヴィン　68-78

ネストレ、エベルハルト　68
ノヴァーリス　107

ハ行

バイスナー、フリードリヒ　113, 119
ハイデガー、マルティン　205
ハーヴェイ、ゲイブリエル　144
バウジンガー、ヴィルヘルム　113-14
パウロ　49, 97
パウンド、エズラ　189-90
パーキンズ、マックスウェル　191
パークス、M・B　95-96
ハース、ロバート　190
パスクアーリ、ジョルジョ　15
バッハ、J・S　33, 159, 176
バーネット、ジョン　3-4, 12, 16, 18
バリング、ミヒャエル　169-70
バルザック、オノレ・ド　185-86
バルト、ロラン　152
バワーズ、フレドソン　151
バーンズ、バナビー　145
ヒエロニムス　57, 97
ヒトラー、アドルフ　107, 170, 205
ヒムブルク、クリスティアン・フリードリヒ　37, 39
ヒメネス、フランシスコ　59
ビューヒナー、ゲオルク　107
ピンクハースト、アダム　92-93
ファーニヴァル、F・J　91
ファレル、ギヨーム　53
ファンタ、ヴァルター　121-22, 124
フィチーノ、マルシリオ　8, 17
フィッツジェラルド、F・スコット　187, 191
フェルスター＝ニーチェ、エリーザベト（ニーチェの妹）　203-05
フォークナー、ウィリアム　181-202, 223, 247-48
フーコー、ミシェル　vii
フッケ、カール・ハインリヒ　37
ブラウン、カルヴィン・S　192
ブラッドショー、ヘンリー　94
プラトン　iv, 3-24, 51, 58, 62, 85, 249, 252

人名索引

プラハタ、ボード　45
プラント、エドワード　146
フリゼー、アドルフ　110-22, 124, 126-27
ブリッジズ、ジェイムズ　131
プルースト、マルセル　105
ブルーム、ハロルド　83
フロイ（ウィリアム・ロイ？）　62
フロイト、ジグムント　198
ブロート、マックス　223-26, 228, 231, 234, 236-37, 243
フローベン、ヨーハン　59
ベーズ、テオドール・ド（ラテン語名：ベザ）　63, 71
ベッカー、イマヌエル　12, 15, 24
ベディエ、ジョセフ　86, 88
ベートーヴェン、ルードヴィヒ・ヴァン　32, 159-62
ペトラルカ　11
ヘミング、ジョン　146, 149
ヘミングウェイ、アーネスト　181, 191
ヘルダーリン、フリードリヒ　45, 113, 220
ベルヌリ、カール・アルブレヒト　204
ベルフォレ、フランソワ・ド　135
ベルマン＝フィッシャー、ゴットフリート　107-08
ベンゲル、ヨーハン・アルブレヒト　64-65
ベントリー、リチャード　64, 66
ベンヤミン、ヴァルター　152
ボイムラー、アルフレート　205, 218
ボウヤー、ウィリアム、ジュニア　71
ボエチウス　92
ポーク、ノエル　182, 191-92, 194-95, 199-200
ポーター、ヘラルド　14, 17, 19
ボッカチオ、ジョヴァンニ　82, 96
ホート、フェントン・ジョン・アンソニー　67-68, 72, 74
ボナヴェントゥーラ　97
ホメロス　iv, 21-22, 82, 218, 249

マ行

マイアベーア、ジャコモ　160
マルテンス、G　37

マーロウ、クリストファー　134
マン、トーマス　107
マンディ、アンソニー　134, 142
マンデヴィル、ジョン　88-89
マンリー、ジョン・M　101
ムージル、マルタ（ムージルの妻）　109-110, 112, 117, 126
ムージル、ローベルト　81, 105-27, 223, 247
紫式部　25, 27
メッガー、ブルース　60, 69, 73
メッテ、ハンス・ヨアヒム　205
メランヒトン、フィリップ　52
モーツァルト、ヴォルフガング・アマデウス　33, 159-60
モットル、フェーリクス　168-69, 175
森鷗外　25, 27
モンティナーリ、マッツィーノ　206-07, 213-16

ヤ行

ヤウス、ハンス・ロベルト　102

ラ行

ラハマン、カール　13-15, 20-21, 65-67, 72, 85-86
リー、エドワード　62
リカート、エディス　101
リヒター、ハンス　174
ルイス、C・S　151
ルカーチ、ゲオルク　206
ルクレティウス　13, 21, 66
ルター、マルティン　32, 52-53, 60
レールス、ザムエル　163
ロイス、ローランド　229, 232-33
ロカール、エドモン　153
ロス、ハロルド　191

ワ行

ワーグナー、コジマ（ワーグナーの妻）　162, 168-70
ワーグナー、リヒャルト　157-77, 249
ワッソン、ベン　186, 188-91

執筆者紹介

[編者]
明星聖子（みょうじょう きよこ）
埼玉大学大学院人文社会科学研究科教授（ドイツ文学）。東京大学大学院人文社会系研究科博士課程修了。博士（文学）。
主要業績：『新しいカフカ――「編集」が変えるテクスト』（慶應義塾大学出版会、2002年）、『カフカらしくないカフカ』（慶應義塾大学出版会、2014年）。

納富信留（のうとみ のぶる）
慶應義塾大学文学部教授（西洋古代哲学・西洋古典学）。ケンブリッジ大学古典学部（Ph. D.）。
主要業績：『プラトン 理想国の現在』（慶應義塾大学出版会、2011年）、『プラトンとの哲学――対話篇をよむ』（岩波新書、2015年）。

[執筆者]（掲載順）
矢羽々崇（やはば たかし）
獨協大学外国語学部教授（近現代ドイツ文学）。上智大学大学院文学研究科後期博士課程修了。博士（文学）。
主要業績：『詩作の個人性と社会性――ヘルダーリンの詩「追想」』（近代文芸社、1997年）、『「歓喜に寄せて」の物語――シラーとベートーヴェンの「第九」』（現代書館、2007年）。

伊藤博明（いとう ひろあき）
埼玉大学大学院人文社会科学研究科教授（芸術論・思想史）。北海道大学大学院文学研究科博士後期課程中退。
主要業績：『綺想の表象学――エンブレムへの招待』（ありな書房、2007年）、『ルネサンスの神秘思想』（講談社学術文庫、2012年）。

松田隆美（まつだ たかみ）
慶應義塾大学文学部教授（中世英文学、思想史）。ヨーク大学大学院博士課程修了（Ph. D.）。
主要業績：『ヴィジュアル・リーディング――西洋中世におけるテクストとパラテクスト』（ありな書房、2010年）、『ロンドン物語――メトロポリスを巡るイギリス文学の700年』（共編著、慶應義塾大学出版会、2011年）。

北島玲子（きたじま れいこ）
上智大学文学部教授（ドイツ文学）。大阪大学大学院文学研究科博士後期課程単位取得満期退学。博士（文学）。
主要業績：『終わりなき省察の行方――ローベルト・ムージルの小説』（上智大学出版、2010年）、『〈新しい人間〉の設計図――ドイツ文学・哲学から読む』（共著、青灯社、2015年）。

井出新（いで あらた）
慶應義塾大学文学部教授（初期近代英文学）。明治学院大学大学院文学研究科単位取得退学。
主要業績：『シェイクスピア大全』（共編、新潮社、2003 年）、『シェイクスピアと演劇文化』（共著、研究社、2012 年）。

松原良輔（まつばら りょうすけ）
埼玉大学大学院人文社会科学研究科教授（ドイツ語圏の文学と文化）。東京大学大学院人文科学研究科博士課程中退。
主要業績：「未来に埋めこまれた過去——ワーグナーとゼンパーの夢見たギリシアをめぐる一試論」（『年刊ワーグナー・フォーラム 2007』、東海大学出版会、2007 年）、「ヴァーグナーとグランド・オペラ——《リエンツィ》を中心に」（日本独文学会研究叢書 105『ヴァーグナーの舞台作品におけるドラマ性』、2014 年）。

中谷崇（なかたに たかし）
横浜市立大学国際総合科学部准教授（現代アメリカ小説）。東京大学大学院人文科学研究科博士課程単位取得満期退学。
主要業績：「第 10 章　フォークナーと南部農本主義の距離——「分かりやすさ」を欠く「大衆小説」という逆説」『アメリカ文学のアリーナ——ロマンス・大衆・文学史』（平石貴樹、後藤和彦、諏訪部浩一編、松柏社、2013 年、296-324 頁）、「ウィリアム・フォークナーとジョン・アップダイクに見る「土地の感覚」と「歴史的感覚」」『フォークナー』第 15 号（2013 年 4 月）：35-48 頁（松柏社、日本ウィリアム・フォークナー協会刊）。

Thomas Pekar（トーマス・ペーカー）
学習院大学文学部ドイツ語圏文化学科教授（異文化間ゲルマニスティク）。近現代ドイツ文学教授資格審査合格（Habilitation）。
主要業績："Kulturkontakte. Szenen und Modelle in deutsch-japanischen Kontexten," hg. zusammen mit Yuichi Kimura, Bielefeld: Transcript Verlag 2015; "Flucht und Rettung. Exil im japanischen Herrschaftsbereich（1933-1945），" Berlin: Metropol Verlag 2011.

テクストとは何か
──編集文献学入門

2015年10月30日 初版第1刷発行

編　者────明星聖子・納富信留
発行者────坂上　弘
発行所────慶應義塾大学出版会株式会社
　　　　　　〒108-8346　東京都港区三田2-19-30
　　　　　　TEL　〔編集部〕03-3451-0931
　　　　　　　　　〔営業部〕03-3451-3584〈ご注文〉
　　　　　　　　　〔　〃　〕03-3451-6926
　　　　　　FAX　〔営業部〕03-3451-3122
　　　　　　振替　00190-8-155497
　　　　　　http://www.keio-up.co.jp/
装　丁────阿部卓也
装丁協力───吉田桂子
印刷・製本──株式会社加藤文明社
カバー印刷──株式会社太平印刷社

　　　　　　ⓒ 2015 Kiyoko Myojo, Noburu Notomi, Takashi Yahaba,
　　　　　　Hiroaki Ito, Takami Matsuda, Reiko Kitajima,
　　　　　　Arata Ide, Ryosuke Matsubara, Takashi Nakatani,
　　　　　　Thomas Pekar
　　　　　　Printed in Japan ISBN 978-4-7664-2280-1

慶應義塾大学出版会

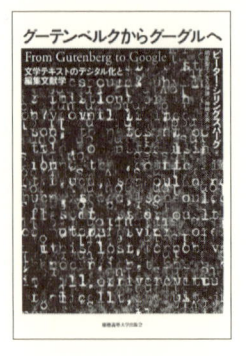

グーテンベルクから グーグルへ
文学テキストのデジタル化と編集文献学

ピーター・シリングスバーグ 著／明星聖子・大久保譲・神崎正英訳　文学研究は何に基づいて行われるのか。デジタルの「本」の氾濫は、文学研究の制度、ひいては、人文学研究の制度全体に根本から揺さぶりをかける。"Googleショック"の本質を衝く必読書！　◎3,200円

人文学と電子編集
デジタル・アーカイヴの理論と実践

ルー・バーナード、キャサリン・オブライエン・オキーフ、ジョン・アンスワース編／明星聖子・神崎正英訳　書物のデジタル化の現場で、いま、どのような変化がおきているのか。デジタルの「本」の今後を導く電子テキスト編集のガイドラインを集約。図書館、電子出版関係者、そして「本」の未来を考えるすべての人に必携の書。　◎4,800円

表示価格は刊行時の本体価格（税別）です。